ZHUANLI SHENCHA ZHINAN XIUDING DAODU

专利审查指南修订导读2023

国家知识产权局专利局审查业务管理部 ◎编

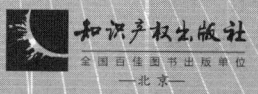

图书在版编目（CIP）数据

专利审查指南修订导读．2023/国家知识产权局专利局审查业务管理部编．—北京：知识产权出版社，2024.4

ISBN 978-7-5130-9311-8

Ⅰ.①专… Ⅱ.①国… Ⅲ.①专利—审查—法规—中国—指南 Ⅳ.①D923.42-62

中国国家版本馆 CIP 数据核字（2024）第 017717 号

责任编辑：王小玲	责任校对：谷　洋
封面设计：杨杨工作室·张　冀	责任印制：刘译文

专利审查指南修订导读 2023

国家知识产权局专利局审查业务管理部　编

出版发行：知识产权出版社有限责任公司	网　　址：http://www.ipph.cn
社　　址：北京市海淀区气象路 50 号院	邮　　编：100081
责编电话：010-82000860 转 8252	责编邮箱：shdwxl2010@163.com
发行电话：010-82000860 转 8101/8102	发行传真：010-82000893/82005070/82000270
印　　刷：三河市国英印务有限公司	经　　销：新华书店、各大网上书店及相关专业书店
开　　本：880mm×1230mm　1/32	印　　张：12.625
版　　次：2024 年 4 月第 1 版	印　　次：2024 年 4 月第 1 次印刷
字　　数：295 千字	定　　价：86.00 元
ISBN 978-7-5130-9311-8	

出版权专有　侵权必究

如有印装质量问题，本社负责调换。

编 写 组

主　编　廖　涛
副主编　魏保志　吴红秀
统稿组　周胡斌　詹靖康　张宪锋　穆江峰　周　文
　　　　　高　飞　陈炜梁　赵静文　曲　燕　谢志远
　　　　　刘　睿
工作组（按姓氏笔画排序）：

丁　灵　于　群　王　汇　王　静　王少锋
王书锦　王京霞　王美芳　王霄蕙　卞永军
田　园　田　虹　冯小兵　曲淑君　朱　斌
朱晓琳　任晓兰　刘　凡　刘　建　刘　洋
刘　铭　刘成松　关　军　孙广秀　孙传利
李文琳　李亚林　李意平　肖　凯　吴　猛
吴红秀　邹　斌　宋江秀　张　颖　张宪锋
陈　伟　陈炜梁　周胡斌　孟俊娥　胡　涛
姚　云　姚晓红　钱红缨　钱孟姗　徐媛媛
凌宇飞　郭建春　崔　军　崔　峥　隋保明
董　刚　谢志远

前　言

为深入贯彻落实党中央、国务院关于加强知识产权保护的决策部署，提高知识产权审查质量和审查效率，落实新修改的《中华人民共和国专利法》（以下简称专利法）及其实施细则，坚持国家需求和用户满意导向，国家知识产权局组织修订了《专利审查指南2023》，于2023年12月21日以第七十八号局令的方式发布，并于2024年1月20日起实施。《专利审查指南2023》是在《专利审查指南2010》之后的又一次全面修改，其内容还涵盖了2010年以来陆续发布的涉及《专利审查指南》修改的局令或局公告的内容，包括：国家知识产权局第六十七号局令、第六十八条局令、第七十四号局令、第三二八号公告、第三四三号公告以及第三九一号公告。

为了方便知识产权从业人员更好地学习和理解《专利审查指南2023》的修改内容，国家知识产权局专利局审查业务管理部组织编写了《专利审查指南修订导读2023》（以下简称导读）。导读按照《专利审查指南2023》的章节顺序进行编排，各个修改点均包括"修订内容"和"修订说明"两部分，对修改目的、内容及作用进行简要说明；如果修改点涉及审查标准的多次调整，例如，涉及图形用户界面的产品外观设计的修改，也同时说明相关审查规则不断调整完善的过程。

  导读的编写得到了国家知识产权局各位领导、各位专家的指导、帮助和支持，参与导读编写的工作组和统稿组成员也不辞辛苦，贡献自己的智慧和力量，在此一并表示衷心的感谢。

  由于时间和水平所限，难免存在疏漏之处，如有与专利法及其实施细则以及《专利审查指南》相关规定不一致之处，请以专利法及其实施细则以及《专利审查指南》相关规定为准。

本书编写组
2023 年 12 月

略 语 表

本表为本书中出现的法律法规及部门规章等的缩略实例，左侧为本书中出现的法律法规、部门规章、国家知识产权局令及公告的缩略名称，右侧为对应的全称及相关说明。

原《专利审查指南》	《专利审查指南》（2010 版）
《专利审查指南》	《专利审查指南》（2023 版）
专利法	《中华人民共和国专利法》（根据 2020 年 10 月 17 日第十三届全国人民代表大会常务委员会第二十二次会议通过的《关于修改〈中华人民共和国专利法〉的决定》第四次修正）
专利法实施细则	《中华人民共和国专利法实施细则》（根据 2023 年 12 月 11 日《国务院关于修改〈中华人民共和国专利法实施细则〉的决定》第三次修订）
专利合作条约	专利合作条约（2002 年 4 月 1 日生效）
专利合作条约实施细则	专利合作条约实施细则（2023

	年7月1日生效)
海牙协定	工业品外观设计国际注册海牙协定日内瓦文本（1999年7月2日通过）
海牙协定共同实施细则	《海牙协定》1999年文本和1960年文本共同实施细则（2023年4月1日生效）
国家知识产权局令第67号	国家知识产权局第六十七号局令（2013年9月16日发布）
国家知识产权局令第68号	国家知识产权局第六十八号局令（2014年3月12日发布）
国家知识产权局令第74号	国家知识产权局第七十四号局令（2017年2月28日发布）
国家知识产权局公告第328号	国家知识产权局第三二八号局公告（2019年9月23日发布）
国家知识产权局公告第343号	国家知识产权局第三四三号局公告（2019年12月31日发布）
国家知识产权局公告第391号	国家知识产权局第三九一号局公告（2020年12月11日发布）

目　　录

第一部分　初步审查

第一章　发明专利申请的初步审查 ·················· 3
一、关于发明专利申请初步审查的范围（第1节）········ 3
二、关于申请文件的形式审查（第4节）················ 5
三、关于以援引在先申请文件方式补交申请文件
　　（第4.7节）···································· 9
四、关于分案申请（第5.1节）························ 17
五、关于其他文件和相关手续的审查（第6节）········ 20
六、关于著录项目变更（第6.7节）···················· 32
七、关于诚实信用原则的审查（第6.7.5节、
　　第7.9节）····································· 38
八、其他说明······································ 40

第二章　实用新型专利申请的初步审查 ·············· 43
一、关于实用新型专利申请初步审查的范围
　　（第1节、第3.5.2节）·························· 43
二、关于诚实信用原则的审查（第5节、第11节）······ 45
三、关于申请文件的审查（第7节）···················· 45

四、关于以援引在先申请文件的方式补交申请文件
（第7.6节、第15.1节） ………………………… 46
五、根据专利法第二十二条第二款和第三款的审查
（第11节） ………………………………………… 48
六、根据专利法第九条的审查（第13节） …………… 50

第三章 外观设计专利申请的初步审查 ………………… 52
一、关于外观设计专利申请初步审查的范围
（第1节、第6节、第8节） ……………………… 52
二、关于申请文件的审查（第4节） ………………… 53
三、关于要求优先权（第5节） ……………………… 75
四、关于专利法第五条第一款和专利法实施细则
第十一条的审查（第6节） ………………………… 81
五、根据专利法第二条第四款的审查（第7节） …… 84
六、根据专利法第二十三条第一款、第二款的审查
（第8节） …………………………………………… 86
七、根据专利法第三十一条第二款的审查（第9节） … 88
八、根据专利法第三十三条的审查（第10节） ……… 92
九、根据专利法第九条的审查（第11节） …………… 95
十、关于外观设计分类（第12节） …………………… 95

第二部分　实质审查

第一章 不授予专利权的申请 ……………………………… 99
一、根据专利法第五条不授予专利权的发明创造
（第3节） …………………………………………… 99

二、根据专利法第二十五条不授予专利权的客体
　　　　（第4节） ·· 104
　　三、关于诚实信用原则的审查（第1节、第5节）······ 106
第二章　说明书和权利要求书·································· 107
　　一、关于说明书的撰写方式和顺序（第2.2节）········ 107
　　二、关于权利要求书应当满足的要求（第3.2节）······ 108
第三章　新颖性·· 110
　　一、关于新颖性的概念（第2节）·························· 110
　　二、关于优先权的审查（第4节）·························· 114
　　三、关于不丧失新颖性的宽限期（第5节）··············· 117
第四章　创造性·· 121
　　一、关于审查原则（第3.1节）····························· 121
　　二、关于突出的实质性特点的判断（第3.2.1节）······ 122
第五章　单一性和分案申请····································· 128
　　一、关于分案申请应当满足的要求（第3.2节）········ 128
第六章　检索··· 129
　　一、关于审查用检索资源（第2节）······················· 129
　　二、关于检索前的准备（第5节）·························· 130
　　三、对发明专利申请的检索（第6节）···················· 132
　　四、关于检索的限度（第8.1节）·························· 133
　　五、关于不必检索的情况（第10节）····················· 134
　　六、关于检索报告（第12节）······························ 134
第七章　实质审查程序··· 137
　　一、实质审查阶段涉及援引加入的审查
　　　　（第3.2.2节、第4.1节）······························· 137

二、实质审查阶段涉及优先权的审查
　　　（第3.2.3节、第4.6.2节）…………………… 138
　　三、关于公众意见的考虑（第3.2.4节）………… 139
　　四、关于阅读申请文件并理解发明（第4.2节）… 139
　　五、对缺乏单一性申请的处理（第4.4节）……… 140
　　六、关于诚实信用原则的审查（第4.7节、
　　　第6.1.2节）………………………………………… 141
　　七、关于审查意见通知书正文（第4.10.2.2节）… 141
　　八、关于会晤（第4.12节）………………………… 142
　　九、关于电话讨论及其他方式（第4.11节、
　　　第4.13节）………………………………………… 143
　　十、发出授予专利权的通知书时应做的工作
　　　（第6.2.2节）……………………………………… 145
　　十一、前置审查与复审后的继续审查（第8节）… 146

第八章　关于涉及计算机程序的发明专利申请审查的若干规定 …………………………………………… 147

　　一、涉及计算机程序的发明专利申请的审查基准及示例
　　　（第2节、第3节）………………………………… 148
　　二、关于权利要求书的撰写（第5.2节）………… 149
　　三、包含算法特征或商业规则和方法特征的发明专利
　　　申请审查相关规定（第6节）…………………… 151

第九章　关于化学领域发明专利申请审查的若干规定 … 168

　　一、关于补交的实验数据（第3.5节）…………… 168
　　二、组合物权利要求的其他限定（第4.2.3节）… 171
　　三、关于化合物的新颖性（第5.1节）…………… 171
　　四、关于化合物的创造性（第6.1节）…………… 173

五、生物技术领域发明专利申请的审查（第9节） …… 178

第十章　关于中药领域发明专利申请审查的若干规定 … 186
一、关于引言（第1节） …………………………… 186
二、关于中药发明专利保护的客体（第2节） ……… 187
三、关于说明书和权利要求书（第3节） …………… 189
四、关于新颖性（第4节） ………………………… 192
五、关于创造性（第5节） ………………………… 194
六、关于实用性（第6节） ………………………… 198

第三部分　进入国家阶段的国际申请的审查

第一章　进入国家阶段的国际申请的初步审查和事务处理 …………………………………………… 203
一、关于国际申请进入国家阶段手续的审查（第2节） ……………………………………… 203
二、关于进入国家阶段时提交的申请文件的审查（第3节） ……………………………………… 205
三、关于优先权的审查（第1节、第5.2节） ……… 209
四、关于援引加入的审查（第5.3节） ……………… 215
五、关于著录项目变更的审查（第5.10节） ……… 217
六、关于国家公布（第6节） ……………………… 220
七、关于费用的审查（第7.2节、第7.3节） ……… 221

第二章　进入国家阶段的国际申请的实质审查 ……… 224
一、与授予专利权的实质条件有关的条款（第2.2节） ……………………………………… 224

二、关于实质审查依据的文本（第 3 节） ·············· 224

三、关于优先权的审查（第 5.3 节） ·················· 226

第四部分　复审与无效请求的审查

第一章　总　　则 ·· 229
一、关于复审和无效审理部的人员设置（第 1 节、
第 3.1 节、第 3.3 节） ································ 229

二、关于合议审查以及独任审查
（第 3.3 节、第 4 节） ································ 230

三、关于回避制度与从业禁止（第 5 节） ············· 230

四、关于审查决定（第 6 节） ··························· 231

第二章　复审请求的审查 ·································· 234
一、关于前置审查（第 3 节） ··························· 234

二、关于复审程序合议审查中理由和证据的审查
（第 4.1 节） ··· 235

三、关于复审决定的结论（第 4.3 节、第 5 节） ····· 239

四、关于复审程序的终止（第 9 节） ·················· 240

第三章　无效宣告请求的审查 ··························· 241
一、关于无效宣告程序中的当事人处置原则
（第 2.2 节） ··· 241

二、关于无效宣告请求的形式审查（第 3 节） ······· 242

三、关于无效宣告请求的合议审查（第 4 节） ······· 247

四、关于与外观设计国际申请有关的送达
（第 7 节） ··· 253

五、关于无效宣告程序的终止（第 8 节） ············· 253

六、关于与药品专利纠纷早期解决机制相关的
　　无效案件的审查（第9节） ………………………… 254

第四章　复审和无效宣告程序中有关口头审理的规定 … 257
一、关于口头审理的方式（第2节）………………………… 257
二、关于口头审理的通知和记录方式的调整
　　（第3节、第11节）………………………………… 258
三、关于口头审理中的当事人处置原则
　　（第5.3节、第13节）……………………………… 260
四、关于合议审查的口头审理（第5—7节、
　　第11节、第13节）………………………………… 260

第五章　无效宣告程序中外观设计专利的审查 ………… 262
一、根据专利法第二十三条第一款的审查
　　（第5节）…………………………………………… 262
二、根据专利法第二十三条第二款的审查
　　（第6节）…………………………………………… 265
三、关于同样的发明创造（第8节）……………………… 267
四、关于优先权的核实（第9节）………………………… 267

第六章　无效宣告程序中有关证据问题的规定 ………… 270
一、关于域外证据（第2.2.2节）………………………… 270
二、关于外文证据委托翻译（第2.2.1节）……………… 271

第五部分　专利申请及事务处理

第一章　专利申请文件及手续………………………………… 275
一、办理专利申请手续的形式及书写规则
　　（第2节、第5节）………………………………… 275

二、关于证明文件（第 6 节） ………………………… 277

　　三、关于专利业务办理系统（第 9 节） ……………… 278

第二章　专利费用 ……………………………………… 280

　　一、关于授权时应缴纳的费用（第 1 节） …………… 280

　　二、关于费用支付和结算方式（第 2 节） …………… 281

　　三、关于收费的减缴（第 3 节） ……………………… 282

　　四、关于退款（第 4.2 节） …………………………… 284

　　五、关于缴费信息的补充（第 7 节） ………………… 285

第三章　受　　理 ……………………………………… 287

　　一、关于不受理的情形（第 2.2 节） ………………… 287

　　二、关于受理与不受理程序（第 2.3 节、
　　　　第 3.2 节） …………………………………………… 288

　　三、受理相关的程序（第 4 节、第 5 节、第 6 节） … 291

第四章　专利申请文档 ………………………………… 292

　　一、关于专利申请文档的查阅复制（第 5.2 节） …… 292

　　二、关于案卷的保存期限（第 6.1 节） ……………… 294

第五章　保密申请与向外国申请专利的保密审查 …… 295

　　一、关于专利申请的保密确定（第 3 节） …………… 295

　　二、关于专利申请（或者专利）的解密程序
　　　　（第 5 节） …………………………………………… 296

　　三、关于向外国申请专利的保密审查（第 6 节） …… 296

第六章　通知和决定 …………………………………… 298

　　一、关于通知和决定的送达（第 2 节） ……………… 298

　　二、关于文件的查询（第 3.2 节） …………………… 299

第七章　期限、权利的恢复、中止、审查的顺序 …… 300

　　一、关于期限（第 1—5 节） ………………………… 300

二、关于权利的恢复（第6节） ⋯⋯⋯⋯⋯⋯⋯⋯ 302
三、关于中止程序（第7节） ⋯⋯⋯⋯⋯⋯⋯⋯⋯ 303
四、关于审查的顺序（第8节） ⋯⋯⋯⋯⋯⋯⋯⋯ 307

第八章 专利公报和单行本的编辑 ⋯⋯⋯⋯⋯⋯⋯⋯ 310
一、关于专利公报和单行本出版（第1.1节、
　　第2节） ⋯⋯⋯⋯⋯⋯⋯⋯⋯⋯⋯⋯⋯⋯⋯⋯ 310
二、关于专利公报的内容（第1.2节） ⋯⋯⋯⋯⋯ 311
三、关于专利公报的编辑（第1.3节） ⋯⋯⋯⋯⋯ 313

第九章 专利权的授予和终止 ⋯⋯⋯⋯⋯⋯⋯⋯⋯⋯ 315
一、关于专利权的授予（第1节） ⋯⋯⋯⋯⋯⋯⋯ 315
二、根据专利法第四十二条第二款的专利权期限补偿
　　（第2节） ⋯⋯⋯⋯⋯⋯⋯⋯⋯⋯⋯⋯⋯⋯⋯ 319
三、根据专利法第四十二条第三款的专利权期限补偿
　　（第3节） ⋯⋯⋯⋯⋯⋯⋯⋯⋯⋯⋯⋯⋯⋯⋯ 325
四、关于专利权的终止（第4节） ⋯⋯⋯⋯⋯⋯⋯ 335

第十章 专利权评价报告 ⋯⋯⋯⋯⋯⋯⋯⋯⋯⋯⋯⋯ 337
一、关于专利权评价报告请求的主体、客体及时机
　　（第1节、第2节） ⋯⋯⋯⋯⋯⋯⋯⋯⋯⋯⋯ 337
二、关于专利权评价报告请求书（第2.3节） ⋯⋯ 339
三、关于委托手续（第2.5节） ⋯⋯⋯⋯⋯⋯⋯⋯ 340
四、关于专利权评价的内容（第3.2节） ⋯⋯⋯⋯ 341
五、关于专利权评价报告及其更正请求（第4节、
　　第6.2节） ⋯⋯⋯⋯⋯⋯⋯⋯⋯⋯⋯⋯⋯⋯⋯ 342

第十一章 专利开放许可 ⋯⋯⋯⋯⋯⋯⋯⋯⋯⋯⋯⋯ 344
一、关于引言（第1节） ⋯⋯⋯⋯⋯⋯⋯⋯⋯⋯⋯ 344
二、关于开放许可相关原则（第2节） ⋯⋯⋯⋯⋯ 345

三、关于专利开放许可声明的提出（第3节）············ 346

四、关于专利开放许可声明的撤回（第4节）············ 351

五、关于专利开放许可的登记和公告（第5节）·········· 352

六、关于专利开放许可实施合同的生效（第6节）········ 353

七、关于专利开放许可实施合同的备案（第7节）········ 354

八、关于专利开放许可实施期间费减手续的办理
（第8节）··· 355

九、关于已实行专利开放许可的专利相关手续办理
（第9节）··· 356

第六部分　外观设计国际申请

第一章　外观设计国际注册申请的事务处理············ 359
一、关于引言（第1节）································ 359

二、关于外观设计国际注册申请的提交（第2节）········ 360

三、关于外观设计国际申请的事务处理（第3节）········ 363

四、关于缴费的特别规定（第4节）···················· 369

第二章　外观设计国际申请的审查····················· 371
一、关于引言（第1节）································ 371

二、关于审查原则（第2节）···························· 372

三、关于审查程序（第3节）···························· 373

四、关于审查依据的文本确认（第4节）················ 375

五、关于外观设计国际申请文件的审查（第5节）········ 376

六、关于其他文件和相关手续的审查（第6节）·········· 379

第一部分

初步审查

第一章　发明专利申请的初步审查

为了适应专利法及其实施细则的修改，进一步简化手续办理、优化审查流程，在《专利审查指南》第一部分第一章中对发明专利申请的初步审查制度进行了调整完善，其修改主要涉及以下七个方面：第一，适应性调整发明专利申请的初步审查范围；第二，完善申请文件形式审查的要求；第三，增加以援引在先申请文件的方式补交申请文件的相关规定；第四，完善分案申请提交要求的相关规定；第五，明确关于委托代理、优先权及新颖性宽限期的相关规定；第六，优化著录项目变更手续的相关规定；第七，新增诚实信用原则的审查规定等。

一、关于发明专利申请初步审查的范围（第1节）

【修订内容】

针对第1节引言的"发明专利申请初步审查的范围"，在第（2）项"申请文件的明显实质性缺陷审查"部分增加专利申请是否明显属于**专利法实施细则第十一条**规定的审查；在第（3）项"其他文件的形式审查"部分增加与专利申请有关的其他手续和文件是否符合**专利法实施细则第十八条、第三十六条、第三十七条、第四十五条**的规定的审查。

【修订说明】

专利法实施细则第五十条对三种专利申请初步审查的范围进行了调整。主要包括：一是对于发明、实用新型、外观设计专利申请的初步审查条款中增加了对于专利法实施细则第十一条有关诚实信用原则的审查规定；二是增加了对于专利法实施细则第十八条有关强制代理的例外情形的审查规定；三是对于实用新型专利申请的初步审查增加了专利法第二十二条第三款明显不具备创造性的审查规定，对于外观设计专利申请的初步审查增加了专利法第二十三条第二款明显区别的审查规定；四是对于发明和实用新型专利申请的初步审查，引入专利法实施细则第四十五条、第三十六条和第三十七条有关援引加入、优先权恢复（也即所谓的"超期优先权恢复"）以及优先权要求的增加或者改正等内容；并适应性调整所涉及的法律条款的序号。

根据专利法实施细则第五十条的规定，对发明专利申请初步审查的条款范围进行适应性调整。第一，在申请文件的明显实质性缺陷审查中，增加根据专利法实施细则第十一条规定的审查，即对申请专利过程中明显违反诚实信用原则的情形进行审查。第二，适应性增加其他文件的形式审查范围，包括：（1）根据专利法实施细则第十八条的审查，即对强制代理的例外情形的审查；（2）根据专利法实施细则第三十六条、第三十七条的审查，即对超期优先权恢复、优先权要求增加或者改正的审查；（3）根据专利法实施细则第四十五条的审查，即对以援引在先申请文件的方式补交申请文件的审查。

二、关于申请文件的形式审查（第 4 节）

（一）关于请求书（第 4.1 节）

1. 关于发明名称（第 4.1.1 节）

【修订内容】

将发明名称的字数要求修改为"发明名称一般不得超过 25 个字，**必要时可不受此限，但也不得超过 60 个字**"。《专利审查指南》第二部分第二章第 2.2.1 节也进行了同样的修改。

【修订说明】

随着经济社会发展和科技的不断进步，许多新兴领域和新兴技术不断涌现。有些领域所使用的技术用语通常具有较长的名称。适当放宽发明名称的字数限制，有利于准确地表明发明专利申请要求保护的主题和类型，适应技术发展的要求，满足广大创新主体的需要。

2. 关于发明人（第 4.1.2 节）

【修订内容】

增加关于发明人资格的规定，请求书中的发明人不得填写为"**人工智能名称**"，例如不得写成"**人工智能×ד**等。

【修订说明】

各国相关法律，特别是专利法律法规中实质上都要求发明人是"自然人"。《中华人民共和国民法典》（以下简称《民法典》）第一百二十三条规定，民事主体依法享有知识产权。根据《民法典》第二条的规定，民事主体包括自然人、法人和非法人组织。人工智能并非《民法典》规定的民事主体，不能依法享有知识产权，不能作为发明人。

3. 关于申请人（第4.1.3节）

【修订内容】

（1）在第4.1.3.1节"申请人是本国人"部分中，针对申请人资格的审查，删除了"申请人是个人的，可以推定该发明为非职务发明，该个人有权提出专利申请，除非根据专利申请的内容判断申请人的资格明显有疑义的，才需要通知申请人提供所在单位出具的非职务发明证明。申请人是单位的，可以推定该发明是职务发明，该单位有权提出专利申请，除非该单位的申请人资格明显有疑义的，例如填写的单位是××大学科研处或者××研究所××课题组，才需要发出补正通知书，通知申请人提供能表明其具有申请人资格的证明文件"，同时删除了"申请人声明自己具有资格并提交证明文件的，可视为申请人具备资格。上级主管部门出具的证明、加盖本单位公章的法人证书或者有效营业执照的复印件，均视为有效的证明文件。填写的申请人不具备申请人资格，需要更换申请人的，应当由更换后的申请人办理补正手续，提交补正书及更换前、后申请人签字或者盖章的更换申请人声明"的规定。

（2）在第4.1.3.2节"申请人是外国人、外国企业或者外国其他组织"部分中，关于外国人经常居所或营业所证明，删除了"申请人在请求书中表明在中国有营业所的，审查员应当要求申请人提供当地工商行政管理部门出具的证明文件。申请人在请求书中表明在中国有经常居所的，审查员应当要求申请人提交公安部门出具的可在中国居住一年以上的证明文件"的规定。

【修订说明】

第4.1.3节主要涉及精简材料、简化手续的修改，具体如下：

（1）关于申请人资格审查的修改。第4.1.3.1节的修改简化了对申请人资格的审查流程。一般情况下，例如，对于申请人是单位的，只要申请人填写了正确的统一社会信用代码，即可以认为该申请人具备申请人资格，而不必提交证明文件。同时，保留"**一般情况下**不作资格审查"的规定，也是为了说明，对于申请人资格明显存在疑义等特殊情况，审查员可以要求申请人核实及提供相应证明文件。

（2）关于对外国人经常居所或营业所证明的修改。根据国务院办公厅印发的《关于做好证明事项清理工作的通知》（国办发〔2018〕47号），为贯彻落实中共中央、国务院关于减证便民、优化服务的部署要求，在第4.1.3.2节中取消外国申请人在中国有经常营业所证明及可在中国居住一年以上的证明文件两项证明文件。

4. 关于联系人（第4.1.4节）

【修订内容】

将"联系人应当是本单位的工作人员，必要时审查员可以要求申请人出具证明"之后增加示例"**例如，联系人地址与单位地址明显不一致时**"。

【修订说明】

进一步规范联系人应当是本单位的工作人员的相关规定，针对"**必要时**审查员可以要求申请人出具证明"的"必要时"举例说明。

5. 关于地址（第4.1.7节）

【修订内容】

在第4.1.7节第一句之后增加"**申请人的地址应当是其经**

常居所或者营业所所在地的地址"的规定;删除外国申请人的地址应当注明"市(县、州)"的规定。

【修订说明】

为了提高请求书中的地址填写的准确性,明确了申请人填写的地址应当与经常居所或者营业所所在地一致。

为了规范及简化申请人填写项目,减轻申请人将外文地址翻译成中文地址的负担,明确外国申请人地址填写至国别即可(除附具外文详细地址外)。

(二)关于说明书(第4.2节)

【修订内容】

在第4.2节"涉及核苷酸或者氨基酸序列的申请"的一段中,增加"**对于电子申请,应当提交一份符合规定的计算机可读形式序列表作为说明书的一个单独部分**"的规定。

【修订说明】

专利法实施细则第二十条删除了原专利法实施细则第十七条规定的"申请人应当将该序列表作为说明书的一个单独部分提交,并按照国务院专利行政部门的规定提交该序列表的计算机可读形式的副本",将对于序列表的更为详细的要求放到《专利审查指南》层面,按照电子申请和纸件申请分别进行了规定。为减轻申请人的负担,减少相关文件的制作和提交环节,对于涉及核苷酸或者氨基酸序列表的发明专利电子申请,申请人提供一份符合规定格式的计算机可读形式序列表即可。纸件申请的相关规定没有变化,仍需要提交单独编写页码的序列表,并且在申请的同时提交与该序列表相一致的计算机可读形式序列表的副本。

需要注意的是:根据《关于调整核苷酸或氨基酸序列表电

子文件标准的公告》（国家知识产权局公告第 485 号），自 2022 年 7 月 1 日起，向国家知识产权局提交的国家专利申请和 PCT 国际申请，专利申请文件中含有序列表的，序列表电子文件应符合 WIPO ST.26 标准要求。

（三）关于说明书附图（第 4.3 节）

【修订内容】

删除附图不得着色的要求，将"说明书附图应当使用包括计算机在内的制图工具和黑色墨水绘制，线条应当均匀清晰、足够深，不得着色和涂改，不得使用工程蓝图"中的"和黑色墨水绘制"予以删除；增加"**附图一般使用黑色墨水绘制，必要时可以提交彩色附图，以便清楚描述专利申请的相关技术内容**"的规定。

【修订说明】

在某些特殊领域，申请人提交彩色附图可以更清楚地描述发明内容，也便于审查员理解相关技术内容。例如，在生物技术领域，涉及荧光的 DNA 和蛋白质检测、DNA 测序结果判读、化学发光/化学显色结果等，通过彩色附图能够准确解读检测结果。因此，修改后的《专利审查指南》删除了附图不得着色的限制，明确"必要时可以提交彩色附图"。

三、关于以援引在先申请文件方式补交申请文件（第 4.7 节）

为了更好地保障申请人利益，顺应国际规则发展的趋势，专利法实施细则新增第四十五条，引入援引加入制度："发明或者实用新型专利申请缺少或者错误提交权利要求书、说明书或者权利要求书、说明书的部分内容，但申请人在递交日要求了优先权的，可以自递交日起 2 个月内或者在国务院专利行政部门指定的期限内以援引在先申请文件的方式补交。补交的文件符合有关规定的，以首次提交文件的递交日为申请日"，取消了对专利合作条约实施细则（以下简称PCT实施细则）作出的有关保留。

在《专利审查指南》第一部分第一章"发明专利申请的初步审查"第4.7节，第二章"实用新型专利申请的初步审查"第7.6节、第15.1.2节及第15.1.3节，第二部分第八章"实质审查程序"第3.2.2节及第4.1节，第三部分第一章"进入国家阶段的国际申请的初步审查和事务处理"第5.2.2节、第5.3节及第二章"进入国家阶段的国际申请的实质审查"第3.2节、第3.3节，第五部分第三章"受理"第2.3.3节均涉及援引加入相关规定。

在《专利审查指南》第一部分第一章中新增第4.7节，对援引加入制度在发明专利申请初步审查中的适用作出进一步细化规定，包括规范援引加入相关的办理手续，明确援引加入制度的审查规则等，为申请人提供了充分的救济程序，便利申请人提出符合规定的援引加入请求，更好地利用该制度保障实体权利。

（一）以援引在先申请文件的方式补交遗漏的权利要求书或者说明书（第4.7.1节）

【修订内容】

新增第4.7.1节的内容如下：

"申请人根据专利法实施细则第四十五条的规定，以援引在先申请文件的方式补交了遗漏的权利要求书或者说明书的，应当在首次递交专利申请时要求在先申请的优先权，提出援引加入声明。申请人使用专利局制定的包含援引加入声明的专利请求书标准表格，即视为提出援引加入声明。申请人还应在首次递交专利申请之日起两个月内或者在专利局指定的期限内，提交确认援引加入声明，补交相关文件。初步审查中，审查员应当审查下列内容：

"（1）确认援引加入声明中写明的在先申请的申请号应当与请求书中填写的在先申请的申请号一致，说明补交的申请文件内容在在先申请文件副本（副本是外文的指其中文译文）中的位置。

"（2）补交的申请文件内容应当包含在在先申请文件副本和其中文译文之中。

"（3）在请求书中要求外国优先权的，应当提交原受理机构出具的在先申请文件副本，同时提交该副本的中文译文；要求本国优先权，并且写明在先申请号和申请日的，视为提交了在先申请文件副本。

"（4）援引加入涉及的优先权应当符合专利法第二十九条、专利法实施细则第三十四条和第三十五条的规定，以及本指南第一部分第一章第6.2.1节、第6.2.2节及第6.2.5节的规定；属于专利法实施细则第三十六条和第三十七条规定的情形，不适用专利法实施细则第四十五条的规定。

"不符合第（1）项或者第（3）项规定的，审查员应当发出办理手续补正通知书，期满未答复或者补正后仍不符合规定的，审查员应当发出撤销专利申请受理通知书，明确援引加入声明视为未提出，并作结案处理。不符合第（4）项规定的，审查员应当发出撤销专利申请受理通知书，明确援引加入声明视为未提出，并作结案处理。不符合第（2）项规定的，审查员应当发出办理手续补正通知书，期满未答复的，审查员应当发出撤销专利申请受理通知书，明确援引加入声明视为未提出，并作结案处理；补正后补交的申请文件内容仍未包含在在先申请文件副本和其中文译文之中，并且符合第（1）、第（3）和第（4）项规定的，审查员应当发出重新确定申请日通知书，以补交权利要求书或者说明书之日为申请日。"

【修订说明】

根据新增的第4.7.1节，针对遗漏权利要求书或者说明书的，规定了援引加入提出时机、提交的文件及审查程序和要求等。需要说明的是，根据该节规定：一是申请人通过援引在先申请文件的方式补交遗漏的权利要求书或者说明书的，应当在首次递交专利申请时要求在先申请的优先权，并提出援引加入声明，申请人填写并提交专利局制定的包含了"援引加入声明"的专利请求书标准表格，即视为提出援引加入声明；二是申请人还应在首次递交专利申请之日起两个月内或者在专利局指定的期限内，提交确认援引加入声明，补交相关文件；三是援引加入涉及的优先权应当符合专利法、专利法实施细则以及《专利审查指南》的相关规定，需要注意的是，专利法实施细则第三十六条规定的超期优先权恢复情形及专利法实施细则第三十七条规定的优先权要求的增加或者改正的情形，不适用援引加入制度。

审查员对援引加入提出的时机、申请人提交的文件及涉及的优先权等是否符合规定进行核实。对于不符合规定的，审查员将根据《专利审查指南》的规定发出相应的通知书。其中，对于第（2）项"补交的申请文件内容应当包含在在先申请文件副本和其中文译文之中"的审查，若补交的申请文件内容未包含在在先申请文件副本和其中文译文之中，审查员将发出办理手续补正通知书给予申请人补正的机会，期满未答复的，审查员发出撤销专利申请受理通知书，明确援引加入声明视为未提出，并作结案处理；如果补交的申请文件内容仍未包含在在先申请文件副本和其中文译文之中，但符合其他相关规定的，审查员发出重新确定申请日通知书，以补交权利要求书或说明书之日为申请日。

（二）以援引在先申请文件的方式补交错误提交的权利要求书、说明书，或者缺少的或错误提交的权利要求书、说明书部分内容（第4.7.2节）

【修订内容】

新增第4.7.2节的内容如下：

"根据专利法实施细则第四十五条的规定，专利申请缺少权利要求书、说明书部分内容，或者错误提交权利要求书、说明书或其部分内容的，可以以援引在先申请文件的方式补交缺少或者正确的部分，而保留申请日。

"申请人在递交日要求了在先申请的优先权，请求以援引在先申请文件的方式补交权利要求书、说明书或者其部分内容的，应当在首次递交专利申请时提出援引加入声明。申请人使用专利局制定的包含援引加入声明的专利请求书标准表格，即视为提出援引加入声明。申请人还应在专利申请递交日起两个月内或者在专利局指定的期限内，提交确认援引加入声明，补交相关文件。对于专利申请发出补正通知书指出申请文件存在形式缺陷的，申请人可以在指定的期限内提交确认援引加入声明，以援引在先申请文件的方式克服缺陷。未在递交日要求优先权或者未在规定的期限内提交援引加入声明及确认援引加入声明的，审查员应当针对援引加入声明发出视为未提出通知书。

"以援引在先申请文件的方式补交申请文件还应当符合下列要求：

"（1）确认援引加入声明应当写明援引的在先申请的申请号，说明补交的申请文件内容在在先申请文件副本（副本是外文的指其中文译文）中的位置。

"（2）提交申请文件的修改替换页。

"（3）补交的申请文件内容应当包含在在先申请文件副本和其中文译文之中。

"（4）在请求书中要求外国优先权的，应当提交原受理机构出具的在先申请文件副本，同时提交在先申请文件副本的中文译文；要求本国优先权，并且写明了在先申请号和申请日的，视为提交了在先申请文件副本。

"（5）援引加入涉及的优先权应当符合专利法第二十九条、专利法实施细则第三十四条和第三十五条的规定，以及本指南第一部分第一章第 6.2.1 节、第 6.2.2 节及第 6.2.5 节的规定；属于专利法实施细则第三十六条和第三十七条规定的情形，不适用专利法实施细则第四十五条的规定。

"不符合第（1）、第（2）或者第（4）项规定的，审查员应当发出办理手续补正通知书，期满未答复或者补正后仍不符合规定的，审查员应当针对援引加入声明发出视为未提出通知书。不符合第（5）项规定的，审查员应当针对援引加入声明发出视为未提出通知书。不符合第（3）项规定的，审查员应当发出办理手续补正通知书，期满未答复的，审查员应当针对援引加入声明发出视为未提出通知书；补正后补交的申请文件内容仍未包含在在先申请文件副本和其中文译文之中，并且符合第（1）、第（2）、第（4）和第（5）项规定的，审查员应当发出重新确定申请日通知书,以补交权利要求书、说明书或者其部分内容之日为申请日。"

【修订说明】

根据新增的第 4.7.2 节,针对如下情形,即缺少权利要求书、说明书部分内容,或者错误提交权利要求书、说明书或其部分内容的,规定了援引加入提出时机、提交的文件及审查程序和要求等。

需要说明的是,根据该节规定:一是申请人通过援引在先申请文件的方式补交缺少或者正确的申请文件,应当在递交专利申请时要求在先申请的优先权,并提出援引加入声明;二是申请人还应在专利申请递交日起两个月内或者在专利局指定的期限内,提交确认援引加入声明,补交相关文件;三是援引加入涉及的优先权应当符合专利法、专利法实施细则以及《专利审查指南》的相关规定,需要注意的是,专利法实施细则第三十六条规定的超期优先权恢复情形及专利法实施细则第三十七条规定的优先权要求增加或者改正的情形,不适用援引加入制度。

审查员对援引加入提出的时机、申请人提交的文件及涉及的优先权等是否符合规定进行核实。对于不符合规定的,审查员将根据《专利审查指南》的规定发出相应的通知书。其中,对于第(3)项"补交的申请文件内容应当包含在在先申请文件副本和其中文译文之中"的审查,若补交的申请文件内容未包含在在先申请文件副本和其中文译文之中,审查员将发出办理手续补正通知书给予申请人补正的机会,期满未答复的,审查员针对援引加入声明发出视为未提出通知书;如果补交的申请文件内容仍未包含在在先申请文件副本和其中文译文之中,但符合其他相关规定的，审查员发出重新确定申请日通知书，以补交权利要求书、说明书或其部分内容之日为申请日。

（三）援引加入的排除适用及费用的补缴（第 4.7.3 节、第 4.7.4 节）

【修订内容】

新增第 4.7.3 节的内容为：

"分案申请不适用专利法实施细则第四十五条的规定。

"专利法实施细则第六条第二款不适用申请人延误专利法实施细则第四十五条规定的期限。"

新增第 4.7.4 节的内容为：

"申请人补交申请文件的，审查员应当核实申请附加费，需要补缴的，发出补缴费用通知书。申请人应在自申请日起两个月或者收到通知书之日起一个月内补缴相关费用，期满未缴纳或者未缴足的，该申请视为撤回，审查员应当发出视为撤回通知书。"

【修订说明】

新增的第 4.7.3 节涉及援引加入的排除适用。由于分案申请是以原申请（第一次提出的申请）为基础提出的，不是首次递交的申请，该节明确分案申请不适用援引加入的相关规定。此外，为了平衡申请人和公众的利益，兼顾程序优化及审查效率，若申请人延误专利法实施细则第四十五条规定的期限，也不适用专利法实施细则第六条第二款关于恢复权利的规定。

新增的第 4.7.4 节规定了以援引在先申请文件的方式补交申请文件后可能涉及的费用相关程序。根据《关于执行新的行政事业性收费标准的公告》（国家知识产权局公告第 244 号）的规定，为进一步规范行政事业性收费标准，说明书（包括附图）页数超过 30 页或者权利要求超过 10 项时，需要缴纳申请附加费，金额以超出页数或者项数计算。申请人以援引在先申请文件的方式补交申请文件后，审查员需要根据上述规定确定是否需要申请人补缴申请附加费。对于需要补缴的情形，审查员应当发出补缴费用通知书。申请人应在自申请日起两个月或者收到该通知书之日起一个月内补缴相关费用。申请人需要注意的是，若期满未缴纳或者未缴足该费用，该申请将被视为撤回。

四、关于分案申请（第 5.1 节）

【修订内容】

在第 5.1.1 节"分案申请的核实"中具体修改内容如下：

1. 修改第 5.1.1 节第一段中涉及的请求书分案申请栏填写格式的要求。针对该分案申请再次提出分案申请的，将"还应当在原申请的申请号后的括号内填写该分案申请的申请号"修改为"**还应当填写该分案申请的申请号**"。对原申请是国际申请的，删除"原申请是国际申请的，申请人还应当在所填写的原申请的申请号后的括号内注明国际申请号"的规定。

2. 修改第 5.1.1 节有关分案申请应当提交的文件要求。删除原第（5）项"分案申请提交的文件"的所有内容，即删除了提交原申请的申请文件副本以及原申请中与本分案申请有关的其他文件副本的相关要求，在第 5.1.1 节第 1 段最后增加"**原申请中已提交的与分案申请相关的各种证明文件，视为已提交，例如优先权申请文件副本、生物材料保藏证明和存活证明等**"的规定。

3. 修改第 5.1.1 节第（3）项有关分案申请的递交时间的

有关表述。将"在提出复审请求以后"修改为"在提出复审请求以后的**复审期间**、**收到复审决定之日起三个月内**"。

4. 修改第 5.1.1 节第（3）项有关再次提出分案申请的递交时间的规定❶，将该第（3）项第五段修改为："但是，因**审查员发出分案通知书或者审查意见通知书中指出**分案申请存在单一性的缺陷，申请人按照审查员的审查意见再次提出分案申请的，**再次提出分案申请的递交时间应当以该存在单一性缺陷的分案申请为基础审核。不符合规定的，不得以该分案申请为基础进行分案，**审查员应当发出分案申请视为未提出通知书，并作结案处理。"

5. 修改第 5.1.1 节第（4）项有关分案申请的申请人的规定。将"分案申请的申请人应当与原申请的申请人相同；不相同的，应当提交有关申请人变更的证明材料"修改为"分案申请的申请人应当与**提出分案申请时**原申请的申请人相同。**针对分案申请提出再次分案申请的申请人应当与该分案申请的申请人相同。**不符合规定的，审查员应当发出分案申请视为未提出通知书"。

6. 修改第 5.1.1 节第（4）项有关分案申请的发明人的规定。增加"**针对分案申请提出的再次分案申请的发明人应当是该分案申请的发明人或者是其中的部分成员**"的规定。

【修订说明】

1. 规范请求书中分案申请栏的填写格式。为方便申请人，对于原申请是国际申请的，不再要求申请人注明国际申请号，

---

❶ 第 5.1.1 节第（3）项再次提出分案申请的递交时间的规定以及第 5.1.1 节第（4）项分案申请的申请人及发明人的规定，涉及国家知识产权局公告第 328 号的修改内容。

仅填写国家申请号即可。

2. 简化分案申请应当提交的文件。为贯彻落实国务院办公厅印发的《关于做好证明事项清理工作的通知》（国办发〔2018〕47号）要求，专利法实施细则第四十九条已删除了原有规定"提交分案申请时，申请人应当提交原申请文件副本；原申请享有优先权的，并应当提交原申请的优先权文件副本"，根据专利法实施细则适应性删除相关内容。此外，对于原申请中已提交的与分案申请相关的各种证明文件，视为在分案申请中已提交，因此不再要求申请人另行提交。

3. 完善分案申请的递交时间的有关表述。进一步明确了提出复审请求以后可以提出分案申请的时机，使得对于分案时机的规定表述更加清楚，有利于审查的理解和标准执行一致。

4. 完善再次提出分案申请的递交时间的相关规定。为了进一步统一审查标准，修改后加入"因审查员发出分案通知书或者审查意见通知书中指出分案申请存在单一性的缺陷，申请人按照审查员的审查意见再次提出分案申请的，再次提出分案申请的递交时间应当以该存在单一性缺陷的分案申请为基础审核"。此外，进一步简化了再次提出分案申请的手续，取消了提交审查员发出的指明了单一性缺陷的审查意见通知书或者分案通知书的复印件的规定。

5. 规范分案申请的申请人资格条件和手续要求，明确分案申请的申请人应当与提出分案申请时原申请的申请人相同，从程序上保证由原申请的申请人提交分案申请，确保原申请的申请人获知其分案申请的情况。如果申请人需要转让该分案申请的申请权，可以先提交分案申请，之后再办理著录项目变更手续，专利局将权利转移的审查结论以"手续合格通知书"的形式发给双方当事人，从而保障申请人的知情权，防止他人损害申请人的合法权益。

6. 规范分案申请的发明人条件。增加了再次分案申请的发明人应当是该分案申请的发明人或者是其中部分成员的规定，使"针对分案申请提出再次分案申请"的相关规定更加清晰完整。

五、关于其他文件和相关手续的审查（第6节）

（一）关于委托专利代理机构（第6.1节）

【修订内容】

1. 在第6.1.1节中，对申请专利和办理其他专利事务中委托代理的情形进行修改。具体修改如下：

（1）将"在中国内地没有经常居所或者营业所的外国人、外国企业或者外国其他组织在中国申请专利和办理其他专利事务，或者作为第一署名申请人与中国内地的申请人共同申请专利和办理其他专利事务的，应当委托专利代理机构办理"修改为"在中国内地没有经常居所或者营业所的外国人、外国企业或者外国其他组织在中国**单独申请专利和办理其他专利事务，或者作为代表人与其他申请人共同申请专利和办理其他专利事务的，应当委托专利代理机构办理**"。

（2）将"中国内地的单位或者个人可以委托专利代理机构在国内申请专利和办理其他专利事务"修改为"中国内地的单位或者个人申请专利和办理其他专利事务，或者作为代表人与**其他申请人共同申请专利和办理其他专利事务的，可以委托专利代理机构办理**"。

（3）将"在中国内地没有经常居所或者营业所的香港、澳门或者台湾地区的申请人向专利局提出专利申请和办理其他专利事务，或者作为第一署名申请人与中国内地的申请人共同申请专利和办理其他专利事务的，应当委托专利代理机构办理"修改为"在中国内地没有经常居所或者营业所的香港、澳门或者台湾地区的申请人**单独**向专利局提出专利申请和办理其他专利事务，**或者作为代表人**与其他申请人共同申请专利和办理其他专利事务的，应当委托专利代理机构办理"。

2. 适应性调整第 6.1.2 节，明确了委托书不符合规定的相应处理规定。

3. 在第 6.1.2 节中，对于已向专利局交存总委托书的情形，删除在提出专利申请时"可以不再提交专利代理委托书原件，而提交总委托书复印件，同时写明发明创造名称、专利代理机构名称、专利代理人姓名""并加盖专利代理机构公章"的规定，仅保留"应当提供总委托书编号"的要求。

【修订说明】

1. 对应当委托代理的情形作了进一步明确。

应当委托代理的情形包括：在中国内地没有经常居所或者营业所的外国申请人单独申请专利或办理其他专利事务时，或者作为代表人和其他人共同申请专利或办理其他专利事务的；中国港澳台地区申请人单独申请专利或办理其他专利事务时，或者作为代表人和其他人共同申请专利或办理其他专利事务的。

其中，判断在中国内地没有经常居所或者营业所的外国申请人或者中国港澳台地区申请人与中国内地的单位或者个人共同申请专利是否要求委托专利代理机构，不是以外国申请人或者中国港澳台地区申请人是否为第一署名申请人作为判断依据，而是以外国申请人或者中国港澳台地区申请人是否为代表人作为判断依据。如果共同申请的中国内地申请人作为代表人，则可以委托专利代理机构，也可以自行办理；如果外国申请人或者中国港澳台地区申请人作为代表人，则应当委托专利代理机构。

当在中国内地没有经常居所或者营业所的外国申请人或者中国港澳台地区申请人分别单独申请专利，或作为代表人与其他申请人共同申请专利和办理其他专利事务时，应当委托依法设立的专利代理机构办理，更符合专利法第十八条的立法本意，也能满足审查实践操作的需要。

2. 根据第6.1.1节关于委托代理情形的修改，适应性修改第6.1.2节中相应委托书不符合规定的处理，保持《专利审查指南》前后文表述一致、内容完整准确。

3. 为了简化办理手续，对于已向专利局交存总委托书的情形，明确了提出专利申请时只需提供总委托书编号。

（二）关于要求优先权（第6.2节）

1. 关于优先权要求的恢复（第6.2.1.1节、第6.2.2.1节、第6.2.6.1节、第6.2.6.2节）

【修订内容】

新增第6.2.6.2节"根据专利法实施细则第三十六条的恢复"，具体内容如下：

"根据专利法实施细则第三十六条的规定，在后申请是在其在先申请的申请日起十二个月期限届满后提出的，在专利局作好公布准备之前，申请人可以在期限届满之日起两个月内请求恢复优先权。

"申请人请求恢复优先权的，应当提交恢复优先权请求书，说明理由，缴纳恢复权利请求费、优先权要求费，并同时办理其他需要办理的手续，如：提交在先申请文件副本、优先权转让证明文件等。符合规定的，优先权予以恢复，审查员应当发出恢复权利审批通知书；不符合规定的，审查员应当发出恢复权利请求审批通知书，并说明不予恢复的理由。"

"属于专利法实施细则第三十七条规定的情形，不适用专利法实施细则第三十六条的规定。"

"专利法实施细则第六条第一款、第二款不适用申请人延误专利法实施细则第三十六条规定的期限。"

第6.2.1.1节及第6.2.2.1节涉及对于要求优先权的在后申请的提交期限的要求，在相关部分增加"**按照本章第6.2.6.2节的规定请求恢复优先权的除外**"的规定。

将第6.2.6.1节中"例如，由于提出专利申请时未在请求书中提出声明而视为未要求优先权的，不予恢复要求优先权的权利"修改为"例如，由于**在先申请的主题已被授予专利权**而视为未要求**本国**优先权的，不予恢复要求优先权的权利"。

【修订说明】

为便利申请人，提供更好的服务，专利法实施细则第三十六条对于发明和实用新型增加了超期优先权恢复的规定，为申请人耽误期限提供更多的救济机会。《专利审查指南》多个相关章节进行了适应性修改，包括：第一部分第一章"发明专利申请的初步审查"第6.2节，第一部分第二章"实用新型专利申请的初步审查"第4.2节以及第二部分第三章"新颖性"第4节等。在第一部分第一章"发明专利申请的初步审查"中，新增第6.2.6.2节"根据专利法实施细则第三十六条的恢复"，规定了相关恢复手续的办理、审查规则及排除适用，同时适应性修改第6.2.1.1节、第6.2.2.1节的相关表述。

在第 6.2.6.2 节中，明确了申请人办理超期优先权恢复手续的相关要求，包括：一是请求恢复的时机：在先申请的申请日起十二个月期限届满之日起两个月内，在专利局作好公布准备之前；二是提交的材料：恢复优先权请求书，其他需要的文件，如在先申请文件副本、优先权转让证明文件等；三是缴纳的费用：恢复权利请求费、优先权要求费。第 6.2.6.2 节也明确了相应的审查规则，并规定属于优先权要求增加或者改正的情形的，不适用该超期优先权恢复的规定。申请人延误该超期优先权恢复的相关期限，不能依据专利法实施细则第六条第一款、第二款请求恢复。

此外，将第 6.2.6.1 节中不予恢复要求优先权的示例修改为更为常见的情形。

2. 关于优先权要求的增加或者改正（第 6.2.3 节）

【修订内容】

增加第 6.2.3 节"优先权要求的增加或者改正"，具体内容如下：

"根据专利法实施细则第三十七条的规定，申请人要求了优先权的，可以自优先权日起十六个月内或者申请日起四个月内，在专利局作好公布准备之前，请求增加或者改正优先权要求。

"申请人请求增加或者改正优先权要求的，应当在递交申请时要求优先权并在规定的期限内提交增加或者改正优先权要求请求书。请求增加优先权要求的，还应当同时缴纳优先权要求费。未在递交申请时要求优先权，或者未在规定期限内提出请求，或者期满未缴纳或者未缴足优先权要求费的，该请求视为未提出。

"增加或者改正优先权要求请求书中应当写明在先申请的申请日、申请号和原受理机构名称；未写明或者错写在先申请日、申请号和原受理机构名称中的一项或者两项内容，而申请人已在规定的期限内提交了在先申请文件副本的，审查员应当发出办理手续补正通知书，期满未答复或者补正后仍不符合规定的，审查员应当发出视为未提出通知书。

"增加或者改正优先权要求请求符合规定的，视为该项要求优先权声明符合规定，审查员还应当按照本章第6.2.1节、第6.2.2节的其他规定对优先权要求进行审查。

"属于专利法实施细则第三十六条规定的情形，不适用专利法实施细则第三十七条的规定。

"专利法实施细则第六条第二款不适用申请人延误专利法实施细则第三十七条规定的期限。"

【修订说明】

为便利申请人，提供更好的服务，专利法实施细则第三十七条对发明和实用新型增加了优先权要求增加或者改正的规定，放宽了优先权手续要求，针对申请人在请求书中漏填或者错填优先权要求的情形给予救济机会。因此在《专利审查指南》第一部分第一章"发明专利申请的初步审查"中新增第6.2.3节"优先权要求的增加或者改正"，第二章"实用新型专利申请的初步审查"中第4.2节"要求优先权"的规定则适用上述规定。

新增的第6.2.3节"优先权要求的增加或者改正"中，明确了申请人提出优先权要求的增加或者改正的相关规定。一是规定了请求增加或者改正优先权要求的提出时机，即自优先权日起十六个月内或者申请日起四个月内，在专利局作好公布准备之前。二是规定了需办理的手续，即提交增加或者改正优先权要求请求书及缴纳优先权要求费。三是规定了需提交的增加或者改正优先权要求请求书的填写要求，即请求书中写明在先申请的申请日、申请号和原受理机构名称。第 6.2.3 节也明确了相应的审查规则，并明确属于超期优先权要求恢复情形的，不适用专利法实施细则第三十七条关于优先权要求增加或者改正的规定。申请人延误优先权要求的增加或者改正的相关期限时，不能依据专利法实施细则第六条第二款的规定请求恢复。

3. 提交在先申请文件副本及优先权转让证明的期限（第 6.2.1.3 节、第 6.2.1.4 节、第 6.2.2.4 节）

【修订内容】

在第 6.2.1.3 节中修改了在先申请文件副本的提交期限，将"在先申请文件副本应当在提出在后申请之日起三个月内提交"修改为"在先申请文件副本应当在**优先权日（要求多项优先权的，指最早优先权日）起十六个月内提交**"。

在第 6.2.1.4 节及第 6.2.2.4 节中分别修改外国及本国优先权转让证明文件的提交期限，将"应当在提出在后申请之日起三个月内提交由在先申请的全体申请人签字或者盖章的优先权转让证明文件"修改为"应当**在优先权日（要求多项优先权的，指最早优先权日）起十六个月内提交**由在先申请的全体申请人签字或者盖章的优先权转让证明文件"。

【修订说明】

为便利申请人，提高审查效率，顺应专利合作条约（以下简称PCT）等国际规则发展趋势，专利法第三十条第一款放宽了要求优先权的程序性要求，将发明、实用新型专利申请提交优先权副本的时限由自申请日起三个月内延长至自优先权日起十六个月内,因此,《专利审查指南》第一部分第一章"发明专利申请的初步审查"第 6.2.1.3 节、第 6.2.1.4 节、第 6.2.2.4 节进行了适应性修改,第一部分第二章"实用新型专利申请的初步审查"中第 4.2 节"要求优先权"的规定则适用上述规定。

其中,在第一部分第一章第 6.2.1.3 节中对提交在先申请文件副本期限进行了适应性修改,即自申请日起三个月内延长至自优先权日起十六个月内。并同时规定,要求多项优先权的,以最早在先申请的申请日为时间判断基准。在第 6.2.1.4 节及第 6.2.2.4 节中则适应性修改了提交优先权转让证明文件的期限。

4. 关于提交在先申请文件副本的方式(第 6.2.1.3 节)

【修订内容】

在第 6.2.1.3 节中增加"**依据专利法第十八条第一款规定委托代理机构的,申请人可以自行提交在先申请文件副本**"的规定。

【修订说明】

为切实减轻申请人的负担,提高专利审批效率,专利法实施细则第十八条规定了强制代理的例外情形。《专利审查指南》第一部分第一章"发明专利申请的初步审查"中对涉及要求优先权的第 6.2.1.3 节"在先申请文件副本"的规定进行了修改,增加了专利申请应当委托代理机构的情形下,申请人可以自行提交在先申请文件副本等。第一部分第二章"实用新型专利申请的初步审查"和第一部分第三章"外观设计专利申请的初步审查"的相关章节采用参见本节的方式进行规定。

5. 关于本国优先权涉外转让（第6.2.2.4节）

【修订内容】

在第6.2.2.4节中增加规定："**在先申请的申请人涉及中国内地的个人或者单位，在后申请的申请人涉及外国人、外国企业或者外国其他组织的，参照本章第6.7.2.2节第（3）项的规定处理。**"

【修订说明】

本国优先权的转让实质上属于在先申请的专利申请权的转让，第6.2.2.4节的修改明确了本国优先权涉外转让应当提交的证明文件，参照本章第6.7.2.2节第（3）项关于专利申请权（或专利权）转让（或赠与）涉及外国人、外国企业或者外国其他组织的规定，即需要申请人出具国务院商务主管部门颁发的"技术出口许可证"或者"技术出口合同登记证"，或者地方商务主管部门颁发的"技术出口合同登记证"，以及双方签字或者盖章的转让合同。

（三）关于不丧失新颖性的公开（第6.3节）

1. 在国家出现紧急状态或者非常情况时，为公共利益目的首次公开（第6.3节总括部分，第6.3.1节）

【修订内容】

在第6.3节总括部分中增加一种不丧失新颖性的情形，即"**（1）在国家出现紧急状态或者非常情况时，为公共利益目的首次公开的**"情形。新增关于该情形的第6.3.1节，具体规定如下：

"申请专利的发明创造在申请日以前六个月内，在国家出现紧急状态或者非常情况时，为公共利益目的首次公开过，申请人在申请日前已获知的，应当在提出专利申请时在请求书中声明，并自申请日起两个月内提交证明材料。申请人在申请日以后自行得知的，应当在得知情况后两个月内提出要求不丧失新颖性宽限期的声明，并附具证明材料。审查员认为必要时，可以要求申请人在指定期限内提交证明材料。申请人在收到专利局的通知书后才得知的，应当在该通知书指定的答复期限内，提出不丧失新颖性宽限期的答复意见并附具证明文件。

"在国家出现紧急状态或者非常情况时，为公共利益目的公开的证明材料，应当由省级以上人民政府有关部门出具。证明材料中应当注明为公共利益目的公开的事由、日期以及该发明创造公开的日期、形式和内容，并加盖公章。"

【修订说明】

在国家出现紧急状态或者非常情况时（如发生重大疫情等），为维护公共利益，一些发明创造在提出专利申请前即需要投入使用。对于这些发明创造，如果以此公开为理由否定其新颖性，使其不能获得专利权，显失公平，也不符合整体公共利益。修改后的专利法第二十四条新增一种不丧失新颖性的情形，即"（一）在国家出现紧急状态或者非常情况时，为公共利益目的首次公开的"。第6.3节上述内容的修改是根据专利法第二十四条进行的适应性调整。

上述规定适用于三种类型的专利申请，《专利审查指南》相关章节均进行了适应性修改。主要包括：第一部分第一章"发明专利申请的初步审查"第6.3节，第二章"实用新型专利申请的初步审查"第4.3节，第三章"外观设计专利申请的初步审查"第5.3节；以及第二部分第三章"新颖性"第5节。

针对该新增的不丧失新颖性的第（一）种情形，在专利法实施细则第三十三条第（四）款中明确了证明文件的提交要求。《专利审查指南》则相应作出了进一步细化的规定，在第一部分第一章第6.3.1节中具体规定了在发明专利申请初步审查阶段中的相关手续办理及审查要求。具体分为申请人在申请日前已获知的、申请人在申请日以后自行得知的，以及申请人在收到专利局的通知书后才得知的三种情形下，申请人应当办理的相关手续，如在规定的期限内提交证明材料等。同时还明确了对证明材料的要求。

2. 在中国政府主办或者承认的国际展览会上首次展出（第6.3.2节）

【修订内容】

在第6.3.2节中，将"国际展览会的证明材料，应当由展览会主办单位出具"修改为"国际展览会的证明材料，应当由展览会主办单位或者**展览会组委会**出具"。

【修订说明】

修改后的第6.3.2节扩展了国际展览会证明材料出具单位的范围，在原"应当由展览会主办单位出具"的基础上增加"由展览会组委会出具"，由此便利于申请人获取相关证明材料。

3. 在规定的学术会议或者技术会议上首次发表（第6.3.3节）

【修订内容】

在第6.3.3节中对"规定的学术会议或者技术会议"的定义进行修改，增加了"**国务院有关主管部门认可的国际组织召开的学术会议或者技术会议**"的情形。

【修订说明】

为顺应技术发展全球化、学术讨论国际化的趋势，专利法实施细则第三十三条第二款对专利法第二十四条第（三）项所称"学术会议或者技术会议"的适用范围进行了适当扩展，增加了"国务院有关主管部门认可的由国际组织召开的学术会议或者技术会议"的情形。相应地，《专利审查指南》第一部分第一章第6.3.3节进行了适应性修改。

4. 他人未经申请人同意而泄露其内容（第6.3.4节）

【修订内容】

在第6.3.4节第二段中细化了申请人得知他人未经申请人同意而泄露了其内容的情形。

修改后的第6.3.4节第二段内容如下：

"申请专利的发明创造在申请日以前六个月内他人未经申请人同意而泄露了其内容，若申请人在申请日前已获知，应当在提出专利申请时在请求书中声明，并在自申请日起两个月内提交证明材料。若申请人在申请日以后**自行**得知的，应当在得知情况后两个月内提出要求不丧失新颖性宽限期的声明，并附具证明材料。审查员认为必要时，可以要求申请人在指定期限内提交证明材料。**申请人在收到专利局的通知书后才得知的，应当在该通知书指定的答复期限内，提出不丧失新颖性宽限期的答复意见并附具证明文件。**"

【修订说明】

《专利审查指南》对专利法第二十四条第（四）项所述情形作出进一步细化的规定，对于如下情形：申请人在申请日前已获知、申请人在申请日以后自行得知以及申请人在收到专利局的通知书后才得知的，明确不同情形下申请人应当办理的相关手续，以给予申请人更加清晰的指引，更好地保护申请人的合法权益。

六、关于著录项目变更（第 6.7 节）

（一）著录项目变更手续（第 6.7.1 节）

1. 著录项目变更申报书（第 6.7.1.1 节）

【修订内容】

（1）在第 6.7.1.1 节中增加"**专利申请权（或专利权）连续转移的，不应当以连续变更的方式办理**"的规定。

（2）在第 6.7.1.1 节中修改涉及批量著录项目变更的相关规定，将"多件专利申请的同一著录项目发生变更的，即使变更的内容完全相同，也应当分别提交著录项目变更申报书"修改为"**多件专利申请的同一著录项目发生变更，且变更的内容完全相同的，可以提交批量著录项目变更申报书**"。

【修订说明】

（1）明确不应通过连续变更的方式办理权利转移的著录项目变更手续。根据《民法典》第五百零二条的规定，依法成立的合同，自成立时生效，但是法律另有规定或者当事人另有约定的除外。根据专利法第十条的规定，转让专利申请权或者专利权的，当事人应当订立书面合同，并向国务院专利行政部门登记，由国务院专利行政部门予以公告。专利申请权或者专利权的转让自登记之日起生效。根据上述规定，专利申请权或者专利权转让未经登记则不能生效。由于未经登记的申请权或专利权转让尚未生效，此时的受让人不是申请人或者专利权人，其无权将该权利再次转让。因此，在专利申请权或者专利权进行连续转移时，当事人应当就每次权利转移分别办理著录项目变更手续，不应当以连续变更的方式办理相关手续。

（2）明确可以提交批量著录项目变更的情形。为了简化办理手续，更好地满足创新主体的实际需求，针对多件专利申请完全相同的变更内容，如申请人（或专利权人）姓名或者名称变更、代理机构变更等，申请人可以提出批量著录项目变更请求，批量进行著录项目变更。

2. 关于著录事项变更费（第6.7.1.2节、第6.7.1.3节）

【修订内容】

（1）将第6.7.1.2节中的"办理著录项目变更手续应当按照规定缴纳著录项目变更手续费（即著录事项变更费）"修改为"**申请人请求变更发明人和/或申请人（或专利权人）的，应当缴纳著录事项变更费，即著录项目变更手续费**"；将"专利局公布的专利收费标准中的著录事项变更手续费是指，一件专利申请每项申报著录项目变更的费用"修改为"专利局公布的专利收费标准中的**著录事项变更费**是指，一件专利申请**每次**申报著录项目变更的费用"。

（2）在第6.7.1.2节中增加涉及批量著录项目变更费用的相关规定，即"**申请人通过批量著录项目变更请求进行申请人（或专利权人）姓名或者名称变更且不涉及权利转移的，按相关规定缴纳费用**"。

（3）删除第6.7.1.2节中"申请人请求变更发明人和/或申请人（或专利权人）的，应当缴纳著录项目变更手续费200元，请求变更专利代理机构和/或专利代理人的，应当缴纳著录项目变更手续费50元"的规定，并删除其后的两个示例。

（4）将第6.7.1.3节中的"著录项目变更手续费"修改为"著录事项变更费"。

【修订说明】

专利法实施细则第一百一十条及国家知识产权局行政事业

性收费标准中统一使用"著录事项变更费"的表述，在此进行术语统一。

为进一步减轻社会负担，促进专利创造保护，根据《财政部 国家发展改革委关于停征、免征和调整部分行政事业性收费有关政策的通知》（财税〔2018〕37号）精神，国家知识产权局发布《关于停征和调整部分专利收费的公告》（国家知识产权局公告第272号），其中规定于2018年8月1日起停征专利收费（国内部分）中的著录事项变更费（专利代理机构、代理人委托关系的变更）。《专利审查指南》此处进行适应性修改，明确著录事项变更费不再包括变更专利代理机构、代理人委托关系的费用，仅包括变更发明人和/或申请人（或专利权人）的费用，并相应地调整著录事项变更费的定义为一件专利申请每次申报著录项目变更的费用，即如果一次申报中同时包括发明人变更与申请人（或专利权人）变更，也只收取一次著录事项变更费。此外，删除原有涉及费用标准的规定和相关示例，使《专利审查指南》的表述更为简洁准确。

在第6.7.1.1节增加批量著录项目变更申报书提交方式的基础上，在第6.7.1.2节增加对批量著录项目变更手续的缴费的相关规定。考虑到申请人更名涉及权利主体不变，因此针对申请人通过批量著录项目变更请求进行申请人（或专利权人）姓名或者名称变更且不涉及权利转移的，按一件变更缴纳费用；但申请人通过批量著录项目变更请求进行权利转移的，按照实际变更件数缴纳费用。

3. 关于办理著录项目变更手续的人（第6.7.1.4节）

【修订内容】

将"因权利转移引起的变更，也可以由新的权利人或者其委托的专利代理机构办理"修改为"因权利转移引起的变更，可以由新的权利人办理；新的权利人已委托代理机构的，应当由其委托的专利代理机构办理"。

【修订说明】

此处为澄清性修改，进一步明确因权利转移引起变更的"办理手续的人"的相关规定，以避免产生歧义。

（二）著录项目变更证明文件（第6.7.2节）

1. 关于申请人（或专利权人）姓名或者名称变更（第6.7.2.1节）

【修订内容】

（1）增加"**申请人（或专利权人）请求变更姓名或者名称的，应当提供身份证件号码或者统一社会信用代码。无法提供身份证件号码或者统一社会信用代码，或者经审查所提供的信息不正确的，需提供以下证明文件**"的规定。

（2）将申请人（或专利权人）姓名或者名称变更的第（2）种情况"个人因填写错误提出变更请求的"中的"**填写错误**"修改为"**书写错误**"。

【修订说明】

（1）明确了申请人（或专利权人）请求变更姓名或者名称的，可以提供身份证件号码或者统一社会信用代码，经与相关部门电子数据联网查验后信息一致的，申请人无须提交其他证明文件，以减轻当事人负担，加快审批流程。但对于国外申请人或者其他无法通过电子数据联网查验的，仍需要当事人提供相应的证明文件。

（2）将"填写错误"修改为"书写错误"，进一步明确此种情况所包含的情形为申请人将姓名书写错误，例如书写为错别字或者同音字的情况,以和其他情形作出区分。

2. 关于专利申请权(或专利权)转移(第 6.7.2.2 节)

【修订内容】

在第 6.7.2.2 节第(2)项的内容❶中,针对"申请人(或专利权人)因权利的转让或者赠与发生权利转移提出变更请求的"的情形,将"应当提交转让或者赠与合同"修改为"应当提交**双方签字或者盖章的**转让或者赠与合同",并在其后增加规定:"必要时还应当提交主体资格证明,例如:有当事人对专利申请权(或专利权)转让或者赠与有异议的;当事人办理专利申请权(或专利权)转移手续,多次提交的证明文件相互矛盾的;转让或者赠与协议中申请人或专利权人的签字或者盖章与案件中记载的签字或者盖章不一致的。"

【修订说明】

首先,根据合同法和专利法的相关规定,转让或者赠与专利申请权(或专利权)的,当事人应当订立书面合同,因此,在《专利审查指南》中明确转让和赠与合同应当由"双方当事人签字或者盖章",这一规定与审查实践情况一致。其次,专利申请权(或专利权)是申请人(或专利权人)的财产权,作为行政机关,对行政相对人的财产权的变更登记应谨慎对待。为防止伪造他人签章、擅自转让他人专利申请权(或专利权)的情况发生,在审查权利转让或者赠与的变更请求时,要求双方当事人必要时应当提交主体资格证明,用以佐证转让合同是当事人真实意思表示,从而规制因仿冒签名形成的虚假证明文

---

❶ 第 6.7.2.2 节第(2)项的内容涉及国家知识产权局公告第 328 号的修改内容。

件情况的发生。

3. 关于发明人变更（第 6.7.2.3 节）

【修订内容】

增加新的第（2）项："**因发明人姓名书写错误提出变更请求的，应当提交本人签字或者盖章的声明及本人的身份证明文件。**"

将原第（2）项修改为第（3）项，对于"因漏填或者错填发明人提出变更请求的"情形，增加"**应当自收到受理通知书之日起一个月内提出**"的规定，针对证明文件，增加"**变更后全体发明人签字或者盖章**"的要求，并增加"**其中应注明变更原因，并声明已依照专利法实施细则第十四条规定确认变更后的发明人是对本发明创造的实质性特点作出创造性贡献的全体人员**"的规定。将原第（3）项、第（4）项的序号依次顺延。

【修订说明】

对于发明人变更，在审查实践中，除变更姓名及漏填或者错填发明人的情形外，还存在发明人姓名书写错误提出变更请求的情形。为了明确要求，参照申请人姓名书写错误的著录项目变更手续的规定，在本部分增加相应的内容，以进一步明确当事人办理发明人变更的手续要求。

为了有效保护真正发明人的署名权、知情权，避免虚假变更发明人的问题，规制不具备发明人资格的人变更为发明人的行为，针对以漏填或者错填为由的发明人变更手续，明确了三项要求：一是规定此种变更的提出时机为"自收到受理通知书之日起一个月内提出"；二是明确了变更前后发明人都应当在证明文件中签字或者盖章；三是要求发明人在证明文件中注明变更原因（错填或者漏填），并以声明承诺的方式声明已依照专利法实施细则第十四条确认变更后的发明人是对本发明创造的实质性特点作出创造性贡献的全体人员。上述修改，进一步加强以漏填或者错填为由的发明人变更手续的审核，同时，明确当事人可以采用声明承诺的方式，以简化证明文件的提交，优化发明人变更的办理流程。

（三）著录项目变更的生效（第6.7.4节）

【修订内容】

在第6.7.4节第（1）项内容的最后增加规定："涉及专利权转移的著录项目变更手续的审批期限一般不超过一个月。"

【修订说明】

为满足创新主体的需求，进一步规范流程业务，本节明确规定了对涉及专利权转移的著录项目变更手续的审批期限要求。

七、关于诚实信用原则的审查（第6.7.5节、第7.9节）

诚实信用原则是民法最重要的基本原则之一，是民事行为的本质要求，也是平衡利益和维护社会正常秩序的基本条件，体现追求公平正义的价值理念。专利法第二十条、专利法实施细则第十一条引入了诚实信用原则，旨在规制在申请专利和行使专利权中的不正当行为，打击不以保护创新为目的的专利申请，从源头上促进专利质量提升。专利法实施细则第五十条、第五十九条、第六十九条将诚实信用原则分别作为初步审查和实质审查的范围、无效宣告请求的理由，在授权、确权程序中增加对于诚实信用原则的审查，形成一个全面的规制体系，确保诚实信用法律条款的立法宗旨在专利审查各个环节中得到有效落实和执行保障，维护专利工作秩序。

在专利审查指南第一部分第一章"发明专利申请的初步审

查"第6.7.5节、第7.9节,第二章"实用新型专利申请的初步审查"第5节,第三章"外观设计专利申请的初步审查"第6.3节;第二部分第一章"不授予专利权的申请"第5节,第八章"实质审查程序"第4.7节和第6.1.2节;第四部分第二章"复审请求的审查"第4.1节,第三章"无效宣告请求的审查"第4.1节;第五部分第一章"专利申请文件及手续"第6节,第十章"专利权评价报告"第3.2.1节和第3.2.2节;第六部分第二章"外观设计国际申请的审查"第5.4节均涉及诚实信用原则的审查相关具体规定。

【修订内容】

1. 新增第6.7.5节"诚实信用原则",具体内容为:"对于违反诚实信用原则的相关手续,例如提供虚假证明材料的,审查员应当发出视为未提出通知书。已经批准的,依法予以撤销。"

2. 新增第7.9节"根据专利法实施细则第十一条的审查",具体内容为:"对发明专利申请是否符合专利法实施细则第十一条规定的审查,适用《规范申请专利行为的规定》。"

【修订说明】

诚实信用原则是一种具有道德内涵的法律规范,专利法及其实施细则相关条款中所列举情形较为上位,在法律适用上存在较大的弹性。为保障审查标准执行一致,避免因不当适用影响权利人的正当权益,有效发挥诚实信用原则的作用,助力专利质量提升,在本章第7节"明显实质性缺陷的审查"部分,在第7.9节中引入专利法实施细则第十一条的审查,具体审查标准适用《规范申请专利行为的规定》,明确了在初步审查阶段对于违反诚实信用原则的发明专利申请所适用的规定。需要说明的是，在审查实践中应当审慎适用诚实信用原则，一般来说，应当有证据证明或有充分理由表明申请人在申请专利过程中存在明显违反专利法实施细则第十一条规定的情形才可适用。

在第 6.7 节"著录项目变更"部分的第 6.7.5 节中则增加针对相关手续违反诚实信用原则时的审查标准，即经审查"对于违反诚实信用原则的相关手续，审查员应当发出视为未提出通知书。已经批准的，依法予以撤销"。

八、其他说明

本书其他文字性的调整，简要说明如下：

（一）根据专利法及其实施细则等的适应性修改

1. 专利法第二十五条第一款第（五）项明确对原子核变换方法不授予专利权，《专利审查指南》第一部分第一章第 7.4 节进行适应性修改，将"用原子核变换方法获得的物质"修改为"原子核变换方法以及用原子核变换方法获得的物质"。

2. 专利法实施细则第十九条规范了专有名词的统一表述，《专利审查指南》进行适应性修改，将"组织机构代码"修改为"统一社会信用代码"，将"居民身份证件号码"修改为"身份证件号码"；将涉及专利代理的"代理人"修改为"代理师"，将"代理人执业证号码"修改为"代理师资格证号码"。

3. 专利法实施细则第二十六条第二款涉及对专利申请文件要求的简化，《专利审查指南》进行适应性修改，调整了专利申请文件中摘要附图的提交方式，修改为指定摘要附图，不再要求申请人单独提交一份摘要附图。

4. 根据专利法实施细则的相关规定，对措辞进行适应性修改，包括"进入公布准备"修改为"作好公布准备"等。

5. 根据专利法实施细则第一百一十七条和《专利收费减缴办法》（财税〔2016〕78号）进行适应性修改，将"减缓""专利费用减缓""费用减缓审批通知书"分别修改为"减缴""专利收费减缴""费用减缴审批通知书"。

6. 根据《中华人民共和国技术进出口管理条例》第三十八条等，将《专利审查指南》中的"自由出口技术合同登记证书"修改为"技术出口合同登记证"。

7. 根据专利法实施细则第一百三十一条、《关于执行新的行政事业性收费标准的公告》（国家知识产权局公告第244号），费种名称"改正译文错误手续费"修改为"译文改正费"。

8. 其他适应专利法及其实施细则的修改且不涉及审查标准变化的，如根据专利法及其实施细则进行条款序号的调整等。

（二）与电子申请和电子审批系统有关的适应性修改

1. 在当前电子申请已得到广泛普及、电子审批系统不断完善的情况下，对原《专利审查指南》基于纸件申请的规定的适应性修改，如：不再对请求书中发明人的填写顺序进行固化规定；申请人进行补正时，专利申请文件的修改替换页只需提交一份等。

2. 由于通知书中已经统一采用署名的方式，对署名和盖章、业务用章等措辞进行适应性调整。

3. 在电子申请已成为主要专利申请形式的情况下，将"受理地点"修改为"受理部门"。

（三）机构名称变化等的适应性修改

1. 根据机构改革方案，将"专利复审委员会"修改为"复审和无效审理部""复审和无效审理部门""合议组"等，或者不再指明机构。

2. 将"国防专利局"修改为"国防知识产权局";将"国防专利复审委员会"修改为"国防知识产权局复审委员会"。

(四)其他修改

1. 文字表述的统一,比如,将涉及"进入国家阶段的书面声明"的不同表述"书面进入声明""书面声明""进入国家阶段的书面声明(以下简称进入声明)"统一修改为"进入声明"。

2. 出于文字简洁性的考虑,对《专利审查指南》中一些重复的、不必要的措辞进行精简或删改等。

第二章 实用新型专利申请的初步审查

在《专利审查指南》第一部分第二章中对实用新型专利申请的初步审查制度作出调整和完善,其修改主要包括以下方面:调整实用新型专利申请的初步审查范围;新增有关诚实信用原则的审查规定;明确申请文件形式审查涉及提交彩色附图的要求;新增以援引在先申请文件的方式补交申请文件的规定;明确关于明显不具备新颖性和明显不具备创造性、关于专利法第九条的审查标准。

此外,针对实用新型的优先权审查的相关规定,如根据专利法实施细则第三十六条的优先权恢复、根据专利法实施细则第三十七条的优先权增加或者改正,以及对提交在先申请文件副本及优先权转让证明的期限、提交在先申请文件副本的方式、本国优先权涉外转让等规定的修改,可参见《专利审查指南》第一部分第一章第6.2节的相关规定及本书对该节的修订说明。针对实用新型专利申请的新颖性宽限期相关规定的修改,参见《专利审查指南》第一部分第一章第6.3节的相关规定及本书对该节的修订说明。

一、关于实用新型专利申请初步审查的范围(第1节、第3.5.2节)

【修订内容】

1. 在第1节引言部分"实用新型专利申请初步审查的范

围"中，针对"（1）申请文件的形式审查"，增加"**专利法实施细则第四十五条**"；针对"（2）申请文件的明显实质性缺陷审查"，将"专利法第二十二条第二款或第四款"修改为"**专利法第二十二条**"，并增加"**专利法实施细则第十一条**"；针对"（3）其他文件的形式审查"，增加"**专利法实施细则第十八条**""**第三十六条**""**第三十七条**"。

2. 在第 3.5.2 节"驳回决定正文"的"（2）在驳回的理由部分"，将第（iv）项驳回理由中的"专利法第二十二条第二款或第四款"修改为"**专利法第二十二条**"，并增加"**专利法实施细则第十一条**"。

【修订说明】

专利法实施细则第五十条规定了三种专利申请初步审查范围，参见对《专利审查指南》第一部分第一章第 1 节的修订说明。根据专利法实施细则第五十条的规定，对实用新型专利申请初步审查的范围进行了适应性修改。在明显实质性缺陷的审查中新增明显不具备创造性的审查，以及专利法实施细则第十一条的审查，即对在专利申请过程中违反诚实信用原则的情形进行审查。在第 3.5.2 节"驳回决定正文"的"（2）在驳回的理由部分"进行适应性修改。

适应性增加申请文件以及其他文件的形式审查范围，包括：（1）增加专利法实施细则第四十五条的审查，即以援引在先申请文件方式补交权利要求书、说明书、说明书附图或者权利要求书、说明书、说明书附图的部分内容的，对其相关文件进行审查；（2）增加专利法实施细则第十八条的审查，即对申请人可以自行办理的事务的审查，在实用新型专利申请的初步审查阶段，主要涉及提交在先申请文件副本；（3）增加专利法实施细则第三十六条、第三十七条的审查，即对优先权的恢复、增加或改正的审查。

二、关于诚实信用原则的审查（第5节、第11节）

【修订内容】

1. 在第5节中增加"**对实用新型专利申请是否符合专利法实施细则第十一条规定的审查，适用《规范申请专利行为的规定》**"。

2. 删除第11节中"实用新型可能涉及非正常申请的，例如明显抄袭现有技术或者重复提交内容明显实质相同的专利申请，审查员应当根据检索获得的对比文件或者其他途径获得的信息，审查实用新型专利申请是否明显不具备新颖性"的规定。

【修订说明】

参见对《专利审查指南》第一部分第一章第6.7.5节、第7.9节的修订说明，对实用新型专利申请是否违反诚实信用原则的审查，适用《规范申请专利行为的规定》。

根据专利法实施细则的修改，对非正常申请的审查，应当考虑适用专利法实施细则第十一条。因此，适应性删除原《专利审查指南》第11节明显不具备新颖性审查中涉及非正常申请的内容。

三、关于申请文件的审查（第7节）

（一）关于说明书附图（第7.3节）

【修订内容】

在第7.3节第（2）项中，删除附图不得着色的要求，将"附图应当使用包括计算机在内的制图工具和黑色墨水绘制，线条应当均匀清晰,并不得着色和涂改"修改为"附图应当使用包括计算机在内的制图工具绘制,线条应当均匀清晰,并不得涂改";增加"附图一般使用黑色墨水绘制,必要时可以提交彩色附图,以便清楚描述专利申请的相关技术内容"。

【修订说明】

参见对《专利审查指南》第一部分第一章第4.3节的修订说明,此处明确了对于实用新型专利申请必要时可以提交彩色附图。

四、关于以援引在先申请文件的方式补交申请文件(第7.6节、第15.1节)

在《专利审查指南》第一部分第二章"实用新型专利申请的初步审查"第7.6节及第15.1节中,对援引加入制度在实用新型专利申请初步审查中的适用作出进一步细化规定,包括明确实用新型专利申请缺少说明书附图的审查规则等,为申请人提供了救济程序,便于申请人提出符合规定的援引加入请求,更好地利用该制度保障实体权利。

【修订内容】

1. 增加第7.6节"以援引在先申请文件的方式补交申请文件",并修改第15.1.2节"审查依据的文本"。

(1)第7.6节增加的内容如下:

"7.6 以援引在先申请文件的方式补交申请文件

"适用本部分第一章第4.7节的规定。

"其中,以援引在先申请文件的方式补交遗漏的说明书附图的,适用本部分第一章第4.7.1节的规定;以援引在先申请文件的方式补交错误提交的说明书附图,或者缺少的或错误提交的部分说明书附图的，适用本部分第一章第 4.7.2 节的规定。"

（2）在第 15.1.2 节"审查依据的文本"中，进行如下修改：

将倒数第二段"如果申请人在进入声明中指明申请文件中含有援引加入的项目或者部分，并且在办理进入国家阶段手续时已经重新确定了相对于中国的国际申请日，则援引加入的项目或者部分应当是原始提交的申请文件的一部分"修改为"**如果申请人在进入声明中指明申请文件中含有援引加入的项目或者部分，审查员应当审查援引加入是否符合规定，审查标准适用本指南第三部分第一章第 5.3 节的规定。援引加入的项目或者部分是原始提交的申请文件的一部分**"；删除"审查过程中，不允许申请人通过修改相对于中国的申请日而保留援引加入的项目或部分"。

2. 在第 15.1.3 节"原始提交的国际申请文件的法律效力"中，在第二段对专利法第三十三条所说的原说明书和权利要求书的解释中，增加"**包含援引加入的项目或者部分**"。

【修订说明】

1. 增加援引在先申请文件的方式补交申请文件的审查

在实用新型专利申请初步审查阶段，对以援引在先申请文件方式补交的权利要求书、说明书，或者权利要求书、说明书部分内容的审查内容、标准，与发明专利申请初步审查阶段相同。因此，在第 7.6 节中明确实用新型专利申请的审查适用发明专利申请的相关审查规定，参见对《专利审查指南》第一部分第一章第 4.7 节的修订说明。

专利法实施细则第二十条第五款规定了"实用新型专利申请说明书应当有表示要求保护的产品的形状、构造或者其结合的附图"。《专利审查指南》第五部分第三章第 2.2 节规定实用新型专利申请缺少说明书附图的，专利局不予受理。附图属于说明书的一部分，但是由于实用新型专利申请必须要有附图，缺少附图与缺少全部说明书或权利要求书的后果是相同的，均不予受理。因此，对于实用新型专利申请通过援引加入的方式克服缺少全部说明书附图缺陷的，明确此种情形适用第一部分第一章第 4.7.1 节以援引在先申请文件的方式补交遗漏的权利要求书或说明书的规定；而以援引在先申请文件方式补交缺少的部分说明书附图的或者补交错误提交的说明书附图的，则适用第一部分第一章第 4.7.2 节以援引在先申请文件的方式补交错误提交的权利要求书、说明书，或者缺少的或错误提交的权利要求书、说明书部分内容的规定。

2. 适应性修改国际申请援引加入的审查

根据专利法实施细则第四十五条增加的援引加入的规定，删除原《专利审查指南》关于进入声明中指明申请文件含有援引加入的，需要重新确定相对于中国的国际申请日的规定。明确对于进入国家阶段的国际申请援引加入的审查适用《专利审查指南》第三部分第一章第 5.3 节的规定。

同时，在第 15.1.3 节中进一步澄清，符合规定的援引加入的项目或者部分属于专利法第三十三条所说的原说明书和权利要求书的范围。

五、根据专利法第二十二条第二款和第三款的审查（第 11 节）

（一）关于明显不具备新颖性的审查

【修订内容】

将第 11 节中"初步审查中，审查员一般不通过检索来判断实用新型是否明显不具备新颖性。审查员可以根据未经其检索获得的有关现有技术或抵触申请的信息判断实用新型是否明显不具备新颖性"修改为"**审查员可以根据其获得的有关现有技术或者抵触申请的信息，审查实用新型专利申请是否明显不具备新颖性**"❶。

在"有关新颖性的审查参照本指南第二部分第三章的规定"中，增加新颖性审查参照的规定"**第四部分第六章第 3 节的规定**"。

【修订说明】

实用新型专利申请的审查属于初步审查。原《专利审查指南》规定对于实用新型专利申请"一般不通过检索"判断实用新型专利申请是否明显不具备新颖性。为了进一步提升实用新型专利的质量，审查员可以根据其获得的有关现有技术或者抵触申请信息审查实用新型专利申请是否明显不具备新颖性。

（二）关于明显不具备创造性的审查

【修订内容】

第 11 节标题中增加专利法第二十二条第三款的审查，将本节第一句修改为"初步审查中，审查员对于实用新型专利申请是否明显不具备新颖性和**创造性**进行审查"；并在本节最后新增一段"**审查员可以根据其获得的有关现有技术的信息，审查实用新型专利申请是否明显不具备创造性。有关创造性的审查参照本指南第四部分第六章第 4 节的规定**"。

【修订说明】

为进一步提高专利质量，专利法实施细则第五十条中增加

---

❶ 涉及国家知识产权局令第 67 号的修改内容。

关于明显不符合创造性的审查，因此，在第11节中增加专利法第二十二条第三款审查的相关内容。与明显不具备新颖性的审查相似，审查员能够容易地获得有关现有技术信息的，可以根据该信息，审查实用新型专利申请是否明显不具备创造性。

对于实用新型专利申请是否明显不具备创造性的判断，在现有技术的获取和使用方面，通常着重于考虑以下因素：（1）现有技术的领域，一般着重于考虑该实用新型专利申请所属技术领域；（2）现有技术的数量，一般引用一项或者两项现有技术评价创造性，但是对于由现有技术通过"简单叠加"等方式而成的实用新型专利申请，可以视情况引用多项现有技术评价其创造性。如果将实用新型的技术方案与现有技术相比，本领域技术人员能够"清楚、容易地"得出其不具有实质性特点和进步的结论，则通常认为该技术方案明显不具备创造性。

六、根据专利法第九条的审查（第13节）

【修订内容】

将第13节中"初步审查中，对于实用新型专利申请依照专利法第九条的规定是否能取得专利权，一般不通过检索进行审查。但审查员已经得知有申请人就同样的发明创造申请了专利的，应当进行审查"修改为"**初步审查中，审查员对于实用新型专利申请是否符合专利法第九条的规定进行审查。审查员可以根据其获得的同样的发明创造的专利申请或专利，审查实用新型专利申请是否符合专利法第九条的规定**"❶。

---

❶ 涉及国家知识产权局令第67号的修改内容。

【修订说明】

与第 11 节中明显不具备新颖性的审查的相关内容修改相似，为了进一步提升实用新型专利的质量，审查员可以根据其获得的同样的发明创造的专利申请或专利进行审查。

第三章 外观设计专利申请的初步审查

《专利审查指南》第一部分第三章对外观设计专利申请审查的相关规定作了调整和完善，其修改主要涉及初步审查的范围，申请文件的审查，要求优先权的审查，根据专利法第二条第四款、第五条第一款、第九条、第二十三条第一款及第二款、第三十一条第二款、第三十三条的审查，根据专利法实施细则第十一条的审查，以及外观设计分类等。

一、关于外观设计专利申请初步审查的范围（第1节、第6节、第8节）

【修订内容】

根据修改后的专利法及其实施细则，在第1节引言中对外观设计专利申请初步审查所依据的法律条款作了修改，包括申请文件实质性缺陷审查中增加了不符合专利法实施细则第十一条的规定，增加了明显不符合专利法第二十三条第二款的内容，以及对专利法及其实施细则的法条序号做适应性的修改。修改了第6节的标题，增加第6.3节"根据专利法实施细则第十一条的审查"。修改了第8节的标题，增加第8.1节"根据专利法第二十三条第一款的审查"，增加第8.2节"根据专利法第二十三条第二款的审查"。

【修订说明】

专利法实施细则第五十条对三种专利申请初步审查范围进行了调整，参见对《专利审查指南》第一部分第一章第1节的修订说明。为适应专利法实施细则第五十条的修改，《专利审查指南》在外观设计专利申请初步审查的范围中增加了是否不符合专利法实施细则第十一条、明显不符合专利法第二十三条第二款等规定的审查。

二、关于申请文件的审查（第4节）

（一）关于使用外观设计的产品名称（第4.1.1节）

【修订内容】

在第4.1.1节第（2）项"概括不当、过于抽象"的产品名称中增加了"灯"的示例，同时，将第（5）项中列举的"LED灯"删除。

【修订说明】

"灯"这一名称涉及灯泡、头灯、路灯、吸顶灯、台灯或落地灯等多种灯具产品，在外观设计分类表中具有不同的分类号。为了规范产品名称的撰写，避免使用此类过于上位的产品名称，在"概括不当、过于抽象"的产品名称中增加了"灯"的示例。"LED灯"中的"LED"虽已为公众所周知，具有确定的含义，但整体名称存在过于上位的问题，不能准确地表明使用外观设计的产品，因此删除第（5）项中的示例"LED灯"。

(二）关于外观设计图片或者照片（第 4.2 节）

1. 关于图片或照片的总体要求（第 4.2 节）

【修订内容】

在第 4.2 节第一段的最后增加专利法实施细则第三十条第一款及其规定，即"**申请人应当就每件外观设计产品所需要保护的内容提交有关图片或者照片**"。

明确外观设计专利申请立体产品视图提交要求，将"就立体产品的外观设计而言……产品设计要点仅涉及一个或几个面的，应当至少提交所涉及面的正投影视图和立体图，并应当在简要说明中写明省略视图的原因"修改为"就立体产品的外观设计而言……产品设计要点仅涉及一个或者几个面的，应当提交所涉及面的正投影视图，**对于其他面既可以提交正投影视图，也可以提交立体图。使用时不容易看到或者看不到的面可以省略视图**，并应当在简要说明中写明省略视图的原因"。

【修订说明】

在第 4.2 节第一段的最后引用专利法实施细则第三十条第一款的规定，明确专利法实施细则与《专利审查指南》之间的联系，明确要求申请人就外观设计产品所需要保护的内容提交有关图片或者照片的法律依据。

对于立体产品的外观设计而言，原《专利审查指南》的规定容易给申请人造成"对于不涉及设计要点的面可以省略视图"的误解，导致一些立体产品的外观设计专利申请缺少必要的视图，达不到清楚表达产品外观设计的要求。此处修改后，明确了不涉及设计要点的面也应当提交视图，但申请人可以根据情况选择提交的视图类型：对于立体产品涉及设计要点的面，应当以正投影视图提交；对于不涉及设计要点的面，申请人既可以选择提交正投影视图,也可以选择提交立体图。同时明确"使用时不容易看到或者看不到的面可以省略视图,并应当在简要说明中写明省略视图的原因",该修改为申请人提交立体产品的视图提供了更为明确的指引。

2. 关于视图名称及其标注(第4.2.1节)

【修订内容】

删除了组件产品的定义和分类的描述。

【修订说明】

由于在本章第9节增加了组件产品的定义和分类以及具体的示例,为避免重复,故本节删除了组件产品的相关内容。

3. 关于图片的绘制和图片或者照片的缺陷(第4.2.2节、第4.2.4节)

【修订内容】

删除第4.2.2节"图片的绘制"中"不得以阴影线、指示线、虚线、中心线、尺寸线、点划线等线条表达外观设计的形状"中的"虚线";删除第4.2.2节"图片的绘制"中第一段最后一句"图片应当清楚地表达外观设计"。同时,将第4.2.4节图片或者照片的缺陷第(3)项也做了适应性修改,修改为"**外观设计图片中的产品绘制线条包含有应删除或者修改的阴影线、指示线、虚线、中心线、尺寸线、点划线等**"。

删除第4.2.4节第一段"根据专利法第三十三条的规定,申请人对专利申请文件的修改不得超出原图片或者照片表示的范围";在第4.2.4节第(4)项中,将"产品设计要点涉及六个面,而六面正投影视图不足"修改为"**产品六个面显示不全**";将"大型或位置固定的设备和底面不常见的物品可以省略仰视图"修改为"**产品使用时不容易看到或者看不到的面,**

可以省略相应视图"。

【修订说明】

在局部外观设计专利申请中，虚线是可以表达其他部分的形状的，已经不属于不得使用的线条，修改此处表述与《专利审查指南》第一部分第三章第4.4.2节的规定相适应。需要说明的是，对于整体外观设计专利申请，仍然通常不允许用虚线表达外观设计的形状。同样地，将第一部分第三章第4.2.4节"图片或者照片的缺陷"第（3）项也作适应性修改。另外，原第4.2.2节第一段最后一句"图片应当清楚地表达外观设计"为总括性的规定，与本部分第三章第4.2节开头部分重复，故删除。

根据第一部分第三章第4.2节的修改内容，对第一部分第三章第4.2.4节中立体产品视图缺陷以及省略视图情形进行了适应性修改，与其相呼应：明确"产品六个面显示不全"属于立体产品的视图缺陷，然后给出允许省略视图的具体情形。此外，删除与"图片或者照片的缺陷"无直接关系的专利法第三十三条的内容。

（三）关于简要说明（第4.3节）

【修订内容】

根据专利法实施细则第三十一条的规定，在第4.3节"简要说明"应当包括的内容的第（2）项中增加"**对于零部件，通常还应当写明其所应用的产品，必要时写明其所应用产品的用途**"。

对于应当在简要说明中写明的其他情形：修改第（1）项请求保护色彩或者省略视图的情况，将"如果难以写明的，也可仅写明省略某视图"的情形删除，同时，将"大型设备缺少仰视图，可以写为'省略仰视图'"等示例修改为"**左视图与右视图对称，省略左视图**""**使用时底面不常见，省略仰视图**"；增加第（7）项"**用虚线表示视图中图案设计的，必要时应当在简要说明中写明**"。

【修订说明】

根据专利法实施细则第三十一条的规定，简要说明应当写明外观设计产品的用途。该用途主要用于确定产品所属的类别。由于在零部件所属产品类别的判断中，其自身用途及所应用产品的用途均具有重要的限定作用，因此，本次修改增加零部件用途的相关规定。对于零部件产品，需要写明零部件产品本身的用途，通常还应当写明其所应用的产品，对于在《国际外观设计分类表》中有明确分类的零部件，一般无须在简要说明中写明其所应用的产品。如果通过零部件所应用产品的名称仍难以判断该产品的用途，则还应当补充写明产品的具体用途。

对于第一部分第三章第4.3节其他应当在简要说明中写明的情形作出适应性修改。由于在第一部分第三章第4.2节中规定省略视图的情形是相对确定的，不存在"难以写明的，也可仅写明省略某视图"的情形，因此将第（1）项在简要说明中说明省略视图的情况进行了适应性修改。此次修改后列举的两个撰写示例更有助于引导申请人规范撰写简要说明。增加的第（7）项规定是对增加局部外观设计相关内容的适应性修改。虚线通常用来表示局部外观设计中不保护的部分，但对于虚线属于产品表面图案设计的特殊情形，必要时应当在简要说明中写明，即如果该虚线可以毫无疑义地被认定为表面的图案，则不需要在简要说明中单独说明，如果该虚线可能造成保护范围的混淆，则需要在简要说明中进行明确。

(四) 关于局部外观设计 (第4.4节)

专利法第二条第四款增加了局部外观设计的相关内容，明确了产品的局部外观设计可以作为外观设计专利保护的客体。专利法实施细则第三十条、第三十一条明确了申请局部外观设计专利的有关视图和简要说明的提交要求。在《专利审查指南》层面需进一步明确局部外观设计申请的具体提交要求，考虑到采用设立单独章节的方式，更利于审查员及社会公众对局部外观设计有关内容的查阅和使用，故在第一部分第三章第4节"申请文件的审查"中增加第4.4节"局部外观设计"。

1. 关于局部外观设计的总体要求 (第4.4节)

【修订内容】

增设"4.4 局部外观设计"一节。增加了局部外观设计的定义"**局部外观设计是指对产品的局部的形状、图案或者其结合以及色彩与形状、图案的结合所作出的富有美感并适于工业应用的新设计**"，以及其提交方式"**要求保护产品不能分割的局部的，应当以局部外观设计的方式提交申请。例如'座椅靠背的雕花'等**"。

【修订说明】

在总括部分，根据专利法第二条第四款的规定，对局部外观设计的内容作出相应的规定，明确了其保护内容。同时，进一步明确产品的不能分割的局部应当以局部外观设计的方式提交申请，并举例说明。

2. 关于局部外观设计的产品名称 (第4.4.1节)

【修订内容】

增加第4.4.1节关于局部外观设计产品名称的规定，包括

"申请局部外观设计专利的,应当在产品名称中写明要求保护的局部及其所在的整体产品,例如'汽车的车门''手机的摄像头'""其他要求参照本部分第三章第4.1.1节的规定"。

【修订说明】

对于局部外观设计专利申请,其产品名称既需要体现请求保护的局部,还需要体现其所在的整体产品,并通过具体的撰写示例,加以说明。同时,产品名称还应当满足第一部分第三章第4.1.1节中对于产品名称的一般性规定。

3. 关于局部外观设计图片或者照片(第4.4.2节)

【修订内容】

增加第4.4.2节关于局部外观设计图片或者照片的规定,具体如下:

"专利法实施细则第三十条第二款规定,申请局部外观设计专利的,应当提交整体产品的视图,并用虚线与实线相结合或者其他方式表明所需要保护部分的内容。

"整体产品的视图应当清楚地显示要求专利保护的产品的局部外观设计,以及该局部在整体产品中的位置和比例关系。要求保护的局部包含立体形状的,提交的视图中应当包括能清楚显示该局部的立体图。

"提交的视图应当能够明确区分要求保护的局部与其他部分。用虚线与实线相结合的方式表明所需要保护部分的内容时,实线表示需要保护的局部,虚线表示其他部分。还可以采用其他方式表明所需要保护部分的内容,例如用单一颜色的半透明层覆盖不需要保护的部分。要求保护的局部与其他部分之间没有明确分界线的,应当用点划线表示分界线。

"其他要求参照本部分第三章第4.2节的规定。"

【修订说明】

引用专利法实施细则第三十条第二款说明局部外观设计专利申请中图片或者照片申请规范的法律依据。

为了满足专利法第二十七条第二款有关图片或者照片应当清楚地显示外观设计的规定，进一步明确对"整体产品的视图"和"立体图"的要求。整体产品的视图应当清楚地显示请求保护的局部外观设计及其在整体产品中的位置和比例关系。如果要求保护的局部包含立体形状，各个结构在正投影视图中会互相遮挡，不提交相关立体图将导致不能清楚表达要求保护的局部的外观设计。因此，要求保护的局部包含立体形状的，提交的视图中应当包括能清楚显示该局部的立体图。以上规定既满足了清楚表达的需求，也兼顾了申请人提交视图的便利性。

根据专利法第二十七条第二款的规定，进一步明确提交的视图应当能够明确区分请求保护的局部与其他部分，并对专利法实施细则第三十条第二款提到的"虚线与实线相结合"的方式进一步解释，"实线表示需要保护的局部，虚线表示其他部分"；对于专利法实施细则第三十条第二款中所述的"其他方式"，此处通过举例的方式作出导向性的规定，即"例如用单一颜色的半透明层覆盖不需要保护的部分"，在前述总原则之下给予一定的灵活性。另外，考虑到可能存在请求保护的局部与其他部分界限不明确的情形，也明确规定了"应当用点划线表示分界线"。

最后，引入参照的规定，说明第一部分第三章第4.2节图片或者照片部分的规定在局部外观设计中的适用。

4. 关于局部外观设计的简要说明（第4.4.3节）

【修订内容】

增加了局部外观设计的简要说明应当符合的四项具体规定以及一般性规定，具体为：

"（1）用虚线与实线相结合以外的方式表示要求保护的局部外观设计的，应当在简要说明中写明要求保护的局部。

"（2）用点划线表示要求保护的局部与其他部分之间分界线的，必要时应当在简要说明中写明。

"（3）必要时应当写明要求保护的局部的用途，并与产品名称中体现的用途相对应。

"（4）指定的最能表明设计要点的图片或照片中应当包含要求保护的局部外观设计。

"其他要求参照本部分第三章第4.3节的规定。"

【修订说明】

在第（1）项中，明确局部外观设计专利申请以虚实线结合的方式提交视图，不需在简要说明中写明请求保护的局部，采用"其他方式"提交视图的，则需要在简要说明中写明请求保护的局部外观设计。

在第（2）项中，明确了以点划线确定局部外观设计保护范围的情况，一般不需要进行说明，但当其存在模糊、不清楚，容易与保护内容发生混淆等问题时，则应当在简要说明中写明。

在第（3）项中，明确要求保护的局部的用途是否需要在简要说明中写明，应当视情况而定。当其用途为一般消费者所熟知时，不需要在简要说明中写明；当局部的用途是不明确的或不为一般消费者所熟知时，则需要在简要说明中进行写明。

在第（4）项中，根据专利法实施细则第三十一条第一款的规定，明确了局部外观设计申请的简要说明指定的最能表明设计要点的图片或照片应当包含要求保护的局部的外观设计。

此外，局部外观设计的简要说明还应当满足第一部分第三章第4.3节中对于简要说明的一般性规定。

（五）涉及图形用户界面的产品外观设计（第4.5节、第7.4节等）

随着电子信息技术的快速发展，《专利审查指南》对涉及图形用户界面的产品外观设计的相关规定共进行了三次修改。

本章第4.5节是在原第4.4节的基础上整合三次修改的内容形成的，为方便读者更好地学习和理解涉及图形用户界面的产品外观设计的审查标准，本部分按修改的时间顺序进行具体介绍。

1. 第一次修改——从不保护到保护

2014年5月1日前，原《专利审查指南》明确规定"产品通电后显示的图案"不能被授予外观设计专利权，并要求"产品的图案应当是固定、可见的，而不应是时有时无的或者需要在特定的条件下才能看见的"，从而将包括图形用户界面的产品外观设计排除在专利保护之外。

为适应创新发展的趋势，有效激励在图形用户界面领域的设计创新，促进电子信息产品的推陈出新，提升企业的市场竞争能力，自2014年5月1日起施行的国家知识产权局令第68号，将包括图形用户界面的产品外观设计纳入了外观设计专利保护客体。

具体修改涉及四个方面：

(1) **修改关于不授予外观设计专利权的情形的规定（第7.4节）。**

【修订内容】

将该节第一段第（11）项"产品通电后显示的图案，例如，电子表表盘显示的图案、手机显示屏上显示的图案、软件界面等"修改为"**游戏界面以及与人机交互无关或者与实现产品功能无关的产品显示装置所显示的图案，例如，电子屏幕壁纸、开关机画面、网站网页的图文排版**"。

【修订说明】

上述修改消除了对包括图形用户界面的产品外观设计保护的障碍。同时，考虑到并非所有产品显示装置显示的图案均应给予外观设计专利保护，例如，游戏界面、与人机交互或者实现产品功能无关的电子屏幕壁纸、开关机过程画面、网站网页的图文排版，对可以保护的图形用户界面的产品外观设计加以限定。

(2) **修改关于产品图案的要求（第7.2节）。**

【修订内容】

删除该节第三段最后一句"产品的图案应当是固定、可见的，而不应是时有时无的或者需要在特定的条件下才能看见的"。

【修订说明】

随着技术的发展，表面上的图案可以动态变化的工业产品越来越多，为人们所乐见和熟悉。因此原来的规定已经不适应技术和设计发展的现实状况，阻碍了新颖设计获得外观设计保护，因此予以删除。

（3）增加关于外观设计图片或者照片的规定（第4.2节）。

【修订内容】

在第4.2节第三段之后增加一段："就包括图形用户界面的产品外观设计而言，应当提交整体产品外观设计视图。图形用户界面为动态图案的，申请人应当至少提交一个状态的上述整体产品外观设计视图，对其余状态则可仅提交关键帧的视图。所提交的视图应当能唯一确定动态图案中动画的变化趋势。"

【修订说明】

由于外观设计专利权的保护范围以表示在图片或者照片中的该产品的外观设计为准，申请人应当提交能够清楚地显示要求专利保护的外观设计的图片或者照片。对于包含图形用户界面的产品外观设计而言，对其图片或者照片的要求与其他产品外观设计相同，但由于其存在一定特殊性，因此，作出了上述进一步的规定。

（4）增加关于简要说明的规定（第4.3节）。

【修订内容】

在该节第三段第（6）项之后新增一项："（7）对于包括图形用户界面的产品外观设计专利申请，必要时说明图形用户界面的用途、图形用户界面在产品中的区域、人机交互方式以及变化状态等。"

【修订说明】

根据专利法第六十四条第二款的规定，简要说明可以用于解释图片或者照片所表示的该产品的外观设计。为清楚界定包括图形用户界面的产品外观设计的保护范围，增加上述规定。

2. 第二次修改——审查标准进一步细化

针对图形用户界面具有复杂性、通用性和设计独立性等特点，国家知识产权局发布了第328号公告，对涉及图形用户界面申请提交的相关规定进行进一步的细化。该次修改对涉及图形用户界面的相关部分进行合并和删改，将涉及图形用户界面的产品外观设计的审查规则独立成节，即在第一部分第三章第4节"申请文件的审查"中，增加第4.4节"涉及图形用户界面的产品外观设计"，删除第4.2节第四段和第4.3节第三段第（7）项。在该节首先给出定义，即"涉及图形用户界面的产品外观设计是指产品设计要点包括图形用户界面的设计"。进而在第4.4.1节、第4.4.2节、第4.4.3节中分别对包括图形用户界面的产品的产品名称、视图以及简要说明的审查规则进行了细化。此次修改的重点是：对于设计要点在于图形用户界面的专利申请，可以用显示屏幕面板作为载体，同时需要在简要说明中穷举显示屏幕面板所应用的最终产品。通过放宽对图形用户界面所附着的产品载体的要求，强化对图形用户界面的保护。

具体修改如下：

（1）对于产品名称提出更为明确的规定（第4.4.1节）。

【修订内容】

首先要求涉及图形用户界面的产品外观设计的产品名称"**应表明图形用户界面的主要用途和其所应用的产品，一般要有'图形用户界面'字样的关键词**"。进而对动态图形用户界面的产品名称进行了规定，要求其产品名称中"**要有'动态'字样的关键词**"。还通过正例和反例说明如何满足上述要求，"如：'带有温控图形用户界面的冰箱'、'手机的天气预报动态图形用户界面'、'带视频点播图形用户界面的显示屏幕面板'。不应笼统仅以'图形用户界面'名称作为产品名称，如：'软件图形用户界面'、'操作图形用户界面'"。

【修订说明】

产品名称对于判断图形用户界面的用途、检索等很重要，所以此次修改对于图形用户界面产品名称的要求给出了明确的规定。另外，由于仅从视图无法区分动态图形用户界面，所以明确提出了动态图形用户界面的产品名称要求。通过举例的方式，明确将图形用户界面的载体放宽至显示屏幕面板，同时通过反例明确图形用户界面必须有载体，即产品名称不应仅为"图形用户界面"，还应当包括具体的载体。

（2）放宽对视图提交的限制，细化具体规则（第4.4.2节）。

【修订内容】

修改后的第4.4.2节为：

"包括图形用户界面的产品外观设计应当满足本部分第三章第4.2节的规定。对于设计要点仅在于图形用户界面的，应当至少提交一幅包含该图形用户界面的显示屏幕面板的正投影视图。

"如果需要清楚地显示图形用户界面设计在最终产品中的大小、位置和比例关系，需要提交图形用户界面所涉及面的一幅正投影最终产品视图。

"图形用户界面为动态图案的，申请人应当至少提交一个状态的图形用户界面所涉及面的正投影视图作为主视图；其余状态可仅提交图形用户界面关键帧的视图作为变化状态图，所提交的视图应能唯一确定动态图案中动画完整的变化过程。标注变化状态图时，应根据动态变化过程的先后顺序标注。

"对于用于操作投影设备的图形用户界面，除提交图形用户界面的视图之外，还应当至少提交一幅清楚显示投影设备的视图。"

【修订说明】

国家知识产权局令第 68 号对包括图形用户界面的产品提交视图的规定是:"就包括图形用户界面的产品的外观设计而言,应当提交整体产品外观设计视图。"该规定要求视图应采用具体实体产品与界面相结合的形式,那么对于通用型图形用户界面,申请人通常根据此规定选择将图形用户界面与不同的产品相结合来提交申请,给图形用户界面外观设计的保护以及侵权判定带来一定困难和争议。因此,此次修改对于设计要点仅在于图形用户界面的,首先,在视图方面弱化对其应用的最终产品的要求,将视图提交要求简化为"应当至少提交一幅包含该图形用户界面的显示屏幕面板的正投影视图",不强制要求显示其应用的最终产品的具体设计,以显示屏幕面板为载体即可。其次,由于图形用户界面设计在最终产品中的大小、位置和比例关系会影响其后续保护,因此对于需要在视图中表达图形用户界面设计在最终产品中的大小、位置和比例关系的申请,需要申请人提交图形用户界面所涉及面的一幅正投影最终产品视图。

对于动态图形用户界面,其动态变化过程的先后顺序对确定其保护范围很重要,此次修改对其视图名称标注的方式加以明确。

对于用于操作投影设备的图形用户界面,其与投影设备之间通常是分离的关系,此次修订明确了既要提交图形用户界面的视图,同时还要至少提交一幅清楚显示投影设备的视图。

(3) 细化对简要说明的要求(第 4.4.3 节)。

【修订内容】

修改后的第 4.4.3 节为:"**包括图形用户界面的产品外观设**

计应在简要说明中清楚说明图形用户界面的用途，并与产品名称中体现的用途相对应。如果仅提交了包含该图形用户界面的显示屏幕面板的正投影视图，应当穷举该图形用户界面显示屏幕面板所应用的最终产品，例如，'该显示屏幕面板用于手机、电脑'。必要时说明图形用户界面在产品中的区域、人机交互方式以及变化过程等。"

【修订说明】

图形用户界面作为特殊的保护客体，其载体的用途以及自身的用途都对其保护范围具有一定的限定作用。在对外观设计进行专利法第二十三条第一款、第二款等条款审查或者侵权判断时，只有图形用户界面本身的用途近似，才可以进一步对比图形用户界面外观设计本身。鉴于图形用户界面用途的重要性，此次修订将图形用户界面的用途修改为简要说明中必须写明的内容。

对于通用图形用户界面，其以显示屏幕面板为载体提交申请时，应当在简要说明中以穷举的形式明确其所最终应用的产品。

(4) 对不授予外观设计专利权的情形的适应性修改（第7.4节）。

【修订内容】

原第7.4节"不授予外观设计专利权的情形"第（11）项为"游戏界面以及与人机交互无关或者与实现产品功能无关的产品显示装置所显示的图案，例如，电子屏幕壁纸、开关机画面、网站网页的图文排版"，此次修改将其中的"或者与实现产品功能无关"删除，并删除"显示装置"前的"产品"等，修改后的内容为："游戏界面以及与人机交互无关的显示装置所显示的图案，例如，电子屏幕壁纸、开关机画面、与人机交互无关的网站网页的图文排版。"

【修订说明】

国家知识产权局令第 68 号规定与实现产品功能无关的图形用户界面不属于外观设计专利保护的客体，但是，一部分图形用户界面的设计是为了满足图形用户界面自身的功能，与实现硬件产品的功能无关，因此删除该部分内容。由于将图形用户界面的产品载体扩大为显示屏幕面板，这一显示装置本身就是产品，因此，将"产品显示装置所显示的图案"修改为"显示装置显示的图案"。

3. 第三次修改——适应局部外观设计作出的修改

专利法第四次修改增加了局部外观设计制度，图形用户界面可以作为产品局部外观设计获得保护，因此，本次修改对《专利审查指南》中涉及图形用户界面的产品外观设计的规定做出适应性调整，使之更符合创新主体的保护需求。

(1) 章节体例的适应性调整（第 4.5 节）。

【修订内容】

此次修改将第 4.4 节"涉及图形用户界面的产品外观设计"顺延至第 4.5 节"涉及图形用户界面的产品外观设计"。

第 4.5 节总括部分保留了涉及图形用户界面的产品外观设计的定义，增加"**申请人可以以产品整体外观设计方式或者局部外观设计方式提交申请**"的规定。

总括部分还对涉及图形用户界面的产品名称和简要说明应遵循的一般性规定进行修改，修改后的规定为：

"产品名称应当满足本部分第三章第 4.1.1 节的规定，并写明图形用户界面的具体用途和其所应用的产品，一般要有'图形用户界面'字样的关键词，例如'带有温控图形用户界面的冰箱''手机的**移动支付**图形用户界面'。不应笼统仅以'图形用户界面'名称作为产品名称，例如'软件图形用户界面''操作图形用户界面'。

"简要说明应当满足本部分第三章第 4.3 节的规定，并清楚说明图形用户界面的用途，且应当与产品名称中体现的用途相对应。设计要点应当包含图形用户界面。必要时说明图形用户界面在产品中的区域、人机交互方式以及变化过程等。"

【修订说明】

纳入局部外观设计制度后，申请人可以选择以整体外观设计或者局部外观设计方式，提交涉及图形用户界面的产品外观设计专利申请。根据图形用户界面的特殊性，调整后的第 4.5 节不再以"产品名称"、"外观设计图片或者照片"和"简要说明"进行分节规定，而是按照"以产品整体外观设计方式提交申请"、"以局部外观设计方式提交申请"和"动态图形用户界面"的体例进行分节规定，方便申请人更有针对性地提交外观设计专利申请。

对于图形用户界面的产品名称和简要说明的要求进行细化完善，在分别应当满足《专利审查指南》本章第 4.1.1 节和第 4.3 节规定的基础上，产品名称还应当满足"写明图形用户界面的具体用途和其所应用的产品"等规定，简要说明还应当满足"清楚说明图形用户界面的用途，且应当与产品名称中体现的用途相对应"等要求。

（2）关于以产品整体外观设计方式提交申请的要求（第 4.5.1 节）。

【修订内容】

本节明确规定："**涉及图形用户界面的产品外观设计，申**

请人可以以产品整体外观设计方式提交申请"；进而分别规定了两种情况下的具体要求："**设计要点包含图形用户界面设计和其所应用产品设计的，视图应当满足本部分第三章第 4.2 节的规定**"和"**设计要点仅在于图形用户界面设计的，申请人至少应当提交图形用户界面所涉及面的产品正投影视图，必要时还应当提交图形用户界面的视图。简要说明应当写明设计要点仅在于图形用户界面**"。

【修订说明】

对于设计要点包括图形用户界面和其所应用产品设计的，其视图要求与一般的整体产品外观设计申请无异，应当满足本部分第三章第 4.2 节一般性规定。对于设计要点仅在于图形用户界面的，允许申请人在简要说明中写明设计要点仅在于图形用户界面的前提下，可以仅提交设计要点所涉及面的产品正投影视图。所谓"必要时还应当提交图形用户界面的视图"，主要是指在图形用户界面在正投影视图中占比较小的情况下，应当提交图形用户界面的视图，以清楚表达图形用户界面设计。

(3) **明确以局部外观设计方式提交申请的规定**（第 4.5.2 节、第 4.5.2.1 节、第 4.5.2.2 节）。

【修订内容】

第 4.5.2 节总括中明确规定："**对于设计要点仅在于图形用户界面的产品外观设计，申请人可以以局部外观设计方式提交申请。局部外观设计方式包括视图带有或者不带有图形用户界面所应用产品两种方式**"。同时要求上述两种情况均需在简要说明中写明："**设计要点仅在于图形用户界面或者图形用户界面中的局部**"。

第 4.5.2.1 节明确"**以带有图形用户界面所应用产品的方**

式提交申请"的提交要求：

"如果需要清楚地显示图形用户界面设计在最终产品中的位置和比例关系，申请人可以以带有图形用户界面所应用产品的方式提交申请。

"申请人应当提交图形用户界面所涉及面的产品正投影视图，必要时还应当提交图形用户界面的视图。视图提交方式应当满足本部分第三章第4.4.2节的规定。

"申请人以图形用户界面中的局部申请外观设计专利的，产品名称还应当写明要求保护的局部，例如'手机的移动支付图形用户界面的搜索栏'。视图提交方式还应当满足本部分第三章第4.4.2节的规定。简要说明中还应当写明要求保护的局部外观设计的用途。"

第4.5.2.2节明确"以不带有图形用户界面所应用产品的方式提交申请"的提交要求：

"对于可应用于任何电子设备的图形用户界面，申请人可以以不带有图形用户界面所应用产品的方式提交申请。

"产品名称中要有'电子设备'字样的关键词。例如'用于电子设备的视频点播图形用户界面''用于电子设备的道路导航图形用户界面'。

"申请人可以仅提交图形用户界面的视图。简要说明中产品的用途可以概括为一种电子设备。

"申请人以图形用户界面中的局部申请外观设计专利的，产品名称还应当写明要求保护的局部，例如'电子设备的移动支付图形用户界面的搜索栏'。视图提交方式还应当满足本部分第三章第4.4.2节的规定。简要说明中还应当写明要求保护的局部外观设计的用途。"

删除"对于用于操作投影设备的图形用户界面，除提交图形用户界面的视图之外，还应当至少提交一幅清楚显示投影设备的视图"。

【修订说明】

根据第4.5.2节的规定，对于设计要点仅在于图形用户界面的情况，创新主体可以根据保护需要按照局部外观设计的方式提交申请，包括带有图形用户界面所应用产品或者不带有其所应用产品两种方式。

第4.5.2.1节中，以带有图形用户界面所应用产品的方式提交申请，可以满足创新主体希望保护图形用户界面在所应用产品中的位置和比例关系的需求。对于视图，除图形用户界面所涉及的产品正投影视图外，必要时，即图形用户界面在正投影视图中比例较小的，还应当单独提交图形用户界面的视图，以清楚表达图形用户界面设计。对于要求保护图形用户界面中的局部的，明确要求应当在产品名称写明要求保护的局部，并增加相应的示例，以便于理解；其视图还应当满足本部分第三章第4.4.2节局部外观设计视图提交方式的一般性规定；简要说明中还应当写明该局部的用途。

第4.5.2.2节中，允许以不带有图形用户界面所应用产品的方式提交申请，即申请人"可以仅提交图形用户界面的视图"，满足了创新主体对通用型图形用户界面的全面保护诉求。对于可应用于任何电子设备的图形用户界面，虽然可以仅提交图形用户界面的视图，但仍需通过电子设备产品实现图形用户界面的功能，因此要求产品名称中有"电子设备"字样的关键词，由于电子设备并不是指一种具体产品，所以在实践中，申请人可以将简要说明中的产品用途概括为"一种电子设备"。

此外，对于申请人以图形用户界面中的局部申请外观设计专利的，对其产品名称、视图提交方式和简要说明也做了相应的规定。

根据第4.5.2.2节的规定，申请人可以采用不带有图形用户界面所应用产品的方式提交专利申请，即不需要至少提交一幅清楚显示投影设备的视图，因此，删除关于操作投影设备的图形用户界面的相关视图要求。

（4）关于动态图形用户界面的规定（第4.5.3节）。

【修订内容】

明确动态图形用户界面主视图的要求"申请人应当提交图形用户界面起始状态所涉及面的视图作为主视图"，增加视频类文件的提交情形"专利局认为必要时，可以要求申请人提交表明动态图形用户界面变化过程的视频类文件"。

【修订说明】

将动态图形用户界面单独成节，有利于明晰涉及动态图形用户界面的有关规定。在保留关于动态图形用户界面的产品名称和变化状态视图提交规定的基础上，明确要求将动态图形用户界面的起始状态的视图作为主视图，此修改将有助于更好地理解和表达动态图形用户界面的动态变化全过程，克服将其中任一个关键帧作为主视图带来的理解上的混乱。同时考虑到只有产品才存在正投影视图的情形，而图形用户界面本身不存在正投影视图，为了准确表述，将该部分中的"正投影"删除，修改为"申请人应当提交图形用户界面起始状态所涉及面的视图作为主视图……"。

随着技术的发展，动态图形用户界面设计越来越复杂，传统关键帧视图有时难以完美呈现其动态变化过程，为便于审查员准确理解动态变化全过程，增加关于提交视频类文件的规定。

三、关于要求优先权（第5节）

（一）关于优先权的总体要求（第5.2节）

【修订内容】

总括部分增加了本国优先权的内容，"根据专利法第二十九条第二款的规定，外观设计专利申请的优先权要求可以是本国优先权，即申请人自外观设计在中国第一次提出专利申请之日起六个月内，又向专利局就相同主题提出外观设计专利申请的，可以享有优先权"，并适应性修改了相关内容。同时对外观设计专利申请的在先申请的主题做进一步规定："外观设计专利申请要求优先权的，在先申请的主题应当是发明或者实用新型专利申请附图显示的设计，或者外观设计专利申请的主题。"

该节下设第5.2.1节"要求外国优先权"和第5.2.2节"要求本国优先权"两节。

【修订说明】

专利法第四次修改后，根据专利法第二十九条第二款的规定，外观设计可以享有本国优先权，在本节中做了相应修改，增加了两段内容，增加的第一段，根据专利法第二十九条第二款，写明了可以享有本国优先权的情形，并和上一段可以享有外国优先权的情形相对应；增加的第二段，根据专利法实施细则第三十五条第二款，明确了可以作为外观设计专利申请优先权基础的在先申请的主题。

（二）关于要求外国优先权（第5.2.1节）

1. 关于在先申请和要求优先权的在后申请（第5.2.1.1节）

【修订内容】

增加"要求外国优先权的，在先申请应当是发明、实用新型或者外观设计专利申请"的规定，明确"**其他规定**适用本部分第一章第6.2.1.1节的规定"。

【修订说明】

明确外观设计要求外国优先权的在先申请的类型，可以是发明、实用新型或者外观设计专利申请，其他规定仍然适用于本部分第一章第6.2.1.1节的规定。

2. 关于在先申请文件副本（第5.2.1.3节）

【修订内容】

增加规定"**要求优先权的，在先申请文件副本应当在提出在后申请之日起三个月内提交；期满未提交的，审查员应当发出视为未要求优先权通知书**"；明确"**其他规定**适用本部分第一章第6.2.1.3节的规定"。

【修订说明】

专利法第三十条对发明、实用新型、外观设计专利申请提交优先权副本的期限作出不同规定，发明、实用新型专利为第一次提出申请之日起十六个月内，而外观设计专利为提出在后申请之日起三个月内提交。本节明确了针对外观设计专利申请提交优先权副本的期限、期满未提交该副本的后果。对于其他规定则仍然适用《专利审查指南》第一部分第一章第6.2.1.3节的规定，包括该节增加"依据专利法第十八条第一款规定委托代理机构的，申请人可以自行提交在先申请文件副本"的规定。

3. 关于在后申请的申请人（第 5.2.1.4 节）

【修订内容】

本节增加如下规定：

"要求优先权的在后申请的申请人与在先申请文件副本中记载的申请人应当一致，或者是在先申请文件副本中记载的申请人之一。

"申请人完全不一致，且在先申请的申请人将优先权转让给在后申请的申请人的，应当在提出在后申请之日起三个月内提交由在先申请的全体申请人签字或者盖章的优先权转让证明文件。在先申请具有多个申请人，且在后申请具有多个与之不同的申请人的，可以提交由在先申请的所有申请人共同签字或者盖章的转让给在后申请的所有申请人的优先权转让证明文件；也可以提交由在先申请的所有申请人分别签字或者盖章的转让给在后申请的申请人的优先权转让证明文件。

"申请人期满未提交优先权转让证明文件或者提交的优先权转让证明文件不符合规定的，审查员应当发出视为未要求优先权通知书。"

【修订说明】

与原《专利审查指南》的相应内容相比，该节内容未作实质修改，只是将原直接引用本指南第一部分第一章第 6.2.1.4 节的方式，修改为相应明确的具体规定。

（三）关于要求本国优先权（第 5.2.2 节）

第 5.2.2 节为新增的"要求本国优先权"的内容，具体包括在先申请和要求优先权的在后申请、要求优先权声明、在先申请文件副本、在后申请的申请人和视为撤回在先申请的程序相关规定，以下分具体小节介绍增加的内容及修订说明。

1. 关于在先申请和要求优先权的在后申请（第 5.2.2.1 节）

【修订内容】

新增内容包括：

"在先申请和要求优先权的在后申请应当符合下列规定：

"（1）在先申请应当是发明、实用新型或者外观设计专利申请，不应当是分案申请。

"（2）在先申请的主题没有要求过外国优先权或者本国优先权，或者虽然要求过外国优先权或者本国优先权，但未享有优先权。

"（3）该在先申请的主题，尚未被授予专利权。

"（4）要求优先权的在后申请是在其在先申请的申请日起六个月内提出的。

"审查上述第（3）项时，以要求优先权的在后申请的申请日为时间判断基准。审查上述第（4）项时，对于要求多项优先权的，以最早的在先申请的申请日为时间判断基准，即要求优先权的在后申请的申请日是在最早的在先申请的申请日起六个月内提出的。

"在先申请不符合上述规定情形之一的，针对不符合规定的那项要求优先权声明，审查员应当发出视为未要求优先权通知书。

"审查优先权时，如果发现专利局已经对在先申请发出授予专利权通知书和办理登记手续通知书，并且申请人已经办理了登记手续的，审查员应当针对在后申请发出视为未要求优先权通知书。初步审查中，审查员应当审查在后申请与在先申请的主题是否明显不相关。当其申请的主题明显不相关时，审查员应当发出视为未要求优先权通知书。"

【修订说明】

第5.2.2.1节"在先申请和要求优先权的在后申请"中,首先明确了在先申请和要求优先权的在后申请应当符合的规定,并对不符合上述规定的后果和本国优先权的审查标准做了具体说明,除第(1)项中的在先申请的类型、第(4)项中的优先权期限之外,其他内容基本与发明专利申请的要求本国优先权的相关规定相同。

2. 关于要求优先权声明和在先申请文件副本(第5.2.2.2节、第5.2.2.3节)

【修订内容】

新增第5.2.2.2节的内容为:

"5.2.2.2 要求优先权声明

"适用本部分第一章第6.2.2.2节的规定。"

新增第5.2.2.3节的内容为:

"5.2.2.3 在先申请文件副本

"适用本部分第一章第6.2.2.3节的规定。"

【修订说明】

对于外观设计要求本国优先权声明以及在先申请文件副本的提交方式,与发明专利要求本国优先权声明和在先申请文件副本的提交方式保持一致,分别参照《专利审查指南》相应章节的规定。

3. 关于在后申请的申请人(第5.2.2.4节)

【修订内容】

新增内容包括:"要求优先权的在后申请的申请人与在先申请中记载的申请人应当一致;不一致的,在后申请的申请人应当在提出在后申请之日起三个月内提交由在先申请的全体申请人签字或者盖章的优先权转让证明文件。在后申请的申请人期满未提交优先权转让证明文件，或者提交的优先权转让证明文件不符合规定的，审查员应当发出视为未要求优先权通知书。"

【修订说明】

对于本国优先权的在后申请的申请人，外观设计和发明专利申请对于优先权转让证明文件的提交期限等方面存在不同的要求，因此单独对其进行规定。

4. 关于视为撤回在先申请的程序（第5.2.2.5节）

【修订内容】

新增内容包括：

"申请人要求本国优先权的，其在先申请自后一申请提出之日起即视为撤回，但外观设计专利申请的申请人要求以发明或者实用新型专利申请作为本国优先权基础的除外。

"申请人要求本国优先权，经初步审查认为符合规定的，如果在先申请为外观设计专利申请，审查员应当对在先申请发出视为撤回通知书。申请人要求多项本国优先权，经初步审查认为符合规定的，如果在先申请包含外观设计专利申请，审查员应当针对相应的在先外观设计专利申请，发出视为撤回通知书。

"被视为撤回的在先申请不得请求恢复。"

【修订说明】

外观设计要求本国优先权的，对在先申请的处理方式与发明、实用新型专利本国优先权的处理方式略有不同，例如存在在先申请视为撤回的例外，所以在此节中单独规定。

四、关于专利法第五条第一款和专利法实施细则第十一条的审查（第6节）

（一）关于涉及违反法律的审查（第6.1.1节）

【修订内容】

完善本节中涉及违反法律的示例，增加了外观设计专利申请中出现违反法律的典型情况。即"**《中华人民共和国刑法》《中华人民共和国治安管理处罚法》禁止赌博、吸毒等相关行为，赌博设备、吸毒器具的外观设计属于违反法律的外观设计，不能被授予专利权。带有人民币图案的床单的外观设计，因违反《中华人民共和国中国人民银行法》，不能被授予专利权。包含中国国旗、国徽内容的外观设计，因违反《中华人民共和国国旗法》《中华人民共和国国徽法》，不能被授予专利权**"。

【修订说明】

在本节中明确《中华人民共和国刑法》《中华人民共和国治安管理处罚法》禁止赌博、吸毒等相关行为，因此赌博设备、吸毒器具的外观设计属于违反法律的外观设计，不能被授予专利权；将《中国人民银行法》法律名称补充完整，修改为《中华人民共和国中国人民银行法》；同时，明确对于包含中国国旗、国徽内容的外观设计，其违反的是《中华人民共和国国旗法》《中华人民共和国国徽法》两部法律，属于违反法律的情形。

（二）关于涉及违反社会公德的审查（第6.1.2节）

【修订内容】

完善本节中涉及违反社会公德的示例，增加了外观设计专利申请中出现违反社会公德的典型情况。即在示例中删除了

"图片或者照片"的限定，并增加"低俗内容"作为不能被授予专利权的情形。

【修订说明】

除了带有暴力、凶杀、淫秽的内容，在审查实践中还会出现带有挑逗性、侮辱性等低俗内容的申请，同样属于违反社会公德的情形，应当予以规范。因此，此次修改增加违反社会公德的示例，明确带有"低俗内容"的外观设计不能被授予专利权。同时，删除"图片或者照片"的限定，表明只要在申请文件中带有示例中所述情形，均属于违反社会公德，不能被授予专利权。

（三）关于涉及妨害公共利益的审查（第6.1.3节）

【修订内容】

完善本节中涉及妨害公共利益的规定。原《专利审查指南》规定：

"专利申请中外观设计的文字或者图案涉及国家重大政治事件、经济事件、文化事件，或者涉及宗教信仰，以致妨害公共利益或者伤害人民感情或民族感情的、或者宣扬封建迷信的、或者造成不良政治影响的，该专利申请不能被授予专利权。

"以著名建筑物（如天安门）以及领袖肖像等为内容的外观设计不能被授予专利权。

"以中国国旗、国徽作为图案内容的外观设计，不能被授予专利权。"

修改后的《专利审查指南》规定：

"**涉及政党的象征和标志、国家重大政治事件、伤害人民感情或者民族感情、宣扬封建迷信的外观设计，不能被授予专**

利权；涉及国家重大经济事件、文化事件或者宗教信仰，以致妨害公共利益的外观设计，不能被授予专利权。

"包含天安门等著名建筑物或者领袖肖像等内容的外观设计，不能被授予专利权。"

【修订说明】

删除本节第二段中"专利申请中外观设计的文字或者图案"的限定，现有表述仅限定外观设计中的文字或图案涉及妨害公共利益，明显不能涵盖所有情形，删除后能更全面涵盖妨害公共利益的外观设计，将专利申请文件中可能妨害公共利益的情形纳入。

在本节第二段列举的妨害公共利益的情形中增加了涉及"政党的象征和标志"的内容，并将相关情形划分为两个层次，一是针对涉及政党的象征和标志、国家重大政治事件、伤害人民感情或民族感情、宣扬封建迷信的外观设计，不能授予专利权；二是针对涉及国家重大经济事件、文化事件或者宗教信仰的外观设计，需要考虑其实施后果的严重程度是否足以导致妨害公共利益，如果达到了妨害公共利益的程度，则不能被授予专利权。

修改本节第三段，将妨害公共利益相关情形的规定进行了明确，既包括以著名建筑物、领袖肖像等为整体内容的外观设计，还包括包含上述内容的外观设计。

随着《中华人民共和国国旗法》《中华人民共和国国徽法》两部法律的颁布，对于原第四段中包含中国国旗、国徽内容的外观设计，应属于涉及违反法律的情形，故将其移到本章第6.1.1节中。

（四）根据专利法实施细则第十一条的审查（第6.3节）

【修订内容】

增加了"对外观设计专利申请是否符合专利法实施细则第十一条规定的审查，适用《规范申请专利行为的规定》"。

【修订说明】

根据专利法实施细则第五十条的规定，对于外观设计专利申请需要进行是否符合专利法实施细则第十一条的审查，具体审查方式参照国家知识产权局另行发布的《规范申请专利行为的规定》。

五、根据专利法第二条第四款的审查（第7节）

根据专利法的修改，第7节对外观设计专利保护客体的定义和具体情形进行适应性修改。

（一）关于外观设计的定义（第7节）

【修订内容】

根据专利法第二条第四款的规定，将外观设计的定义作适应性调整，明确包括整体或局部，即将"专利法所称外观设计，是指对产品的形状、图案或者其结合以及色彩与形状、图案的结合所作出的富有美感并适于工业应用的新设计"修改为"专利法所称外观设计，是指对产品的**整体或者局部的**形状、图案或者其结合以及色彩与形状、图案的结合所作出的富有美感并适于工业应用的新设计"。

【修订说明】

根据专利法第二条第四款关于对外观设计定义的修改内容，对此节作了适应性修改，明确包括整体或者局部的外观设计。

（二）关于不授予外观设计专利权的情形（第7.4节）

【修订内容】

删除原《专利审查指南》本节中原第（3）项、第（6）项规定，即"（3）产品的不能分割或者不能单独出售且不能单独使用的局部设计，例如袜跟、帽檐、杯把等"和"（6）要求保护的外观设计不是产品本身常规的形态，例如手帕扎成动物形态的外观设计"。

增加第（10）项、第（11）项：

"（10）不能在产品上形成相对独立的区域或者构成相对完整的设计单元的局部外观设计。例如，水杯杯把的一条转折线、任意截取的眼镜镜片的不规则部分。

"（11）要求专利保护的局部外观设计仅为产品表面的图案或者图案和色彩相结合的设计。例如，摩托车表面的图案。"

【修订说明】

专利法第四次修改将产品的局部外观设计纳入外观设计专利保护的范畴，因此，对《专利审查指南》第一部分第三章第7.4节的不授予外观设计专利权的情形进行细化和适应性修改。

1. 删除关于产品的局部设计不属于外观设计保护客体的规定

由于已经将局部外观设计纳入保护客体，对原《专利审查指南》第（3）项进行删除。

原第（6）项是关于产品外观设计常规形态的规定，用于说明视图提交时应当选择产品的常规形态制作外观设计图片或者照片。示例中的手帕类产品明显属于外观设计专利权的保护客体，只是不能以折叠形式进行保护。上述规定本质上是对外观设计专利产品视图提交规范的要求，不应当列入关于外观设计专利保护客体的规定之下。因此，将第（6）项内容进行删除,避免产生误解。

2. 增加涉及局部外观设计的不授予外观设计专利权的情形

对于纳入专利法保护的局部外观设计,应当清楚表达出设计创新的内容,对于随意截取、明显残缺、无法形成视觉上可分割的局部,不是专利法意义上的具有设计创新价值的局部外观设计,也并非创新主体的实际保护需求。因此,局部外观设计应当能够在产品上形成一定的独立区域,并且在视觉上是由具有相对完整设计特征的设计单元构成。因此,在不授予外观设计专利权的情形中增加第(10)项。

对于局部仅由图案或者图案与色彩相结合构成的外观设计,因图案及其色彩可以附着在任何产品的表面,其实质是单纯的图案设计。因此,在不授予外观设计专利权的情形中增加第(11)项,但不排除带有立体视觉效果的图案设计。

六、根据专利法第二十三条第一款、第二款的审查(第8节)

修改后第8节新增"根据专利法第二十三条第二款的审查"部分,并将"根据专利法第二十三条第一款的审查""根据专利法第二十三条第二款的审查"分别列为第8.1节和第8.2节。

(一)根据专利法第二十三条第一款的审查(第8.1节)

【修订内容】

修订后第8.1节的内容,增加了根据专利法第二十三条第一款的法条表述,删除了涉及非正常申请的段落,相同或实质相同的审查参照本指南相关部分的具体章节。修改后内容如下:

"专利法第二十三条第一款规定,授予专利权的外观设计,应当不属于现有设计;也没有任何单位或者个人就同样的外观设计在申请日以前向国务院专利行政部门提出过申请，并记载在申请日以后公告的专利文件中。

"初步审查中，审查员对于外观设计专利申请是否明显不符合专利法第二十三条第一款的规定进行审查。审查员可以根据其获得的有关现有设计或者抵触申请的信息，审查外观设计专利申请是否明显不符合专利法第二十三条第一款的规定。❶

"相同或者实质相同的审查参照本指南第四部分第五章第 5 节的相关规定。"

【修订说明】

保持该章整体体例一致，在本小节开头适应性增加专利法的法律规定依据，对于明显不符合专利法第二十三条第一款的问题，审查员可以依据该节第二段规定进行审查，在获得了有关现有设计或者抵触申请的情形下，审查该外观设计专利申请是否明显不符合专利法第二十三条第一款的规定。该段内容没有排除检索手段，必要情况下，审查员可以进行检索来查找有关现有设计或者抵触申请。对于具体的相同或者实质相同的审查判断标准，参照《专利审查指南》第四部分第五章"无效宣告程序中外观设计专利的审查"第 5 节的相关规定。

（二）根据专利法第二十三条第二款的审查（第 8.2 节）

【修订内容】

新增第 8.2 节"根据专利法第二十三条第二款的审查"，新增内容如下：

"专利法第二十三条第二款规定，授予专利权的外观设计与现有设计或者现有设计特征的组合相比，应当具有明显区别。

---

❶ 第 8.1 节第二段涉及国家知识产权局令第 67 号的修改内容。

"初步审查中，审查员对于外观设计专利申请是否明显不符合专利法第二十三条第二款的规定进行审查。通常情况下，审查员可以根据其获得的现有设计与专利申请要求保护的外观设计单独对比，审查外观设计专利申请是否明显不符合专利法第二十三条第二款的规定。

"不具有明显区别的审查参照本指南第四部分第五章第 6 节的相关规定。"

【修订说明】

专利法实施细则第五十条中扩充了外观设计初步审查的范围，增加关于明显不符合专利法第二十三条第二款规定的审查。因此，在外观设计初步审查部分适应性增加根据专利法第二十三条第二款审查的相关内容。

此处修改在第二段中明确了初步审查中根据专利法第二十三条第二款审查的一般原则。在审查中，审查员通常只需要结合已掌握的审查领域现有设计情况，将外观设计专利申请与其获得的现有设计进行单独对比。第三段明确审查判断标准参照《专利审查指南》第四部分第五章"无效宣告程序中外观设计专利的审查"中第 6 节的相关规定。

七、根据专利法第三十一条第二款的审查（第 9 节）

（一）增加属于一项外观设计的两种情形（第 9 节）

【修订内容】

增加组件产品和同一产品的多个无连接关系的局部外观设计为一项外观设计的情形。具体新增内容如下：

"一件组件产品的设计属于一项外观设计。组件产品是指由多个构件相结合构成的一件产品。包括三种组装关系的组件产品：组装关系唯一的组件产品，例如由榨汁杯、刨冰杯与底座组成的榨汁刨冰机，带灶具、烤箱、洗碗机的整体橱柜；组装关系不唯一的组件产品，例如可插接成不同造型的积木；无组装关系的组件产品，例如扑克牌。多件随意拼凑的产品不属于组件产品，例如在桌上随意摆放装饰物。

"同一产品的两个或者两个以上无连接关系的局部外观设计，如果具有功能或者设计上的关联并形成特定视觉效果的，可以作为一项外观设计。例如眼镜的两个镜腿的设计、手机的四个角的设计。"

【修订说明】

随着新领域新业态的发展，越来越多的产品整体呈现出"组合设计"的方式。"组合设计"产品通常是由多个单体产品组成，申请人希望保护的是具有整体化视觉效果的外观设计，而根据原《专利审查指南》的规定，由于"组合设计"产品中的各单体产品分属于不同种类且具有独立使用价值，申请人需要将各单体产品分别提交专利申请，这与申请人的设计初衷相背离，不能真正保护创新主体在"组合设计"产品上的创新。修改之后，一方面明确了上述"组合设计"产品可以作为"组件产品"得到保护，另一方面对"组件产品"的三种情形以及不属于组件产品的情形以举例的方式分别进行了说明。

在纳入局部外观设计后，通常来说，同一产品的多个无连接关系的局部通常视为多项局部外观设计而不具有单一性，但是，对于类似于眼镜中的两个镜腿、手机的四个角的多个局部外观设计，虽然各个局部在整体中没有直接的物理连接，但在功能和设计上产生了相互呼应的关联效应，并形成了与单一局部外观设计不同的特定视觉效果。为更全面地保护创新成果，在《专利审查指南》中增加"同一产品的两个或者两个以上无连接关系的局部外观设计"作为一项外观设计的特殊情形，明确该多个无连接关系的局部外观设计在具备"功能"或者"设计"相关联的基础并形成了"特定视觉效果"的前提下，可以视为一项外观设计。

（二）同一产品的相似外观设计（第 9.1 节、第 9.1.1 节、第 9.1.2 节）

【修订内容】

将原《专利审查指南》中第 9.1.1 节同一产品中的"同一产品的外观设计"修改为"同一产品的**整体或者局部**外观设计"。在第 9.1.2 节"相似外观设计"一节通常认为属于相似的外观设计情形中增加"**局部外观设计在整体中位置和/或比例关系的常规变化**"这一情形等。

【修订说明】

根据专利法的局部外观设计制度，对第 9.1 节"同一产品的两项以上的相似外观设计"进行适应性修改。将第 9.1.1 节同一产品中的"同一产品的外观设计"修改为"同一产品的整体或者局部外观设计"。

涉及局部的多项外观设计之间的相似外观设计，可参照原《专利审查指南》对于产品整体外观设计相似判断的具体标准。局部在整体中的位置和比例关系在外观设计相似判断中也是需要考虑的因素，如属于常规变化，则通常认为属于相似的外观设计情形。

(三)成套产品的外观设计(第9.2节)

【修订内容】

在第9.2节中增加第三段:"**成套产品中的各项外观设计应为产品的整体外观设计,而非产品的局部外观设计。**"

【修订说明】

成套产品的外观设计,是保护成套产品组合在一起体现出来的不同于单件产品的组合使用价值以及整体设计构思。而产品的局部外观设计表达的是局部外观设计及其在整体产品中的位置和比例关系,产品的局部外观设计通常不具有独立的使用价值和整体设计构思。因此,在增加了局部外观设计后,在《专利审查指南》中明确成套产品的外观设计不包含局部外观设计。

(四)分案申请的其他要求(第9.4.2节)

【修订内容】

《专利审查指南》关于"分案申请的其他要求",增加了第(3)项要求"**原申请为产品的局部外观设计的,不允许将其整体或者其他局部的外观设计作为分案申请提出**";并在第(2)项要求增加了局部的外观设计的相关内容:"原申请为产品整体外观设计的,不允许将其中的一部分作为分案申请提出,例如一件专利申请请求保护的是摩托车的外观设计,摩托车的零部件**或者局部的外观设计**不能作为分案申请提出。"

【修订说明】

对于多项外观设计应当按照申请文件记载的内容来认定,只有在图片或者照片中显示出多项外观设计的,才能进行分案申请;对于一件申请中仅表达出一项外观设计的,则不能将其中的一部分进行分案申请。因此,增加局部外观设计后,仍延续《专利审查指南》对整体外观设计分案申请的思路,即保持第(1)项对分案申请的原则性要求不变,对第(2)项原申请为整体外观设计的情况,增加示例,明确规定不能将产品整体外观设计的局部作为分案申请提出。增加第(3)项原申请为产品的局部外观设计的情况,对第(1)项进行进一步说明,明确规定不允许将该局部外观设计所在的整体或者其他局部外观设计作为分案申请提出。

八、根据专利法第三十三条的审查(第 10 节)

【修订内容】

明确涉及局部外观设计的申请文件修改规则。具体修改包括:

1. 第 10.1 节明确对于涉及局部外观设计的超过申请日后两个月的三种主动修改情形不予接受:

"但是,对于下述修改,不认为是消除原申请文件存在的缺陷,应当以超出两个月主动补正期为由发出视为未提出通知书:

"(1)将整体外观设计修改为局部外观设计;

"(2)将局部外观设计修改为整体外观设计;

"(3)将同一整体产品中的某一局部外观设计修改为另一局部外观设计。

2. 在第 10.2 节明确申请人答复通知书时做出的涉及局部外观设计的三种修改情形不予接受:

"但是,当出现下列情况时,即使修改的内容没有超出原图片或者照片表示的范围,也不能被视为是针对通知书指出的缺陷进行的修改，因而不予接受：

"（1）将整体外观设计修改为局部外观设计；

"（2）将局部外观设计修改为整体外观设计；

"（3）将同一整体产品中的某一局部外观设计修改为另一局部外观设计。

"如果申请人答复审查意见通知书时提交的修改文本出现上述不予接受的情况，则审查员应当发出审查意见通知书，通知申请人该修改不符合专利法实施细则第五十七条第三款的规定，要求申请人在指定期限内提交符合专利法实施细则第五十七条第三款规定的修改文本。同时应当指出，到指定期限届满日为止，申请人所提交的修改文本如果仍然不符合专利法实施细则第五十七条第三款规定或者出现其他不符合专利法实施细则第五十七条第三款规定的内容，审查员将针对修改前的文本继续审查，如作出授权或者驳回决定。"

3. 将第10.2节最后一句"申请人提交的修改文件超出了原图片或者照片表示的范围的，审查员应当发出审查意见通知书，通知申请人该修改不符合专利法第三十三条的规定，申请人陈述意见或者补正后仍然不符合规定的，审查员可以根据专利法第三十三条和专利法实施细则第五十条第二款的规定作出驳回决定"移至该节第一段之后单独作为一段。

【修订说明】

对于涉及局部外观设计的修改，是否超范围的判断原则与其他申请无异，仍为第10节规定的"在判断申请人对其外观设计专利申请文件的修改是否超出原图片或者照片表示的范围时，如果修改后的内容在原图片或者照片中已有表示，或者可以直接地、毫无疑义地确定，则认为所述修改符合专利法第三十三条的规定"。因此，无论将整体外观设计修改为局部外观设计，还是将局部外观设计修改为整体外观设计，抑或将整体产品中的某一局部外观设计修改为另一局部外观设计，如果修改后的内容在原图片或者照片中表示的范围内，或者可以直接地、毫无疑义地确定，就属于不超出原图片或者照片表示范围的修改。

对于超过两个月的申请人的主动修改，继续沿用原《专利审查指南》规定的例外情形，即"如果修改的文件消除了原申请文件存在的缺陷，并且具有被授权的前景，则该修改文件可以接受"。在此基础上，本次修改明确，上述三种涉及局部外观设计的修改不能被视为消除原申请文件存在的缺陷，不属于该例外情形。

对于针对通知书指出的缺陷进行修改，继续沿用原《专利审查指南》规定的"对于申请人提交的包含有并非针对通知书所指出的缺陷进行修改的修改文件，如果其修改符合专利法第三十三条的规定，并消除了原申请文件存在的缺陷，且具有授权的前景，则该修改可以被视为是针对通知书指出的缺陷进行的修改，经此修改的申请文件应当予以接受"。同时，考虑到增加局部外观设计之后，如果允许申请人在收到通知书后做出三种涉及局部外观设计的修改，会造成审查程序的过度拉长。因此，修订后的《专利审查指南》明确了申请人答复通知书时做出的上述三种修改情形不予接受，并规定了相应的后续审查程序。

根据上下文逻辑关系，将第10.2节最后一句前移为第二段。

九、根据专利法第九条的审查（第 11 节）

【修订内容】

删除原《专利审查指南》中第二段"一般不通过检索进行审查"的表述，并将该段内容修改为"**初步审查中，审查员对于外观设计专利申请是否符合专利法第九条的规定进行审查。审查员可以根据其获得的同样的外观设计的专利申请或者专利，审查外观设计专利申请是否符合专利法第九条的规定**"❶。

【修订说明】

专利法第九条第一款明确规定了同样的外观设计只能授予一项专利权。只要审查员在审查过程中获取到了同样的外观设计的申请或专利，都应当可以用来审查外观设计专利申请是否符合专利法第九条第一款的规定，不应当将审查员经过检索获取的申请或专利排除在外。修订后的内容更准确，也更符合相关法律规定。

十、关于外观设计分类（第 12 节）

【修订内容】

新增"12.3.3 特殊产品的分类"一节，第一段明确了局部外观设计的分类规则，第二段明确了涉及图形用户界面的产品外观设计的分类规则。新增如下内容：

"**外观设计专利申请为产品的局部外观设计的，应当给出产品的整体和局部所对应的分类号。若产品的局部本身不可作为零部件而给出分类号，仅给出产品整体所对应的分类号即可。**

---

❶ 根据国家知识产权局令第 67 号进行的修改。

"外观设计专利申请为涉及图形用户界面的产品外观设计的，应当给出其所应用的产品和图形用户界面所对应的分类号。但是，对于仅提交图形用户界面而不带有其所应用产品的申请，仅给出图形用户界面所对应的分类号即可。"

【修订说明】

局部外观设计纳入保护客体后，需要明确相应的分类规则。

对于局部外观设计，视图中既体现了产品的整体，又着重于产品的局部，故而既要考虑对产品的整体给出分类号，也应考虑产品的局部能否对应给出专门的分类号。如果无法针对局部给出专门分类号，应遵循上位原则给出产品整体的分类号。

对于涉及图形用户界面的产品外观设计，要根据视图中显示的内容确定分类号。视图中包含图形用户界面和所应用的产品的，要分别给出分类号；视图中仅有图形用户界面而不带有其所应用产品的，仅给出图形用户界面所对应的分类号。

第二部分

实质审查

第一章　不授予专利权的申请

《专利审查指南》第二部分第一章对发明专利申请"不授予专利权的申请"有关规定进行了调整和完善，主要包括以下三个方面：一是进一步明确了属于专利法第五条规定的不授予专利权的情形；二是完善了根据专利法第二十五条不授予专利权的客体的相关规定，包括修改了针对疾病的诊断和治疗方法的相关规定、增加了涉及商业模式的客体审查的相关规定；三是增加了关于诚实信用原则的审查要求。

一、根据专利法第五条不授予专利权的发明创造（第3节）

（一）根据专利法第五条第一款不授予专利权的发明创造（第3.1节）

1. 违反法律的发明创造（第3.1.1节）

【修订内容】

完善第3.1.1节第二段对于违反法律的发明创造的示例内容，即在"例如"后增加"《中华人民共和国刑法》《中华人民共和国治安管理处罚法》《中华人民共和国中国人民银行法》《中华人民共和国票据法》禁止赌博、吸毒、伪造国家货币或票据等相关行为"，并删除"伪造国家货币、票据、公文、证件、印章、文物的设备"中的"文物"。

【修订说明】

为进一步规范专利法第五条中有关违反法律的发明创造的审查，在针对违反法律的发明创造进行举例说明的基础上，对示例中有关行为所违反的具体法律予以明确。相关法律对于"伪造文物"行为本身并无明文规定。在申请文件中伪造文物的设备和复制、仿制文物的设备难于区分，而复制、仿制文物本身也并未被法律禁止，仅在利用复制、仿制文物实施诈骗等不当行为时才可能触犯《中华人民共和国刑法》《中华人民共和国治安管理处罚法》等法律，因此，此处修改将伪造文物的示例删除，表述更为严谨。

2. 违反社会公德的发明创造（第3.1.2节）

【修订内容】

将第3.1.2节第二段示例中的"带有暴力凶杀或者淫秽的图片或者照片的外观设计"修改为"带有暴力凶杀或者淫秽**内容的产品或方法**"。

在本节第二段之后新增一段，内容如下："但是，如果发明创造是利用未经过体内发育的受精14天以内的人类胚胎分离或者获取干细胞的，则不能以'违反社会公德'为理由拒绝授予专利权。"❶

【修订说明】

原《专利审查指南》中针对违反社会公德的发明创造进行了举例说明，其中包括"带有暴力凶杀或者淫秽的图片或者照片的外观设计"。鉴于《专利审查指南》第一部分第三章在外观设计部分已有针对外观设计的相关规定，故将上述内容调整

---

❶ 根据国家知识产权局公告第328号进行的修改。

为"带有暴力凶杀或者淫秽内容的产品或方法",使该示例更适于违反社会公德的发明专利申请的审查内容。

为顺应人类胚胎干细胞技术的快速发展和创新主体对相关技术专利保护的迫切需求,根据国家知识产权局公告第328号,不再对"利用未经过体内发育的受精14天以内的人类胚胎分离或者获取干细胞的"发明创造以专利法第五条为由完全排除。由于技术的局限性,早期获取人类胚胎干细胞只能通过破坏人自生胚胎的方式,人类胚胎干细胞的科学研究面临较大的伦理争议。随着科技的不断发展,人类胚胎干细胞领域不断涌现出新技术,体外获取技术已成为目前人类胚胎干细胞的主要获取途径,避免了从体内获取干细胞的相关伦理争议。尤其是,受精14天以内的囊胚还没有进行组织分化和神经发育,我国在2003年12月24日由科学技术部和卫生部颁布的《人胚胎干细胞研究伦理指导原则》允许利用体外受精、体细胞核移植、单性复制技术或遗传修饰获得的受精14天内的囊胚进行胚胎干细胞研究。同时,人类胚胎干细胞因具有无限增殖及分化全能性而成为全球研究热点,其在疾病治疗和再生医学领域具有广阔的应用前景。因此,上述修改实现了对于部分胚胎干细胞研究相关发明给予适当专利保护的目的,打破了"一刀切"的局面,符合我国产业科研政策的规定和相关伦理道德的要求,也有利于促进医药卫生事业的发展。

3. 妨害公共利益的发明创造(第3.1.3节)

【修订内容】

对第3.1.3节"【例如】"部分"专利申请的文字或者图案涉及国家重大政治事件或宗教信仰、伤害人民感情或民族感情或者宣传封建迷信的,不能被授予专利权"进行修改,修改为

"涉及政党的象征和标志、国家重大政治事件、伤害人民感情或民族感情、宣扬封建迷信的发明创造，不能被授予专利权；涉及国家重大经济事件、文化事件或者宗教信仰，以致妨害公共利益的发明创造，不能被授予专利权"。

【修订说明】

在"【例如】"部分列举的妨害公共利益的情形中增加了涉及"政党的象征和标志"和"国家重大经济事件、文化事件"的内容，与第一部分第三章相一致，使"妨害公共利益"的概念和内涵更加清晰和全面。同时，将相关情形划分为两个层次，对于"涉及政党的象征和标志、国家重大政治事件、伤害人民感情或民族感情、宣扬封建迷信"的发明创造，因其妨害公共利益不能被授予专利权；对于"涉及国家重大经济事件、文化事件或者宗教信仰"的发明创造，则需要考虑该发明创造的实施或使用是否达到妨害公共利益的程度。

（二）根据专利法第五条第二款不授予专利权的发明创造（第3.2节）

【修订内容】

1. 在第3.2节第二段对"**遗传资源**"的定义中增加"**和利用此类材料产生的遗传信息**"，在本节第六段对"发明创造利用了遗传资源的遗传功能"的解释中相应增加"或**对遗传功能单位产生的遗传信息进行分析和利用**"。

2. 将本节最后一段中"违反法律、行政法规的规定获取或者利用遗传资源，是指遗传资源的获取或者利用未按照我国有关法律、行政法规的规定事先获得有关行政管理部门的批准或者相关权利人的许可"修改为"违反法律、行政法规的规定获取或者利用遗传资源，是指遗传资源的获取或者利用**违反法**

律、行政法规的禁止性规定或者未按照我国有关法律、行政法规的规定事先获得有关行政管理部门的批准或者相关权利人的许可"。

3. 在本节最后一段中增加示例："又如，按照《中华人民共和国生物安全法》和《中华人民共和国人类遗传资源管理条例》的规定，将我国人类遗传资源信息向外国组织提供或者开放使用的，应当向国务院科学技术行政部门事先报告并提交信息备份，可能影响我国公众健康、国家安全和社会公共利益的，还应当通过安全审查。如果某发明创造的完成依赖于向外国组织提供的我国人类遗传资源信息，未履行相关手续的，该发明创造不能被授予专利权。"

【修订说明】

专利法实施细则第二十九条第一款的修改将"遗传资源"的概念由"材料"扩展至还包含"利用此类材料产生的遗传信息"，因此，对第 3.2 节第二段中"遗传资源"的定义进行一致性修改；在第六段"发明创造利用了遗传资源的遗传功能"的解释中适应性增加了"或对遗传功能单位产生的遗传信息进行分析和利用"。

第 3.2 节最后一段对"违反法律、行政法规的规定获取或者利用遗传资源"的定义进行完善，补充了"违反法律、行政法规的禁止性规定"的情形。在最后一段的"畜禽遗传资源"案例后补充"人类遗传资源信息"案例，两个案例分别对应"材料"和"遗传信息"，对专利申请及审查提供更明确的指导。

二、根据专利法第二十五条不授予专利权的客体（第 4 节）

（一）涉及商业模式的客体审查（第 4.2 节）

【修订内容】

在第 4.2 节第（2）项之后新增如下内容：

"【例如】

"涉及商业模式的权利要求，如果既包含商业规则和方法的内容，又包含技术特征，则不应当依据专利法第二十五条排除其获得专利权的可能性。"❶

【修订说明】

《中共中央 国务院关于深化体制机制改革加快实施创新驱动发展战略的若干意见》（中发〔2015〕8 号）指出：研究商业模式等新形态创新成果的知识产权保护办法。《国务院关于新形势下加快知识产权强国建设的若干意见》（国发〔2015〕71 号）指出：研究完善商业模式知识产权保护制度；加强互联网、电子商务、大数据等领域的知识产权保护规则研究，推动完善相关法律法规。国家知识产权局令第 74 号进行上述修改，希望向社会公众进一步明确：利用计算机和/或网络技术实现的涉及商业内容的发明专利申请，如果其权利要求含有技术特征，不认为其属于专利法第二十五条第一款第（二）项所述的"智力活动的规则和方法"。

需要说明的是，在专利申请经审查后符合专利法第二十五条第一款第（二）项的规定时，还需要对其进行专利法第二条第二款的审查，判断专利申请是否采用技术手段解决技术问题，

---

❶ 根据国家知识产权局令第 74 号进行的修改。

以获得符合自然规律的技术效果。

(二) 疾病的诊断和治疗方法 (第4.3节)

【修订内容】

1. 在第4.3.1.1节不能被授予专利权的例子中删除"血压测量法"。

2. 在第4.3.1.2节中不属于诊断方法的例子中将原第(2)项及第(3)项合并,并增加一类:"(3) **全部步骤由计算机等装置实施的信息处理方法**"。

【修订说明】

大数据、人工智能技术等高新技术与医疗行业的深度融合,催生了智能医疗等新领域及新技术。为加强对智能医疗领域的创新保护,并积极响应创新主体的保护需求,针对"疾病的诊断和治疗方法"的审查规则进行了完善。具体说明如下:

第一,随着全民健康意识的增强和相关技术的发展,当前血压测量的目的日益多样化,越来越多的涉及血压测量的专利申请的直接目的不是获得诊断结果或健康状况,而只是获取中间结果信息,例如,提供安全保护、改进健身方案或改善睡眠质量等。同时,随着技术进步,血压测量也并非必须由医生运用其医疗诊断知识和能力来进行疾病诊断的过程,因此,本次修改删除了"血压测量法"的示例。在判断涉及血压测量的方法是否属于疾病的诊断方法时,应根据《专利审查指南》第二部分第一章第4.3.1.1节规定的两个条件进行客观判断。

第二,在医疗领域,由计算机等具有信息处理能力的装置实施的涉及诊断的信息处理方法,一般是为了提高信息处理的准确率,方便信息的识别、存储和传输,采取的核心技术手段通常涉及算法、信息统计分析、信息互联互通、人工智能等技术。计算机提供的结果通常只是为医生准确诊断疾病和制定治疗方案提供参考。明确"全部步骤由计算机等装置实施的信息处理方法"不属于诊断方法，有利于加强对此类发明创造的保护，满足创新主体的需求。

三、关于诚实信用原则的审查（第 1 节、第 5 节）

【修订内容】

1. 在第 1 节引言的结尾处增加"**此外，专利法第二十条第一款规定了申请专利和行使专利权应当遵循诚实信用原则，专利法实施细则第十一条进一步规定了提出各类专利申请应当以真实发明创造活动为基础，不得弄虚作假**"。

2. 新增第 5 节"根据专利法实施细则第十一条的审查"，具体内容如下：

"对发明专利申请是否符合专利法实施细则第十一条规定的审查，适用《规范申请专利行为的规定》。"

【修订说明】

专利法第二十条引入了诚实信用原则，专利法实施细则第十一条对其作了细化规定，专利法实施细则第五十九条作了配套修改，在实质审查的范围中增加涉及专利法实施细则第十一条的审查，明确了不符合诚实信用原则是发明专利申请的驳回情形。具体而言，在《专利审查指南》第二部分第一章"不授予专利权的申请"第 1 节的引言中引入诚实信用原则，并增加第 5 节"根据专利法实施细则第十一条的审查"，将诚实信用原则的审查及适用的《规范申请专利行为的规定》纳入对发明专利申请的实质审查要求。

第二章 说明书和权利要求书

《专利审查指南》第二部分第二章对发明专利申请"说明书和权利要求书"有关规定进行了调整和完善，主要包括以下两个方面：一是统一说明书背景技术中引证中外专利文件的公开时间要求；二是进一步明确了权利要求书应当以说明书为依据的审查要求，并给出判断思路示例。

一、关于说明书的撰写方式和顺序（第2.2节）

【修订内容】

1. 在第2.2.1节中将发明名称的字数要求修改为"一般不得超过25个字，**必要时可不受此限，但也不得超过60个字**"。

2. 将第2.2.3节"背景技术"中"引证专利文件的，至少要写明专利文件的国别、公开号，最好包括公开日期"修改为"引证专利文件的，至少要写明专利文件的国别、公开号（**或申请号**），最好包括公开日期（**或申请日期**）"。将第2.2.3节"背景技术"部分"引证文件还应当满足以下要求"中的"（2）所引证的非专利文件和外国专利文件的公开日应当在本申请的申请日之前；所引证的中国专利文件的公开日不能晚于本申请的公开日"修改为"（2）所引证的非专利文件的公开日应当在本申请的申请日之前；所引证的专利文件的公开日不能晚于本申请的公开日"。

【修订说明】

1. 关于第2.2.1节的发明名称字数要求的说明参见对《专利审查指南》第一部分第一章第4.1.1节的修订说明，此处进行了适应性修改。

2. 对第2.2.3节的修改涉及说明书背景技术中所引证的中外专利文件公开时间要求的修改，具体说明如下：

第一，原《专利审查指南》中对于背景技术部分所引证的中外专利文件的公开时间的规定存在差异，即对所引证的外国专利文件和中国专利文件的公开日的要求是不同的。此处修改对引证专利文件的公开时间要求不再区分外国专利文件还是中国专利文件，放宽了引证外国专利文件的公开时间限制，有利于申请人根据实际情况在背景技术部分引证更能反映发明背景的文件，有益于对发明或者实用新型的理解、检索和审查。同时，也使得PCT国际申请国家阶段的审查标准与国际阶段协调一致，避免由此引发不必要的审查争议。

第二，由于可能存在撰写申请文件时引证的专利文件尚未公开、无公开号和公开日期的情形，为保证对引证的专利文件的有效指引，补充了可以写明申请号、最好包括申请日期的指引方式。

二、关于权利要求书应当满足的要求（第3.2节）

【修订内容】

将第3.2.1节"以说明书为依据"中的三处"有理由怀疑"修改为"有**充分**理由怀疑"，同时在处理植物种子方法的案例分析中增加"**由于不同植物种子的低温耐受力等生理特性差别较大**"的原因分析。将"而且园艺技术人员也难以预先确定或评价处理其他种类植物种子的效果"修改为"**所属技术领域的技术人员**难以**预期**处理其他种类植物种子的效果"。

【修订说明】

原《专利审查指南》中对判断得不到说明书支持的要求是"有理由怀疑",并附有相关示例。此次修改将"有理由怀疑"修改为"有充分理由怀疑",同时修改处理植物种子方法的示例,增加了不同植物种子存在低温耐受力等生理特性差异的原因分析,强调在作出权利要求得不到说明书支持的审查结论时应当充分说理,避免在缺乏任何分析的情况下直接得出断言性结论。

第三章 新颖性

《专利审查指南》第二部分第三章"新颖性"的修改主要包括以下四个方面：第一，完善了与出版物公开相关的规定；第二，增加使用公开的情形；第三，根据专利法及其实施细则有关优先权的规定进行适应性修改；第四，进一步明确新颖性宽限期相关规定。

一、关于新颖性的概念（第2节）

（一）关于出版物公开（第2.1.2.1节）

【修订内容】

1. 将本节第二段"符合上述含义的出版物可以是**各种印刷的、打字的纸件**，……，也可以是用电、光、磁、照相等方法制成的**视听资料**，……，还可以是以其他形式存在的资料，例如**存在于互联网或其他在线数据库中的资料**等"修改为"符合上述含义的出版物可以是**纸质出版物、视听资料**，也可以是**存在于互联网或者其他在线数据库中的资料**等"。

将《专利审查指南》规定的出版物明确为两类："（1）**纸质出版物和视听资料**"和"（2）**存在于互联网或者其他在线数据库中的资料**"。

2. 关于"（1）纸质出版物和视听资料"，修改后的《专利审查指南》规定"**纸质出版物通常指各种印刷的、打字的纸**

件",并将原《专利审查指南》规定的"**出版物**的出版发行量多少、是否有人阅读过、申请人是否知道是无关紧要的"修改为"**纸质出版物和视听资料**是否能够获得与出版发行量多少、是否有人阅读过、申请人是否知道无关"。将原《专利审查指南》规定的"**出版物的印刷日**视为公开日,有其他证据证明其公开日的除外"中的"出版物的印刷日"修改为"**纸质出版物的印刷日和视听资料的出版日**"。

3. 关于"(2)存在于互联网或者其他在线数据库中的资料",修改后的《专利审查指南》中新增了三段内容,具体如下:

"存在于互联网或者其他在线数据库中的资料是指以数据形式存储、以网络为传播途径的文字、图片、音视频等资料。

"存在于互联网或者其他在线数据库中的资料应当是通过合法途径能够获得的,资料的获得与是否需要口令或者付费、资料是否有人阅读过无关。

"存在于互联网或者其他在线数据库中的资料的公开日一般以发布日为准,有其他证据证明其公开日的除外。以网络方式出版的书籍、期刊、学位论文等出版物,其公开日为网页上记载的网络发布日。如果上述出版物同时具有内容相同的纸质出版物,也可以根据纸质出版物的印刷日确定公开日,通常以能够确定的最早的公开日为准。对于网页上未明确发布日或者发布日存疑的资料,可以参考日志文件中记载的发布日期和修改日期、搜索引擎给出的索引日期、互联网档案馆服务显示的日期、时间戳信息或者在镜像网站上显示的复制信息的发布日期等信息确定公开日。"

4. 修改后的《专利审查指南》将"**印刷日只写明年月或者**

年份的，以所写月份的最后一日或者所写年份的 12 月 31 日为公开日"中的"印刷日"修改为"印刷日、出版日或者发布日"。

【修订说明】

1. 随着信息技术的迅猛发展，互联网成为信息传播的重要途径，审查实践中越来越多地将存在于互联网或其他在线数据库中的资料作为证据使用。与传统证据相比，此类证据在公开性等方面具有其特殊性，有必要单独予以规定。修改后的《专利审查指南》将原规定的三种类型出版物"各种印刷的、打字的纸件""视听资料""存在于互联网或其他在线数据库中的资料"明确为两类："（1）纸质出版物和视听资料"和"（2）存在于互联网或者其他在线数据库中的资料"。

2. 对于"（1）纸质出版物和视听资料"，一是，明确"纸质出版物"的定义，与原《专利审查指南》规定的"各种印刷的、打字的纸件"相对应。二是，关于纸质出版物和视听资料是否处于能够为公众获得的状态，与其出版发行量、是否有人阅读过以及申请人是否知道不存在必然关联。三是，完善关于确定公开日的规定，沿用原《专利审查指南》的规定，并参考《电子出版物出版管理规定》中关于"出版日期"的规定，将纸质出版物的印刷日和视听资料的出版日分别作为其公开日。

3. 对于"（2）存在于互联网或者其他在线数据库中的资料"，此次修改着重明确以下三方面的内容：

一是，首次明确了互联网或者在线数据库中的资料的定义，以数据形式存储、以网络为传播途径作为此类资料的构成要件。

二是，细化对此类资料获得方式的规定。一方面，修改后的《专利审查指南》强调此类资料应当是通过"合法途径"能够获得的,以排除通过不正当手段获得的信息。"通过合法途径能够获得"是从公众通过合法途径能够获得的角度出发所作的规定,与本章第2.1节的规定"如果负有保密义务的人违反规定、协议或者默契泄露秘密,导致技术内容公开,使公众能够得知这些技术,这些技术也就构成了现有技术的一部分"并无矛盾。另一方面,修改后的《专利审查指南》增加"资料的获得与是否需要口令或者付费、资料是否有人阅读过无关",与原规定"出版物不受地理位置、语言或者获得方式的限制,也不受年代的限制。出版物的出版发行量多少、是否有人阅读过、申请人是否知道是无关紧要的"在本质上是一致的。部分以网络为传播途径的电子期刊等出版物必须付费方能获得,这并不构成公众获得上述出版物的限制。此外,根据上述规定,只要资料在申请日之前曾处于公众通过合法途径能够获得的状态,即使所述资料在申请日之后被删除,也不改变其已被公开的状态。

三是,细化关于确定公开日的规定。此次修改参照《专利审查指南》第四部分第八章的规定,将此类资料的公开日原则性地规定为"一般以发布日为准",发布日可能表现为上传日期、修改更新日期、信息载体上记载的其他日期等,受网站管理机制等因素影响,需要根据个案情况判断。在此基础上,修改后的《专利审查指南》还针对审查实践中最常见的"以网络方式出版的书籍、期刊、学位论文等出版物"以及"网页上未明确发布日或者发布日存疑的资料"两种情形如何确定其公开日进行规范。

4. 关于出版日或者发布日只写明年月或者年份的情形如何

确定公开日，参照原《专利审查指南》关于印刷日的相关规定进行了细化。

(二) 关于使用公开（第 2.1.2.2 节）

【修订内容】

修改后的《专利审查指南》在本节规定"使用公开的方式包括能够使公众得知其技术内容的制造、使用、销售、进口、交换、馈赠、演示、展出、**招标投标**等方式"。新增"招标投标"作为使用公开的方式之一。

【修订说明】

招标投标作为现代社会的一种交易方式，在市场经济中发挥着重要作用，在专利审查实践中已出现一些与招标投标活动相关的案件。为了进一步明确招标投标是否可能构成公开，以及构成哪种公开方式，修改后的《专利审查指南》将"能够使公众得知其技术内容的招标投标"明确纳入使用公开的范畴。一方面，招标投标过程中技术内容的公开系通过产品或技术的交易实现的，属于使用公开；另一方面，该修改可以提醒申请人在市场交易中注意规避风险，避免因招标投标行为构成使用公开而影响其发明创造的专利保护。

二、关于优先权的审查（第 4 节）

(一) 要求优先权期限的例外情形（第 4 节、第 4.1.1 节、第 4.2.1 节）

【修订内容】

1. 在第 4 节总括部分增加第三段，具体内容如下："专利法实施细则第三十六条规定，未在专利法第二十九条规定的期限内向专利局就相同主题提出发明或者实用新型专利申请,如果申请人有正当理由的,可以在期限届满之日起 2 个月内请求恢复优先权。"

2. 分别在第 4.1.1 节关于享有外国优先权的专利申请应满足的条件之一"(2)……中国在后申请之日不得迟于外国首次申请之日起十二个月"以及第 4.2.1 节关于享有本国优先权的专利申请应当满足的条件之一"(2)……中国在后申请之日不得迟于中国首次申请之日起十二个月"后增加例外情形的规定,即"根据专利法实施细则第三十六条规定恢复优先权的除外"。

【修订说明】

专利法实施细则第三十六条新增有关优先权恢复的规定,即,发明或者实用新型专利申请的申请人如果有正当理由,可以在专利法第二十九条规定的期限届满之日起两个月内请求恢复优先权,取消我国对 PCT 实施细则优先权恢复相关条款的保留,在要求优先权方面给申请人更大的便利。为适应上述专利法实施细则的修改,一方面,修改后的《专利审查指南》在总括部分增加相关规定;另一方面,该规定使得要求优先权的期限实际上可能超过专利法第二十九条规定的十二个月,因此,在原《专利审查指南》规定的要求外国优先权和本国优先权的期限基础上,对根据专利法实施细则第三十六条恢复优先权情形作出规定,具体也可参见对《专利审查指南》第一部分第一章第 6.2.6 节相关内容的修订说明。

(二)享有本国优先权的条件(第 4.2.1 节)

【修订内容】

原《专利审查指南》在本节第一段规定享有本国优先权的专利申请应满足三个条件:"(1)**只适用于发明或者实用新型**

专利申请；(2) 申请人就相同主题的**发明或者实用新型**在中国第一次提出专利申请（以下简称中国首次申请）后又向专利局提出专利申请（以下简称中国在后申请）；(3) 中国在后申请之日不得迟于中国首次申请之日起十二个月。"修改后的《专利审查指南》删除第（1）个条件，并适应性调整后两个条件的序号；将原第（2）个条件中的"发明或者实用新型"改为"**发明创造**"；在原第（3）个条件前新增"**就发明和实用新型而言**"。

原《专利审查指南》在本节第二段列举了不得作为要求本国优先权基础的三种情形，并在本节第三段规定了对于中国首次申请的处理方式。修改后的《专利审查指南》将相应内容适用的对象限定为发明和实用新型，即，本节第二段修改为："**就发明和实用新型而言**，被要求优先权的中国在先申请的主题有下列情形之一的……"，将第三段修改为："应当注意，**就发明和实用新型而言**，当申请人要求本国优先权时……"。

【修订说明】

专利法第二十九条引入外观设计的本国优先权制度，使本国优先权制度不再只适用于发明或者实用新型专利申请。本节参照本章第4.1.1节"享有外国优先权的条件"的规定进行修改。一方面，删除本国优先权"只适用于发明或者实用新型专利申请"的限制，将"发明或者实用新型"修改为"发明创造"，表明三种类型的发明创造均可以享有本国优先权；另一方面，因本节关于要求优先权的期限、不得作为要求本国优先权基础的情形列举以及对中国首次申请的处理方式的规定，均仅适用于发明和实用新型，为避免产生歧义，在相应部分增加"就发明和实用新型而言"的表述。对于外观设计要求本国优先权的审查,在《专利审查指南》第一部分第三章第 5.2.2 节中进行规定。

三、关于不丧失新颖性的宽限期(第 5 节)

(一)新增法定情形

【修订内容】

原《专利审查指南》规定了三种不丧失新颖性的情形。修改后的《专利审查指南》新增一种情形"(一)**在国家出现紧急状态或者非常情况时,为公共利益目的首次公开的**"。

【修订说明】

参见对《专利审查指南》第一部分第一章第 6.3.1 节的修订说明,本节上述内容的修改是根据专利法第二十四条增加的不丧失新颖性的第一种情形所作的适应性调整。

(二)关于再次公开

【修订内容】

原《专利审查指南》在本节第五段规定:"发生专利法第二十四条规定的任何一种情形之日起六个月内,申请人提出申请之前,发明创造再次被公开的,只要该公开不属于上述三种情况,则该申请将由于此在后公开而丧失新颖性。再次公开属于上述三种情况的,该申请不会因此而丧失新颖性,但是,宽限期自发明创造的第一次公开之日起计算。"

修改后的《专利审查指南》在该段结尾处增加"**在国家出现紧急状态或者非常情况时,为公共利益目的首次公开的发明创造,他人得知后将其再次公开的,视为专利法第二十四条第(一)项所述情形。他人未经申请人同意泄露发明创造的内容**,

第三人得知该方式公开的发明创造后将其再次公开的，视为专利法第二十四条第（四）项所述情形"。并将第五段第一句中"在后公开"适应性修改为"**再次公开**"。

此外，将本节第四段有关宽限期效力规定中的三处"第三人"改为"他人"。

【修订说明】

随着互联网和信息技术的发展，其他人获知发明创造的内容后将其再次公开的可能性大幅增加，再次公开是否可以享受宽限期，存在不同观点。为平衡社会公众和申请人利益，《专利审查指南》规定，对于专利法第二十四条第（一）项或第（四）项的情形，即"**在国家出现紧急状态或者非常情况时，为公共利益目的首次公开的发明创造，他人得知后将其再次公开的**"和"**他人未经申请人同意泄露发明创造的内容，第三人得知该方式公开的发明创造后将其再次公开的**"，将其与相应的首次公开视为同一行为，专利申请不会因所述再次公开行为而丧失新颖性。同时，由于这两类再次公开均源于首次公开，故宽限期仍然自发明创造的首次公开之日起计算。

为使修改后本节的术语表述与专利法第二十四条的内容协调统一，将"在后公开"的表述调整为"再次公开"。

为使指代更加清晰，在仅有两方当事人的语境中，统一将相对于申请人（发明人）的另一方称为"他人"，包括直接或者间接由申请人（发明人）那里得知发明创造的人；在有三方当事人的语境中（即他人未经申请人同意泄露发明创造的情形），统一将泄露发明创造的人称为"他人"，将从"他人"那里得知发明创造然后再次将其公开的人称为"第三人"。

（三）关于声明和证明材料提交的规定

【修订内容】

原《专利审查指南》在本节对申请人提交宽限期声明和证明材料进行了规定，具体为：

"专利申请有专利法第二十四条第（三）项所说情形的，专利局在必要时可以要求申请人提出证明文件，证实其发生所说情形的日期及实质内容。

"申请人未按照专利法实施细则第三十条第三款的规定提出声明和提交证明文件的（参见本指南第一部分第一章第6.3节），或者未按照专利法实施细则第三十条第四款的规定在指定期限内提交证明文件的，其申请不能享受专利法第二十四条规定的新颖性宽限期。"

修改后的《专利审查指南》将其修改为以下三段内容：

"专利申请有专利法第二十四条第（二）项或者第（三）项所述情形，申请人未按照专利法实施细则第三十三条第三款的规定提出声明和提交证明文件的（参见本指南第一部分第一章第6.3节），其申请不能享受专利法第二十四条规定的新颖性宽限期。

"专利申请有专利法第二十四条第（一）项或者第（四）项所述情形，申请人在收到专利局的通知书后才得知的，应当在该通知书指定的答复期限内，提出不丧失新颖性宽限期的答复意见并附具证明文件。专利局在必要时也可以要求申请人提交证明文件，证实其发生所述情形的日期及实质内容。

"申请人未按照专利法实施细则第三十三条第四款的规定在指定的期限内提交证明文件的，其申请不能享受专利法第二十四条规定的新颖性宽限期。"

【修订说明】

修改后的《专利审查指南》将专利法第二十四条所述不丧失新颖性的四种情形分为两类，对申请人提交声明和证明材料分别作出规定，并按照与修改后的专利法实施细则第三十三条第三款、第四款相对应的顺序进行段落编排。

对于专利法第二十四条第（一）项、第（四）项所述情形，实践中，申请人确有可能在收到审查意见通知书后才能够得知。对于并非申请人自行获知，而是在收到专利局的通知书后才得知存在上述情形的，为优化审查程序、便利申请人，本次修改允许其在通知书指定的答复期限内，一并提出不丧失新颖性宽限期的答复意见并附具证明文件。有关申请人自行获知的情形，仍按照《专利审查指南》第一部分第一章第6.3节的规定执行。

修改后的专利法实施细则第三十三条第四款将专利法第二十四条第（一）项新增情形"在国家出现紧急状态或者非常情况时，为公共利益目的首次公开的"与专利法第二十四条第（四）项［原第（三）项］所列情形"他人未经申请人同意而泄露其内容的"均规定属于"国务院专利行政部门认为必要时，可以要求申请人在指定期限内提交证明文件"的情形。修改后的《专利审查指南》也据此进行了适应性修改。

第四章 创 造 性

《专利审查指南》第二部分第四章"创造性"的修改主要包括以下方面：第一，规范了审查原则中有关独立权利要求和从属权利要求创造性判断关系的表述；第二，完善了确定最接近的现有技术的相关规定；第三，完善了确定发明实际解决技术问题的相关规定，包括修改了确定发明实际解决技术问题的原则、增加重新确定技术问题时需要注意的问题和特殊情形等；第四，修改公知常识性证据的类型，与《专利审查指南》第四部分的相应规定保持一致。

一、关于审查原则（第3.1节）

【修订内容】

原《专利审查指南》在本节规定，"如果一项独立权利要求具备创造性，则**不再审查**该独立权利要求的从属权利要求的创造性"。修改后的《专利审查指南》将"不再审查"修改为"**一般**不再审查"。

【修订说明】

修改后的《专利审查指南》进一步明确了独立权利要求与从属权利要求创造性判断的关系。虽然基于引用关系，独立权利要求具备创造性，通常从属权利要求也具备创造性，但某些情况下并非如此。比如，当专利申请要求优先权时，如果独立权利要求的优先权成立，而从属权利要求的优先权不成立，则有些中间文件虽然不能影响独立权利要求的创造性，但其可能影响从属权利要求的创造性。为了更准确地指导审查实践，将"**不再审查**该独立权利要求的从属权利要求的创造性"修改为"**一般不再审查**该独立权利要求的从属权利要求的创造性"。

二、关于突出的实质性特点的判断（第3.2.1节）

（一）确定最接近的现有技术（第3.2.1.1节）

【修订内容】

原《专利审查指南》本节第（1）项规定，"应当注意的是，在确定最接近的现有技术时，应首先考虑技术领域相同或相近的现有技术"。修改后的《专利审查指南》在其后增加"**其中，要优先考虑与发明要解决的技术问题相关联的现有技术**"。

【修订说明】

原《专利审查指南》在本节规定，选择最接近的现有技术时，要考虑技术领域是否相同，所要解决的技术问题、达到的技术效果或者用途是否最接近，和/或公开了发明的技术特征是否最多等因素。上述规定比较原则，实践中也发现在评判创造性时出现一些偏差，包括在选择最接近的现有技术时，片面强调本申请权利要求与现有技术共有技术特征的多少，而忽视发明所要解决的技术问题与现有技术所针对或解决的技术问题之间的关系。修改后的《专利审查指南》进一步明确，选择最接近的现有技术，通常应当优先选择与本申请相同和/或相近技术领域的、技术问题亦与本申请所要解决的技术问题相关联的现有技术作为最接近的现有技术。这里的技术问题"相关联"强调本申请所要解决的技术问题与现有技术的技术问题应存在联系,例如,现有技术中明确记载的发明目的或技术问题与本申请所要解决的技术问题相同或相似,或者,虽然没有明确记载,但是从现有技术公开的内容,所属技术领域的技术人员可以认识到该技术问题的存在。该修改旨在引导创造性审查中注重还原发明创造的起点和过程,进一步规范创造性的审查标准和审查实践。

(二)确定发明的区别特征和发明实际解决的技术问题(第3.2.1.1节)

【修订内容】

1. 修改后的《专利审查指南》在本节第(2)项第一段第二句❶中规定"为此,首先应当分析要求保护的发明与最接近的现有技术相比有哪些区别特征,然后根据该区别特征**在要求保护的发明中**所能达到的技术效果确定发明实际解决的技术问题",即增加了"在要求保护的发明中"。

2. 修改后的《专利审查指南》在本节第(2)项第三段第二句之后增加一句,新增加的第三句内容为:"对于**功能上彼此相互支持、存在相互作用关系的技术特征,应整体上考虑所述技术特征和它们之间的关系在要求保护的发明中所达到的技术效果。**"

3. 修改后的《专利审查指南》在本节第(2)项第三段最后增加一种特殊情况,即"**特殊情况下,当发明的所有技术效果与最接近的现有技术均相当时,重新确定的技术问题是提供一种不同于最接近的现有技术的可供选择的技术方案**"。

---

❶ 第3.2.1.1节第(2)项第一段第二句及第三段第三句,涉及国家知识产权局公告第328号的修改内容。

4. 修改后的《专利审查指南》在本节第（2）项第三段后增加内容，说明相关原则和相应的示例：

"重新确定的技术问题应当与区别特征在发明中所能达到的技术效果相匹配，不应当被确定为区别特征本身，也不应当包含对区别特征的指引或者暗示。

"【例如】

"要求保护的发明是一种消费电子设备，包括对用户进行账户授权的生物认证单元，该认证单元基于指纹和选自掌纹、虹膜、眼底、面部特征中的至少一种认证方式的组合。说明书记载，通过至少两种认证可以使用户账户更加安全。最接近的现有技术公开了一种消费电子设备，仅基于指纹信息进行身份认证。两者的区别在于发明通过至少两种生物特征进行身份认证，根据该区别特征在要求保护的发明中所能达到的技术效果，可以确定发明实际解决的技术问题是如何提高消费电子设备的用户账户安全性。不能将发明实际解决的技术问题确定为'如何增加掌纹等至少一种生物认证方式'或者'如何通过增加认证方式实现消费电子设备的安全性'。"

【修订说明】

确定发明的区别特征和发明实际解决的技术问题在"三步法"的运用中起到承上启下的作用，发明实际解决的技术问题为第三步中技术启示的找寻确定了方向。考虑到客观分析并确定发明实际解决的技术问题在"三步法"判断整体过程中的重要性，修改后的《专利审查指南》进一步明确了确定发明实际解决技术问题的原则，并对重新确定技术问题时需要注意的问题和特殊情形等予以说明，具体如下：

1. 修改后的《专利审查指南》明确了应当根据区别特征在

要求保护的发明中所能达到的技术效果来确定发明实际解决的技术问题。"在要求保护的发明中"强调了作为确定发明实际解决的技术问题的基础的技术效果应当是区别特征在要求保护的整个方案中所能达到的技术效果，而不应仅仅是区别特征本身固有的功能或效果，或者在其他对比文件中提及的该区别特征对应的技术效果，否则，在发明实际解决的技术问题中很容易包含对区别特征的指引或暗示，使得创造性评价不够客观。

2. 修改后的内容强调了技术方案整体考虑的原则。对于功能上彼此支持、存在相互作用关系的技术特征，在确定发明实际解决的技术问题时，应当整体予以考虑，以所述技术特征和它们之间的关系在要求保护的发明中所能达到的技术效果作为确定发明实际解决技术问题的基础。在确定发明实际解决的技术问题时，如果割裂特征之间的联系，机械地根据每一个区别特征的作用或效果分别确定一个技术问题，再分别评价是否存在技术启示，属于"事后诸葛亮"的评述方式，很难对发明创造性作客观的评价。

3. 根据本节的规定，发明实际解决的技术问题是指"为获得更好的技术效果而需对最接近的现有技术进行改进的技术任务"，但在审查实践中，某些发明与最接近的现有技术相比，技术效果相当，未表现出"更好的技术效果"，却提供了一种技术构思不同的可供选择的技术方案。原《专利审查指南》的规定并未涵盖这种情形，修改后的内容将"提供一种不同于最接近的现有技术的可供选择的技术方案"作为重新确定的发明实际解决的技术问题的一种特殊情况，以全面反映创新的规律和特点。

4. 在审查实践中，如果将发明实际解决的技术问题确定得太过宽泛或者太过具体，尤其是所确定的发明实际解决的技术问题中包含对区别特征的指引或者直接将区别特征作为发明实际解决的技术问题，就容易得出发明是显而易见的结论，使得创造性的判断陷入"事后诸葛亮"的误区。修改后的《专利审查指南》强调，在确定发明实际解决的技术问题时，要对技术特征与技术效果之间的关系进行客观分析。所谓"客观"，一方面，要基于区别特征在发明中所能达到的技术效果，使重新确定的技术问题与该技术效果相匹配；另一方面，所确定的发明实际解决的技术问题不能带有发明为解决该技术问题而提出的技术手段，既不能被确定为区别特征本身，也不能包含对区别特征的指引或暗示。为进一步说明这一原则，修改后的《专利审查指南》还适应性地增加一个消费电子设备的案例，以便更加准确地理解上述原则。

（三）关于公知常识性证据的类型（第3.2.1.1节）

【修订内容】

原《专利审查指南》本节第（3）项规定了通常认为现有技术中存在引入区别特征的技术启示的三种情形，其中第（i）种情形为"所述区别特征为公知常识，例如，本领域中解决该重新确定的技术问题的惯用手段，或教科书或者工具书等中披露的解决该重新确定的技术问题的技术手段"。修改后的《专利审查指南》将第（i）种情形修改为"所述区别特征为公知常识，例如，本领域中解决该重新确定的技术问题的惯用手段，或教科书或者**技术词典、技术手册**等工具书中披露的解决该重新确定的技术问题的技术手段"。

【修订说明】

原《专利审查指南》第二部分和第四部分对公知常识性证

据的类型均采用列举方式说明，参照《专利审查指南》第四部分第八章第4.3.3节的规定，将"技术词典、技术手册"也作为本节工具书的列举项。因此，对公知常识进行举证，可以在技术词典、技术手册中寻找相关信息。

另外，鉴于该节采用"例如"的方式对公知常识性证据的类型进行列举而非穷举，而教科书或者技术词典、技术手册等工具书中披露的解决该重新确定的技术问题的技术手段仅是公知常识中最常见的一种类型，因此删除"……工具书等中"的"等"字，与列举的表达方式保持一致。

第五章 单一性和分案申请

《专利审查指南》第二部分第六章对发明专利申请"单一性和分案申请"有关规定进行了调整和完善，主要涉及取消了提交原申请文件副本及原申请的优先权文件副本的要求。

一、关于分案申请应当满足的要求（第3.2节）

【修订内容】

原第3.2节删除了"（1）分案申请的文本"部分的如下规定："在提交分案申请时，应当提交原申请文件的副本；要求优先权的，还应当提交原申请的优先权文件副本"。

【修订说明】

为便利申请人，修改后的专利法实施细则第四十九条简化了分案申请的申请人应当提交的文件，本节上述内容作出适应性调整，具体可参见对《专利审查指南》第一部分第一章第5.1节"分案申请"相关内容的修订说明。

第六章 检 索

为适应检索资源及智能检索技术的发展，提高检索质量和效能，《专利审查指南》第二部分第七章"检索"进行了修改，主要包括：修订有关审查用检索资料的形式和类型；重新编写检索过程和检索策略规范；规定检索最低限度数据库，进一步明确中止检索的原则；完善"不必检索的情况"的规定；规范检索信息记录内容；增加检索报告中填写的文件类型。

其中，2019年9月23日发布的国家知识产权局公告第328号全面修改和完善了检索相关规定，具体涉及第二部分第七章第2节、第5.3节、第5.4.2节、第6节、第8.1节、第10节及第12节第一段。

一、关于审查用检索资源（第2节）

【修订内容】

1. 将第2节标题"审查用检索资料"修改为"审查用检索资源"；并将第2.1节和第2.2节的标题分别适应性修改为"专利文献资源""非专利文献资源"。

2. 将第2.1节"专利文献资源"修改为：

"发明专利申请实质审查程序中应当检索专利文献，其包括：中文专利文献和外文专利文献。

"审查员主要使用计算机检索系统对专利文献数据库进行

检索，专利文献数据库主要包括：专利文摘数据库、专利全文数据库、专利分类数据库等。"

3. 将第 2.2 节"非专利文献资源"修改为："**审查员除在专利文献中进行检索外，还应当检索非专利文献。在计算机检索系统和互联网中可获取的非专利文献主要包括：国内外科技图书、期刊、学位论文、标准/协议、索引工具及手册等。**"

【修订说明】

随着文献资源存储形式的变化和智能检索技术的发展，检索资源和检索方式发生了很大变化，纸件手工检索方式已经基本被淘汰，审查员对专利文献和非专利文献的检索均主要依赖于电子形式资源。修改后本节标题采用"资源"替代"资料"，更加全面地概括了检索用的所有工具、数据等，特别是当前主要使用的各类电子数据库。

修改后的内容进一步完善了有关审查用检索资源的形式和类型：一方面，删除了与纸件手工检索相关的内容，包括纸件形式专利文献和非专利文献、"查阅"的表述等；另一方面，明确专利文献和非专利文献的获取来源为计算机检索系统和/或互联网，并根据审查实践，采用计算机检索系统中常用专利数据库类型对专利文献数据库进行列举，补充"学位论文"和"标准/协议"两种常用的非专利文献类型。

二、关于检索前的准备（第 5 节）

（一）确定检索的技术领域（第 5.3 节）

【修订内容】

将第 5.3 节第一段中"功能类似的技术领域"修改为"功能类似或应用类似的技术领域"，将"特定功能"修改为

"特定功能或者特定应用",删除本节中有关扩展检索到功能类似技术领域的示例,包括茶叶搅拌机和混凝土搅拌机、切砖机和切饼干机及电缆夹子的示例。修改后的《专利审查指南》规定:"通常,审查员在申请的主题所属的技术领域中进行检索,必要时应当把检索扩展到**功能类似或应用类似的技术领域**。所属技术领域是根据权利要求书中限定的内容来确定的,特别是根据明确指出的那些特定的功能和用途以及相应的具体实施例来确定的。审查员确定的表示发明信息的分类号,就是申请的主题所属的技术领域。**功能类似或应用类似的技术领域**是根据申请文件中揭示出的申请的主题所必须具备的本质功能或者用途来确定,而不是只根据申请的主题的名称,或者申请文件中明确指出的**特定功能或者特定应用**来确定。"

【修订说明】

在应用类似的技术领域进行检索是扩展检索的重要情形,修改后的《专利审查指南》对检索的技术领域进行完善,在申请的主题所属的技术领域、功能类似的技术领域的基础上,增加了应用类似的技术领域作为必要时应当检索的技术领域,与第6.2.3节"扩展检索"的内容相呼应。将仅涉及功能类似技术领域的原示例重新编写为涉及功能类似技术领域和应用类似技术领域的示例,并将其移至第6.2.3节"扩展检索"。

(二)确定检索要素(第5.4.2节)

【修订内容】

将第5.4.2节第二段由"在确定了基本检索要素之后,应该结合检索的技术领域的特点,确定这些基本检索要素中每个要素在计算机检索系统中的表达形式,例如关键词、分类号、化学结构式等。为了全面检索，通常需要尽可能地以关键词、分类号等多种形式表达这些检索要素，并将用不同表达形式检索到的结果合并作为针对该检索要素的检索结果"修改为："**在确定了基本检索要素之后，应该结合检索的技术领域的特点，确定这些基本检索要素中每个要素在计算机检索系统中的表达形式。**"

删除第5.4.2节第三段，即删除"在选取关键词时，一般需要考虑相应检索要素的各种同义或近义表达形式，而且在必要时还需要考虑相关的上位概念、下位概念以及其他相关概念及其各种同义或近义表达形式"。

【修订说明】

为保证《专利审查指南》中关于检索过程和检索策略的内容的统一完整，对涉及检索要素表达的内容进行调整整合，删除了原《专利审查指南》第5.4.2节中有关检索要素表达和扩展的内容，调整至"6.3检索策略"中的"6.3.2表达基本检索要素"进行规定。

三、对发明专利申请的检索（第6节）

【修订内容】

删除原《专利审查指南》"6.2检索的顺序"和"6.3具体的步骤"两节内容，新增"6.2检索过程"一节以及"6.3检索策略"一节。修改后的第6.2节中包括第6.2.1节"初步检索"、第6.2.2节"常规检索"及第6.2.3节"扩展检索"；修改后的第6.3节包括第6.3.1节"选择检索系统或数据库"、第6.3.2节"表达基本检索要素"、第6.3.3节"构建检索式"及第6.3.4节"调整检索策略"。

【修订说明】

为进一步提升有关检索过程和检索策略相关规定的系统性和完整性，规范检索过程，引导审查员科学制定检索策略，提高检索质量，修改后的《专利审查指南》将涉及检索过程和检索策略的内容进行重新梳理，将检索实践中较为成熟的做法纳入《专利审查指南》的规定。重新编写的"6.2 检索过程"，将检索过程分为初步检索、常规检索和扩展检索，并列出了各步骤中需要完成的具体检索任务和要求。重新编写的"6.3 检索策略"，系统完整地列出了审查员在制定和调整检索策略的过程中需要考虑的要点。

四、关于检索的限度（第8.1节）

【修订内容】

在第8.1节增加第二段："在这一原则下，审查员在没有获得对比文件而决定中止检索时，应当至少在最低限度数据库内进行了检索。最低限度数据库一般情况下应当包括中国专利文摘类数据库、中国专利全文类数据库、外文专利文摘类数据库、英文专利全文类数据库以及中国期刊全文数据库。对于一些特定领域的申请，还应当包括该领域专用数据库（例如，化学结构数据库）。必要时可根据领域特点，调整英文全文数据库的范围，或增加其他非专利文献数据库，如标准/协议等。"

【修订说明】

原《专利审查指南》规定了有关中止检索的基本原则，"用于检索的时间、精力和成本与预期可能获得的结果要相称"。为了进一步明确该原则的操作方式，修改后的《专利审查指南》规定"审查员在没有获得对比文件而决定中止检索时，应当至少在最低限度数据库内进行了检索"，以保证审查员对案卷的基本检索工作。此外，综合考虑到当前检索系统数据库收录情况、各专业技术领域的特点、各数据库的特点以及各数据资源的用户使用量等因素，明确了最低限度数据库的范围，以规范审查员检索工作，保证检索质量。

五、关于不必检索的情况（第 10 节）

【修订内容】

在本节最后增加一段："需要注意的是，对于申请的全部主题是否属于上述情形，必要时审查员仍需通过恰当方式了解相关背景技术，以站位于本领域的技术人员作出判断。"

【修订说明】

原第 10 节"不必检索的情况"规定了审查员对申请不必进行检索的四种情形，这里的"不必检索"主要是指针对新颖性和创造性的检索。为了避免片面理解为只要涉及这些情形就不能进行任何检索，修改后的《专利审查指南》明确规定审查员判断申请是否属于不必检索的情形时，必要时仍需通过恰当方式来了解背景技术，使审查员能够站位本领域的技术人员，作出准确的判断。

六、关于检索报告（第 12 节）

（一）关于检索记录信息

【修订内容】

原《专利审查指南》本节第一段规定："检索报告用于记载检索的结果，特别是记载构成相关现有技术的文件。检索报告采用专利局规定的表格。审查员应当在检索报告中清楚地记载检索的领域、数据库以及所用的基本检索要素及其表达形式（如关键词等）、由检索获得的对比文件以及对比文件与申请主题的相关程度，并且应当按照检索报告表格的要求完整地填写其他各项。"

修改后的《专利审查指南》规定："检索报告用于记载检索的结果，特别是记载构成相关现有技术的文件，**以及与检索过程有关的检索记录信息**。检索报告采用专利局规定的表格。审查员应当在检索报告中清楚地**记载检索到最接近的现有技术的主要检索式，包括检索的数据库以及在该数据库中执行的检索表达式（包括基本检索要素表达形式和逻辑运算符），准确列出**由检索获得的对比文件以及对比文件与申请主题的相关程度，并且应当按照检索报告表格的要求完整地填写其他各项。"

【修订说明】

原《专利审查指南》对检索报告的填写规定了应当"记载检索的领域、数据库以及所用的基本检索要素及其表达形式（如关键词等）"。为了进一步规范填写，统一填写内容，反映检索实际情况和检索重点，修改后的《专利审查指南》明确应当"记载检索到最接近的现有技术的主要检索式，包括检索的数据库以及在该数据库中执行的检索表达式（包括基本检索要素表达形式和逻辑运算符）"，以此作为检索记录信息填写的最低要求，从而使检索报告的内容更加科学，有利于公众和其他审查员获取更多检索信息，促进信息公开。

（二）关于对比文件类型

【修订内容】

关于检索报告中填写的对比文件的类型，在本节增加两种情形："T：申请日或优先权日当天或之后公布的，可以对所要求保护发明的理论或原理提供清楚解释的文件，或者可显示出所要求保护发明的推理或事实不成立的文件;""L：除 X、Y、A、R、P、E 和 T 类文件之外的原因引用的文件"。

【修订说明】

原《专利审查指南》列举了 X、Y、A、R、P、E 类文件，但在审查实践中可能还会引用一些不能评价申请的新颖性和创造性，却对所要求保护发明的理论或原理提供清楚解释的文件以及因为其他原因而引用一些文件等。这类文件由于在检索报告表格中缺少相应的填写说明，容易引起社会公众的困惑。为了全面、准确地表达检索结果，修改后的《专利审查指南》增加 T 类文件和 L 类文件类型及其定义，对检索报告文件类型的规定更加完整、规范。

第七章　实质审查程序

《专利审查指南》第二部分第八章对发明专利申请"实质审查程序"有关规定进行了调整和完善，主要包括以下五个方面：一是增加了涉及援引加入的审查相关规定；二是适应性调整了涉及优先权恢复、增加或者改正等的审查相关规定；三是对缺乏单一性申请的处理的修改，给予申请人更多选择的权利；四是适应性增加了诚实信用原则的规定；五是放宽了会晤和电话讨论的限制。

本章所涉及内容中，第 4.2 节、第 4.10.2.2 节、第 4.11.1 节、第 4.12 节、第 4.13 节涉及国家知识产权局公告第 328 号的修改内容。

一、实质审查阶段涉及援引加入的审查（第 3.2.2 节、第 4.1 节）

【修订内容】

1. 在第 3.2.2 节"查对申请文件"中增加"**如果申请人根据专利法实施细则第四十五条以援引在先申请文件的方式进行了补交，应当包括补交的文件**"。

2. 在第 4.1 节"审查的文本"第一段后增加一段："**按照规定以援引在先申请文件的方式补交的权利要求书或说明书的内容，是原始申请文件的一部分。审查员应当在初步审查部门**

审查的基础上（参见本指南第一部分第一章第4.7节），核实补交的内容是否完全包含在在先申请文件副本和其中文译文之中，未包含的，应当重新确定申请日，以后补交文件的日期为申请日。重新确定申请日之前，应当发出审查意见通知书，给申请人至少一次陈述意见的机会。"

【修订说明】

专利法实施细则第四十五条增加了援引加入的相关规定，《专利审查指南》第一部分第一章第4.7节规定了发明专利申请初步审查阶段中涉及援引加入的审查，此处对相应实质审查阶段的审查作出如下要求：

第一，在第二部分第八章第3.2.2节"查对申请文件"部分要求审查员应当注意查对以援引在先申请文件的方式补交的文件。

第二，在第二部分第八章第4.1节"审查的文本"部分规定，符合援引加入相关规定的内容，是原始申请文件的一部分。

二、实质审查阶段涉及优先权的审查（第3.2.3节、第4.6.2节）

【修订内容】

1. 在第3.2.3节"查对涉及优先权的资料"结尾处增加"审查员还应当查对与优先权恢复、增加、改正等相关的文件"。

2. 在第4.6.2节"优先权核实的一般原则"中的"（3）在后申请的申请日是否在在先申请的申请日起十二个月内"结尾处补充"根据专利法实施细则第三十六条恢复优先权的除外"。

【修订说明】

专利法实施细则第三十六条、第三十七条分别增加了有关优先权恢复、优先权要求的增加或者改正等相关规定，此处适应性修改了以下内容：

第一，要求审查员在查对涉及优先权的资料时，还应当关注优先权恢复、增加或者改正等情况。采用"等"用来涵盖优先权撤回等其他可能情形。

第二，在优先权核实的一般原则中，对于在后申请的申请日的时间要求补充了根据专利法实施细则第三十六条恢复优先权的情形。

三、关于公众意见的考虑（第3.2.4节）

【修订内容】

在第3.2.4节"查对其他有关文件"中，增加"**审查员应当查对申请文档中是否有公众意见并在审查过程中予以考虑**"的规定。

【修订说明】

此处修改进一步明确了审查员在申请文件的核查与实审准备中需要关注申请文档中是否有公众意见，并在审查过程中予以考虑。

四、关于阅读申请文件并理解发明（第4.2节）

【修订内容】

原《专利审查指南》第4.2节规定："审查员在开始实质审查后，首先要仔细阅读申请文件，力求准确地理解发明。重点在于了解发明所要解决的技术问题，理解解决所述技术问题的技术方案，并且明确该技术方案的全部必要技术特征，特别是其中区别于背景技术的特征，还应了解该技术方案所能带来的技术效果。审查员在阅读和理解发明时，可以作必要的记录，便于进一步审查。"

修改后《专利审查指南》第4.2节规定："审查员在开始实质审查后，首先要仔细阅读申请文件，**并充分了解背景技术整体状况**，力求准确地理解发明。重点在于了解发明所要解决的技术问题，理解解决所述技术问题的技术方案**和该技术方案所能带来的技术效果**，并且明确该技术方案的全部必要技术特征，特别是其中区别于背景技术的特征，**进而明确发明相对于背景技术所作出的改进**。审查员在阅读和理解发明时，可以作必要的记录，便于进一步审查。"

【修订说明】

正确理解发明是审查员认定申请事实、客观评价创造性的前提。此处修改进一步规范了理解发明的路径：一是明确审查员在理解发明时，必须从说明书记载的背景技术出发；二是进一步明确了要整体理解发明，要求在理解发明时，应当把握发明对背景技术的改进思路，明晰发明的贡献，把握发明相对于背景技术的真正贡献所在。

五、对缺乏单一性申请的处理（第4.4节）

【修订内容】

将本节"检索后再通知申请人修改"部分中"同时要求申请人删除或者修改缺乏单一性的其他权利要求，以克服申请缺乏单一性的缺陷"一句中的"修改缺乏单一性的其他权利要求"修改为"**修改权利要求**"。

【修订说明】

原《专利审查指南》中对于缺乏单一性申请的处理，规定了申请人在收到第一次审查意见通知书中针对第一独立权利要求或者其从属权利要求提出的缺乏单一性审查意见时,需要删除或者修改缺乏单一性的其他权利要求。修改后的《专利审查指南》明确了申请人可以删除任何一组权利要求(也包括第一独立权利要求),只要删除这一组权利要求后能够克服单一性缺陷即可。上述修改赋予申请人对于不具有单一性的多组权利要求更多选择的权利,更有利于保障申请人的权益。

六、关于诚实信用原则的审查(第4.7节、第6.1.2节)

【修订内容】

在第4.7节"全面审查"第三段后增加一段:"**如果审查员有证据或充分理由认为申请过程中存在专利法实施细则第十一条规定的情形,应当予以审查。**"

在第6.1.2节"驳回的种类"中增加"(4)**申请专利过程中违反诚实信用原则,不以真实发明创造活动为基础,弄虚作假的**"。

【修订说明】

在第八章第4.7节"全面审查"以及第6.1.2节"驳回的种类"中增加对申请违反专利法实施细则第十一条的审查,明确在实质审查过程中需要对是否违反诚实信用原则进行审查,并且可以依据该条款驳回。

七、关于审查意见通知书正文(第4.10.2.2节)

【修订内容】

第4.10.2.2节第(4)项最后一段的修改包括:一是调整申请人对审查员引用公知常识提出异议时审查员回应方式的顺

序，即将"说明理由或提供相应的证据予以证明"修改为"**提供相应的证据予以证明或说明理由**"；二是在该段段末增加"**在审查意见通知书中，审查员将权利要求中对技术问题的解决作出贡献的技术特征认定为公知常识时，通常应当提供证据予以证明**"。

【修订说明】

修改后的《专利审查指南》对审查员在审查意见通知书中引用公知常识提出了要求，规范了创造性评述中对公知常识的使用，有针对性地强化审查员的举证责任，进一步明确审查员的举证要求。一方面，明确了在申请人对审查员引用的公知常识有异议时，举证优先的原则，能举证应当尽量举证；另一方面，提出了在将"对技术问题的解决作出贡献的技术特征"认定为公知常识时通常应当举证的原则性要求。

八、关于会晤（第 4.12 节）

【修订内容】

将第 4.12 节第一段修改为："在实质审查过程中，审查员可以约请申请人会晤，以加快审查程序。申请人亦可以要求会晤，此时，只要通过会晤能达到有益的目的，有利于澄清问题、消除分歧、促进理解，审查员就应当同意申请人提出的会晤要求。某些情况下，审查员可以拒绝会晤要求，例如，通过书面方式、电话讨论等，双方意见已经表达充分、相关事实认定清楚的。"

将第 4.12.1 节的标题由"举行会晤的启动条件"修改为"**会晤的启动**"，并删除该节中的以下内容：

"举行会晤的条件是：

"（1）审查员已发出第一次审查意见通知书；并且

"（2）申请人在答复审查意见通知书的同时或者之后提出了会晤要求，或者审查员根据案情的需要向申请人发出了约请。"

【修订说明】

为促进审查员与申请人的沟通，增进双方的相互理解，提高专利审查质量与效率，修改后的《专利审查指南》将举行会晤的原则进行了明确，只要通过会晤能达到有益的目的，有利于澄清问题、消除分歧、促进理解，审查员就应当同意申请人提出的会晤要求。而为了避免不必要的会晤影响审查效率，同时也规定在通过书面、电话讨论等方式双方意见已经表达充分，相关事实认定清楚等情况下审查员可以拒绝申请人的会晤请求。另外，由于原《专利审查指南》将会晤的时间严格限制在发出第一次审查意见通知书之后，审查实践中存在发出第一次审查意见通知书前进行会晤的需求，尤其是当申请的技术方案非常复杂时，有必要在发出第一次审查意见通知书前通过会晤来现场演示或解释发明的技术方案，此类会晤有助于准确理解发明、客观认定事实，因此修改后的《专利审查指南》放宽了举行会晤的时机限制。

九、关于电话讨论及其他方式（第4.11节、第4.13节）

【修订内容】

1. 将第4.13节"电话讨论及其他方式"修改为：

"在实质审查过程中，审查员与申请人可以就发明和现有技术的理解、申请文件中存在的问题等进行电话讨论，也**可以通过视频会议、电子邮件等其他方式与申请人进行讨论**。必要时，审查员应当记录讨论的内容，并将其存入申请**文档**。

"对于讨论中审查员同意的修改内容，**属于本章**第5.2.4.2

节和第 6.2.2 节所述的情况的，审查员可以对这些明显错误依职权进行修改。除审查员可依职权修改的内容以外，对审查员同意的修改内容均需要申请人正式提交经过该修改的书面文件，审查员应当根据该书面修改文件作出审查结论。"

2. 删改了第 4.11.1 节第（1）项中"对个别的问题，如有可能，审查员可以用本章第 4.13 节所述的方式通过电话与申请人讨论"的表述。

【修订说明】

首先，原《专利审查指南》在第 4.11.1 节"对申请继续审查后的处理"第（1）项中规定"对个别的问题，如有可能，审查员可以用本章第 4.13 节所述的方式通过电话与申请人讨论"，此处引用电话讨论的撰写方式容易被认为电话讨论仅能在继续审查过程中采用，在修改后的第 4.13 节"电话讨论及其他方式"中明确电话讨论可以应用于整个实质审查过程，并非仅用于继续审查程序。其次，原《专利审查指南》在第 4.11.1 节还限定电话讨论仅针对继续审查中的个别问题，第 4.13 节也限定电话讨论仅适用于解决次要的且不会引起误解的形式方面的缺陷所涉及的问题。为了满足审查实际需要，在修改后的《专利审查指南》中放宽了电话讨论的内容范围，使讨论的范围不再局限于形式问题和个别问题，也包括对发明和现有技术的理解或者申请中存在的问题等。

将"审查员可以与申请人……"的语序调整为"审查员与申请人可以……"，不论审查员或是申请人均可以在实质审查中视需要在合适的时机积极主动地启动电话讨论，以利于实质审查的高效进行。除了书面审查、会晤和电话讨论外，远程通讯方式的出现为申请人与审查员之间的沟通交流提供了更多可选择的方式，修改增加了视频会议、电子邮件等其他沟通方式。与之相适应，规定审查员可以视情况记录并存档讨论的内容。

此外，还进一步明确了除审查员可依职权修改的内容外，关于其他的在讨论中审查员同意的修改内容，申请人均需要正式提交经过该修改的书面文件，从而确保修改文件的法律效力。

十、发出授予专利权的通知书时应做的工作（第6.2.2节）

【修订内容】

原《专利审查指南》规定："审查员还应当依次做好下述工作：在案卷封面上填写自己确定的该专利的IPC分类号并交本审查处的分类裁决负责人核定；将整理好的准备授权的文本放入公报袋，同时在公报袋上填写规定的项目并且盖章；填写授予专利权的通知书（标准表格），一式两份，盖章后，一份装订在案卷中，另一份放入申请案卷封面里夹；整理好一份完整的案卷，并且在封面和封底填写授权时案卷交接记录和授权发文记录；申请人对发明的名称进行了修改的，优先权经核实有变化的，或者经核定的IPC分类号相对于原分类号有变化的，还应当填写'著录项目变更通知单'一式两份，一份装订在案卷第一装订条的首页之前，另一份放入案卷封面里夹。"

修改后的《专利审查指南》规定："审查员还应当依次做好下述工作：**核对分类号，发生改变的，需经分类裁决负责人**核定；确定授权文本；**如果**发明名称进行了修改，或者优先权经核实有变化的，**应当进行著录项目变更；如果存在需要避免重复授权情形，应当进行避免重复授权结论确认。**"

【修订说明】

为大幅消减各类行政审批事项，优化公共服务能力，国家知识产权局建设的电子审批系统已实现了全流程无纸化审查。上述修改是基于审查实践和电子审批系统实际工作流程对发出授予专利权的通知书时应做的工作进行的适应性修改。

十一、前置审查与复审后的继续审查（第 8 节）

【修订内容】

将第 8 节第一段修改为"审查员应当对转送的复审请求书进行前置审查并作出前置审查意见。前置审查的要求适用本指南第四部分第二章第 3 节的规定"。

【修订说明】

配合专利法实施细则修改中删除原第六十二条关于前置审查的相关规定，对本节作出适应性修改，优化前置审查机制。

第八章　关于涉及计算机程序的发明专利申请审查的若干规定

　　为了加强对新技术新领域新业态相关发明创造的保护，对于《专利审查指南》第二部分第九章"关于涉及计算机程序的发明专利申请审查的若干规定"的修改，包括2017年2月28日发布的国家知识产权局令第74号和2019年12月31日发布的国家知识产权局公告第343号的修改内容，以及在此基础上的再次修改完善的内容。总体而言，修改主要包括以下四个方面：第一，允许申请人以更灵活多样的方式表征涉及计算机程序的发明，例如，申请人可以将权利要求撰写为计算机程序产品形式，也可以在装置权利要求中直接描述计算机程序改进等；第二，根据新领域新业态发明专利申请的特点，对于包含算法特征或商业规则和方法特征的发明专利申请的审查，在本章增加专门一节（第6节）予以规定；第三，进一步细化完善涉及大数据、人工智能发明专利申请的审查标准，包括放宽客体要求、细化创造性规定等；第四，根据对于客体和创造性审查等审查标准的修改，提供多个审查示例予以诠释。

一、涉及计算机程序的发明专利申请的审查基准及示例（第 2 节、第 3 节）

【修订内容】

第 2 节及第 3 节的修改内容❶如下：

1. 将第 2 节第（1）项第一段中"或者计算机程序本身或仅仅记录在载体（例如磁带、磁盘、光盘、磁光盘、ROM、PROM、VCD、DVD 或者其他的计算机可读介质）上的计算机程序"以及第三段"仅由所记录的程序限定的计算机可读存储介质"中的"计算机程序"和"程序"分别修改为"**计算机程序本身**"和"**程序本身**"。

2. 删除第 3 节中"【例 9】一种以自定学习内容的方式学习外语的系统"的审查示例。

【修订说明】

1. 关于"计算机程序本身"，在《专利审查指南》第二部分第九章引言部分有明确定义，即"本章所说的计算机程序本身是……代码化指令序列，或者可被自动转换成代码化指令序列的符号化指令序列或者符号化语句序列"。"计算机程序本身"属于智力活动的规则和方法，系专利法第二十五条第一款第（二）项予以排除的主题。通过上述修改，一方面与本章引言部分的"计算机程序本身"统一表述；另一方面，明确"涉及计算机程序的发明"不同于"计算机程序本身"。采用计算机程序流程特征限定的计算机可读存储介质可以作为权利要求保护的主题；但是，如果权利要求的特征部分仅涉及计算机程序本身，

---

❶ 第 2 节、第 3 节涉及国家知识产权局令第 74 号的修改内容。

即使权利要求主题名称是计算机可读存储介质,也不属于保护客体。

2. 审查示例的【例9】对现行审查实践已无指导意义,更适宜用创造性标准予以审查,故此处根据审查实践适应性删除【例9】。

二、关于权利要求书的撰写(第 5.2 节)

(一)关于装置权利要求的组成限定

【修订内容】

在第 5.2 节❶第一段"如果写成装置权利要求,应当具体描述该装置的各个组成部分及其各组成部分之间的关系"后面增加"**所述组成部分不仅可以包括硬件,还可以包括程序**"。同时删除"并详细描述该计算机程序的各项功能是由哪些组成部分完成以及如何完成这些功能"。

【修订说明】

计算机软件和硬件都是计算机系统或装置的组成部分,二者通常需要协同工作。修改后的《专利审查指南》明确装置权利要求的组成部分可以包括程序流程特征,允许申请人采取"软硬结合"的方式撰写装置权利要求,在装置权利要求中写明软件方面的改进。对于此类装置权利要求,应将其中的程序流程特征理解为装置权利要求的组成部分,而非硬件装置所实现的功能。

---

❶ 第 5.2 节涉及国家知识产权局令第 74 号的修改内容。

（二）关于程序模块的理解

【修订内容】

将第 5.2 节第二段中的三处"功能模块"修改为"**程序模块**"。

【修订说明】

本段着重描述对于全部以计算机程序流程为依据，按照与计算机程序流程或相应方法权利要求的各步骤完全对应一致的方式撰写的装置权利要求。由于按照这种方式撰写的装置权利要求应当理解为主要通过计算机程序实现该解决方案的程序模块构架，而不是主要通过硬件方式实现该解决方案的实体装置，因此，为避免将"功能模块"误解为能够实现所限定功能的实体装置，将"功能模块"修改为"程序模块"，避免将程序模块构架的限定方式与一般的"功能性限定"相混淆。

（三）关于计算机程序产品的主题保护

【修订内容】

将第 5.2 节第一段第一句涉及权利要求书撰写中的"即实现该方法的装置"修改为"**例如实现该方法的装置、计算机可读存储介质或者计算机程序产品**"。同时，在本节第二段后面增加一段："**计算机程序产品应当理解为主要通过计算机程序实现其解决方案的软件产品。**"此外，在本节增加撰写示例 4，以"一种去除图像噪声的方法"的发明专利申请为基础，分别给出方法、装置、计算机可读存储介质和计算机程序产品权利要求的撰写示例。

【修订说明】

随着互联网技术的发展，越来越多的计算机软件已不再依托于传统的光盘、磁盘等有形存储介质，而是通过互联网以信号的形式进行传输、分发和下载。为满足创新主体强化软件保护的诉求，本节修改进一步丰富了涉及计算机程序的发明专利申请的保护主题类型，允许以计算机程序产品作为保护主题类型，使得对于计算机程序的保护不再限于有形的存储介质；同时，给出四种常见的保护主题类型撰写示例。此外，由于计算机可读存储介质或计算机程序产品同样属于产品权利要求，实现其方法的装置不再是唯一能够保护的产品主题，因此，适应性地将其改为列举方式。

三、包含算法特征或商业规则和方法特征的发明专利申请审查相关规定（第6节）

为全面贯彻党中央、国务院关于加强知识产权保护的决策部署，回应创新主体对进一步明确涉及人工智能等新技术新领域新业态专利申请审查规则的需求，2019年国家知识产权局专门启动《专利审查指南》第二部分第九章的修改工作，于2019年12月31日发布国家知识产权局公告第343号。此次修改在第二部分第九章中新增第6节"包含算法特征或商业规则和方法特征的发明专利申请审查相关规定"；下设第6.1、第6.2和第6.3节，分别为"审查基准"、"审查示例"以及"说明书及权利要求书的撰写"。在发布上述局公告后，为完善大数据、人工智能发明专利申请的审查标准，又以定向放开的方式围绕人工智能、大数据补充原《专利审查指南》未涉及的客体审查基准，并给出相应的审查示例。在本次修改中又对其中的第6.1.2、第6.1.3和第6.2节的规定进行再次补充完善。

第6节的总括部分内容为："涉及人工智能、'互联网+'、大数据以及区块链等的发明专利申请，一般包含算法或商业规则和方法等智力活动的规则和方法特征，本节旨在根据专利法及其实施细则，对这类申请的审查特殊性作出规定。"该部分提纲挈领地概括本节的主要内容。以下分节具体进行说明。

（一）审查基准（第6.1节）

1. 关于一般原则（第6.1节）

【修订内容】

增加第6.1节"审查基准"部分，其中阐明包含算法特征或商业规则和方法特征的发明专利申请审查的一般原则，具体内容如下：

"审查应当针对要求保护的解决方案，即权利要求所限定的解决方案进行。在审查中，不应当简单割裂技术特征与算法特征或商业规则和方法特征等，而应将权利要求记载的所有内容作为一个整体，对其中涉及的技术手段、解决的技术问题和获得的技术效果进行分析。"

【修订说明】

涉及人工智能、"互联网+"、大数据以及区块链等的发明专利申请，权利要求中往往包含算法、商业规则和方法等智力活动的规则和方法特征。如果直接忽略这些特征或者将其与技术特征机械割裂、单独考虑，则难以客观评价发明的实质贡献，不利于上述领域相关技术的专利保护。修改后的《专利审查指南》明确在审查中不应当简单割裂技术特征与算法特征或商业规则和方法特征，强调应将权利要求记载的所有内容作为一个整体考虑，从技术三要素的角度进行分析。通过整体考虑，能够更全面客观地评价发明作出的实质贡献，有利于该领域相关技术的保护。

2. 根据专利法第二十五条第一款第（二）项的审查（第6.1.1节）

【修订内容】

增加专利法第二十五条第一款第（二）项的审查标准及简单示例，具体内容如下：

"如果权利要求涉及抽象的算法或者单纯的商业规则和方法，且不包含任何技术特征，则这项权利要求属于专利法第二十五条第一款第（二）项规定的智力活动的规则和方法，不应当被授予专利权。例如，一种基于抽象算法且不包含任何技术特征的数学模型建立方法，属于专利法第二十五条第一款第（二）项规定的不应当被授予专利权的情形。再如，一种根据用户的消费额度进行返利的方法，该方法中包含的特征全部是与返利规则相关的商业规则和方法特征，不包含任何技术特征，属于专利法第二十五条第一款第（二）项规定的不应当被授予专利权的情形。

"如果权利要求中除了算法特征或商业规则和方法特征，还包含技术特征，该权利要求就整体而言并不是一种智力活动的规则和方法，则不应当依据专利法第二十五条第一款第（二）项排除其获得专利权的可能性。"

【修订说明】

本节修改再次强调不包含任何技术特征的、仅涉及抽象算法或者单纯的商业规则和方法的权利要求属于智力活动的规则和方法，不应当被授予专利权。同时该段还明确不能因权利要求中包含抽象算法或商业规则和方法即认为其属于智力活动的规则和方法，如果权利要求中还进一步包含技术特征，则该权利要求就整体而言并不是智力活动的规则和方法。此部分增加的内容重申该领域涉及专利法第二十五条第一款第（二）项的审查标准与《专利审查指南》第二部分第一章第4.2节规定的一般原则保持一致。

3. 根据专利法第二条第二款的审查（第6.1.2节）

【修订内容】

增加根据专利法第二条第二款的审查标准及简单示例。具体包括如下五段内容：

"如果要求保护的权利要求作为一个整体不属于专利法第二十五条第一款第（二）项排除获得专利权的情形，则需要就其是否属于专利法第二条第二款所述的技术方案进行审查。

"对一项包含算法特征或商业规则和方法特征的权利要求是否属于技术方案进行审查时，需要整体考虑权利要求中记载的全部特征。如果该项权利要求记载了对要解决的技术问题采用了利用自然规律的技术手段，并且由此获得符合自然规律的技术效果，则该权利要求限定的解决方案属于专利法第二条第二款所述的技术方案。

"如果权利要求中涉及算法的各个步骤体现出与所要解决的技术问题密切相关，如算法处理的数据是技术领域中具有确切技术含义的数据，算法的执行能直接体现出利用自然规律解决某一技术问题的过程，并且获得了技术效果，则通常该权利要求限定的解决方案属于专利法第二条第二款所述的技术方案。

"如果权利要求的解决方案涉及深度学习、分类、聚类等人工智能、大数据算法的改进，该算法与计算机系统的内部结构存在特定技术关联，能够解决如何提升硬件运算效率或执行效果的技术问题，包括减少数据存储量、减少数据传输量、提高硬件处理速度等，从而获得符合自然规律的计算机系统内部性能改进的技术效果,则该权利要求限定的解决方案属于专利法第二条第二款所述的技术方案。

"如果权利要求的解决方案处理的是具体应用领域的大数据,利用分类、聚类、回归分析、神经网络等挖掘数据中符合自然规律的内在关联关系,据此解决如何提升具体应用领域大数据分析可靠性或精确性的技术问题,并获得相应的技术效果,则该权利要求限定的解决方案属于专利法第二条第二款所述的技术方案。"

【修订说明】

本节修改在第一段、第二段首先表明该领域的判断标准与《专利审查指南》第二部分第一章第2节和第九章第2节规定的总体判断原则一致,再次强调需要整体考虑全部特征的审查原则。随后,针对如何判断涉及算法的权利要求是否解决了技术问题、采用了技术手段、获得了技术效果,本小节第三段给出在总体判断技术三要素的原则下,进一步明确如果算法与具体的技术领域结合,可以解决某一技术问题,则其可以构成专利保护的客体。第四段和第五段针对涉及人工智能、大数据发明专利申请,给出能够构成技术方案的两种常见情形。第四段明确如果人工智能、大数据算法能够与计算机系统内部结构相结合,并且算法的改进能够带来计算机系统内部性能的提升,解决提升硬件运算效率或执行效果的问题,那么认为其构成技术方案。为加强对大数据领域的专利保护,第五段补充了与具体应用领域大数据处理相关的客体审查相关规定,强调如果挖掘出数据的内在关联关系符合自然规律,能够提升大数据分析的可靠性或精确性,那么这样的解决方案也构成技术方案。此处修改更有利于保护在各具体应用领域中采用大数据处理技术解决相应技术问题的方案。

4. 新颖性和创造性的审查（第6.1.3节）

【修订内容】

增加新颖性和创造性的审查标准，明确"功能上彼此相互支持、存在相互作用关系"的判断原则，列举认可算法特征或商业规则和方法特征对技术方案作出贡献的几种情形。具体内容如下：

"对包含算法特征或商业规则和方法特征的发明专利申请进行新颖性审查时，应当考虑权利要求记载的全部特征，所述全部特征既包括技术特征，也包括算法特征或商业规则和方法特征。

"对既包含技术特征又包含算法特征或商业规则和方法特征的发明专利申请进行创造性审查时，应将与技术特征功能上彼此相互支持、存在相互作用关系的算法特征或商业规则和方法特征与所述技术特征作为一个整体考虑。'功能上彼此相互支持、存在相互作用关系'是指算法特征或商业规则和方法特征与技术特征紧密结合、共同构成了解决某一技术问题的技术手段，并且能够获得相应的技术效果。

"如果权利要求中的算法应用于具体的技术领域，可以解决具体技术问题，那么可以认为该算法特征与技术特征功能上彼此相互支持、存在相互作用关系，该算法特征成为所采取的技术手段的组成部分，在进行创造性审查时，应当考虑所述的算法特征对技术方案作出的贡献。

"如果权利要求中的算法与计算机系统的内部结构存在特定技术关联，实现了对计算机系统内部性能的改进，提升了硬件的运算效率或执行效果，包括减少数据存储量、减少数据传输量、提高硬件处理速度等,那么可以认为该算法特征与技术特征功能上彼此相互支持、存在相互作用关系,在进行创造性审查时,应当考虑所述的算法特征对技术方案作出的贡献。

"如果权利要求中的商业规则和方法特征的实施需要技术手段的调整或改进,那么可以认为该商业规则和方法特征与技术特征功能上彼此相互支持、存在相互作用关系,在进行创造性审查时,应当考虑所述的商业规则和方法特征对技术方案作出的贡献。"

"如果发明专利申请的解决方案能够带来用户体验的提升,并且该用户体验的提升是由技术特征带来或者产生的,或者是由技术特征以及与其功能上彼此相互支持、存在相互作用关系的算法特征或商业规则和方法特征共同带来或者产生的,在创造性审查时应当予以考虑。"

【修订说明】

本小节前两段描述了新颖性和创造性的审查原则。再次强调客体审查中的整体考虑原则同样适用于新颖性和创造性的判断。区别特征是算法特征或商业规则和方法特征能够使权利要求具备新颖性,但如果在判断创造性时认可该特征对技术方案作出贡献,则其必须满足与方案中的技术特征在功能上彼此相互支持、存在相互作用关系的条件。这与第二部分第四章第3.2.1.1节创造性判断方法中明确的"对于功能上彼此相互支持、存在相互作用关系的技术特征,应整体上考虑所述技术特征和它们之间的关系在要求保护的发明中所达到的技术效果"中的总体思想是一致的。

中间三段列出可以认为算法特征或商业规则和方法特征与技术特征功能上彼此相互支持、存在相互作用关系的示例情形,表明如果存在这种关联关系，则必须考虑算法特征或商业规则和方法特征作出的贡献。

在人工智能、"互联网+"、大数据等领域，相当数量发明的出发点即是提升用户体验。为了回应创新主体对于在创造性判断中认可用户体验的关切，最后一段首先明确在判断创造性时需要考虑用户体验的提升，但考虑的前提是该提升应当是通过技术改进带来的。如此一方面认可用户体验提升是创造性审查的考虑因素，另一方面将考虑的范围仅限于通过技术手段带来的用户体验提升，既充分考虑发明人作出的技术贡献，又避免在判断用户体验优劣时的主观性。

（二）审查示例（第6.2节）

本节增加15个审查示例❶，其中例1—10涉及专利保护客体，例11—15涉及创造性审查。案例具体内容请参见《专利审查指南》第二部分第九章第6.2节，在此不再引述。

1. 专利保护客体的示例

【修订内容】

增加10个涉及保护客体判断的案例，从正反两方面展示客体的判断标准。

【修订说明】

人工智能、"互联网+"、大数据等均为新兴领域，其方案涉及算法、模型训练、商业规则等多方面的内容。为了更全面直观地理解该领域的客体判断标准，准确区分抽象的算法、神经网络模型、商业规则等以及应用抽象的算法、神经网络模型、商业规则来解决具体技术问题的技术方案，修改后的《专利审

---

❶ 其中，例1、2、3、4、8、9、11、12、13、14涉及国家知识产权局公告第343号的修改内容。

查指南》通过10个案例加以阐述说明。

例1涉及建立数学模型的方法，该示例通过列举抽象算法的情形帮助理解对于仅包含单纯算法特征的方案的客体判断标准。当方案中包括的全部特征均为算法特征，不包括任何技术特征时，此时认为方案寻求保护基础算法本身。而算法本身是指导人们进行思维、表述、判断和记忆的规则和方法，是抽象的结果，没有利用自然规律，属于智力活动的规则和方法。

例2涉及卷积神经网络模型的训练方法，该示例中，数学算法与图像数据处理领域相结合，解决了提升图像识别领域的图像识别能力的问题。当一项算法应用到具体技术领域时，其所处理的对象是该技术领域中具有确切技术含义的数据，能够解决该领域的某技术问题，即通过将抽象的算法应用于具体领域使之具象化，能够解决具体技术问题，则方案构成专利保护的客体。

例3涉及共享单车的使用方法，该示例中，共享单车使用的规则与服务器终端等技术特征相结合，解决了现有技术难以找到并开启可用共享单车的技术问题。该示例有助于帮助理解判断商业规则和方法特征是否与技术特征相结合以解决特定领域的技术问题这一审查标准。尽管该示例中的服务器、终端、扫描二维码都是现有技术，但通过与共享单车使用规则有机结合，其能够实现系统对于共享单车位置的实时控制，并且通过与用户的身份交互验证，完成自行开启共享单车的过程。此外，当权利要求中商业规则特征与技术特征相互交织，并且二者脱离彼此均无法单独解决技术问题时，二者往往在功能上彼此相互支持、存在相互作用关系。

例4涉及区块链节点间通信的方法，该示例通过改进区块链通信连接方案来解决业务节点泄露用户隐私数据的问题，其采用的手段和解决的问题都是技术性的。该示例旨在帮助理解区块链技术本身改进以解决该领域的技术问题的审查标准。

例 5 涉及深度神经网络模型的训练方法，该示例中，深度神经网络模型的训练方法与单/多处理器相互结合，解决了训练速度慢的问题。该示例有助于帮助理解判断算法特征是否与计算机系统内部结构存在特定技术关联以解决提升硬件运算效率或执行效果的技术问题这一审查标准。算法对计算机系统内部性能做出改进的方案有两个要素，一是方案中必然包括与特定硬件结构相关的特征限定，这是内部性能改进的基础；二是算法的执行与该硬件结构需存在特定技术关联，该硬件结构不能仅是该算法的执行载体。

例 6 涉及电子券使用倾向度的分析方法，该示例涉及大数据分析技术在电子券使用领域的具体应用，给出大数据分析应用于具体领域的专利保护客体判断标准的指引。该方案处理的对象是电子券相关的大数据，通过对电子券归类、获取样本数据、确定行为特征并进行模型训练，挖掘用户行为特征和电子券使用倾向度之间符合自然规律的内在关联关系，据此解决了如何提升分析用户对电子券使用倾向度的精确性的技术问题，并能够获得相应的技术效果。就本示例而言，在大数据处理分析领域，单个用户的个体行为可能受个人好恶的影响而体现出主观性，但是群体行为下反映出的行为特点，例如浏览时间长、搜索次数多、电子券使用频繁等，可以反映出此类用户群体对相应种类电子券的使用倾向度高，这种对应关联关系受自然规律约束，从而用于挖掘其中内在关联关系的手段也构成技术手段。

例7涉及知识图谱推理方法，知识图谱作为一种基于图形的数据结构，广泛应用于大数据挖掘。该示例的解决方案处理对象为自然语言中的文本数据或者语义信息等技术数据，通过构建知识图谱，能够解决文本嵌入及语义搜索过程中丰富语义信息、提高推理准确性的技术问题。该示例旨在说明，对于涉及大数据相关解决方案，如果其处理对象涉及技术领域中具有确切技术含义的数据，并且利用大数据分析方法能够解决一定的技术问题，那么可以构成专利保护的客体。

例8涉及消费返利的方法，该示例旨在说明尽管方案中包括计算机这一技术特征，但其中包括的具体返利规则等商业特征并没有与该技术特征在功能上彼此相互支持、存在相互作用关系，其没有脱离按照制定的规则根据用户消费金额确定返利额度的实质，计算机的存在也并没有改变其解决的仅仅是如何促进用户消费的问题，并未解决技术问题的情况，计算机仅是作为上述商业规则的执行载体存在。该示例表明对于单纯的商业规则和方法构成的方案，如果只是简单地向其中增加技术特征，并且所增加的技术特征没能与原有的商业规则特征一起共同解决技术问题，那么即便其因为包括技术特征而不再属于智力活动的规则和方法，也仍不构成技术方案，不属于专利保护的客体。

例9涉及基于用电特征的经济景气指数分析方法，该示例旨在说明当将算法应用于具体应用领域时，如果其目的并非解决该领域的技术问题，或者未能解决该应用领域的技术问题，则即便该算法有具体应用，不再是单纯的数学方法，也会因其不具备技术三要素而不属于专利保护的客体。

例10涉及金融产品的价格预测方法，该示例旨在说明即便说明书中声称要解决的问题是提高大数据分析的精确性或准确性，客体判断时仍需将问题、手段和效果关联判断，客观分析原始数据和要得到的数据结果之间是否存在符合自然规律的内在关联关系。该示例的解决方案为解决金融产品价格预测的问题，利用神经网络模型挖掘过去一段时间内金融产品的价格数据与未来价格数据之间的关联关系，但是，金融产品的价格走势遵循经济学规律及社会因素，由于影响价格走势的不确定性因素较多，历史价格的高低并不能决定未来价格的走势，故金融产品的历史价格数据与未来价格浮动概率之间不存在符合自然规律的内在关联关系。因此，这类方案不属于专利保护的客体。

2. 创造性的审查示例

【修订内容】

增加 5 个涉及创造性判断的案例 11—15，从正反两方面展示创造性的判断标准。

【修订说明】

例 11—15 分别就算法、人工智能、商业方法等领域例示了 5 个涉及创造性审查的案例，上述案例旨在表明当算法特征、商业规则和方法特征与技术特征在功能上彼此相互支持、存在相互作用关系，共同用于解决某一技术问题时，这些算法特征、商业规则和方法特征与技术特征一样，同样要在现有技术中找寻技术启示。当算法特征、商业规则和方法特征与技术特征在功能上并未彼此相互支持，也不存在相互作用关系时，其通常不会使方案解决任何技术问题，也不会对现有技术做出技术贡献，即便这些特征未被现有技术公开，也不会因为包括这些区别特征而认可方案具备创造性。

例 11 涉及基于多传感器信息仿人机器人跌倒状态检测方法，该示例旨在说明尽管该方案中诸如机器人、姿态传感器、零力矩点 ZMP 传感器等技术特征均已被对比文件 1 公开，但由于具体算法特征未被现有技术公开，并且其与前述技术特征在功能上彼此相互支持、存在相互作用关系，共同用于计算仿人机器人的稳定状态信息，进而能够准确预测其可能的跌倒方向，因此这些特征在创造性审查时必须同样予以考虑，如果在现有技术中没能找到相应技术启示，则应当认可请求保护的方案具备创造性。

例 12 涉及多机器人路径规划系统，该示例同样旨在说明当具体算法特征未被现有技术公开，并且其与技术特征在功能上彼此相互支持、存在相互作用关系，共同用于解决机器人路径优化问题。该示例与例 11 的区别在于，现有技术中公开了该区别特征，并且该算法特征在现有技术中也解决相同的技术问题，从而给出与最接近现有技术相结合的启示，因此认为请求保护的方案不具备创造性。例 11 和例 12 展示的均是算法特征与技术特征在功能上彼此相互支持、存在相互作用关系的情形，此种情况下需判断现有技术中是否给出结合启示，如果没有发现结合启示，不应否定方案的创造性。

例 13 涉及物流配送方法，该示例旨在说明尽管服务器、物流终端和用户终端等技术特征已被对比文件 1 公开，但由于具体商业规则和方法特征未被现有技术公开，并且其与前述技术特征在功能上彼此相互支持、存在相互作用关系，共同解决如何提高订单到达通知效率，提高货物配送效率的技术问题，因此这些特征在创造性审查时必须同样予以考虑，如果在现有技术中没能找到相应技术启示，请求保护的方案具备创造性。此外，该案例还涉及用户体验提升的考量，可以看出这种用户体验提升是由功能上彼此相互支持、存在相互作用关系的数据架构和数据通信方式的调整以及取件通知规则和具体的批量通知实现方式共同带来的，因此上述用户体验的提升和技术效果共同构成发明与现有技术相比所具有的有益效果。

例 14 涉及动态观点演变的可视化方法，该示例旨在说明当方案与对比文件的区别在于具体规则时，如果该规则与方案中的具体技术手段在功能上并非彼此相互支持，也不存在相互作用关系，该规则未能使方案解决任何技术问题，那么其不会对现有技术作出贡献，不能使方案具备创造性。具体到本示例，该情感分类规则与可视化手段并不存在技术上的关联，即如果不按照点赞和点踩的数目关系来进行分类，而是按照点击量等其他进行分类，则只对情感分类的结果有影响，改变的只是根据规则确定的可视化内容，对于可视化问题和相关手段没有任何技术上的影响。

例 15 涉及用于适配神经网络参数的方法，该示例旨在说明在人工智能、大数据领域中，算法被认为能够改进计算机系统内部性能的情形。该示例的解决方案将权重参数的尺寸填充为基于硬件使用率确定的、对应维度上的目标尺寸，以便当支持神经网络的硬件对神经网络的数据进行运算时，硬件能够高效处理所述数据，因此，方案中用于适配神经网络参数的算法特征与技术特征在功能上彼此相互支持、存在相互作用关系，在创造性判断时应当考虑上述算法特征对技术方案作出的贡献。

需要注意的是，若要认定算法特征、商业规则和方法特征与技术特征满足在功能上彼此相互支持、存在相互作用关系，方案中包括技术特征只是满足上述要求的必要条件，即便方案中包括技术特征也不意味着二者必然在功能上彼此相互支持、存在相互作用关系。例如，如果方案中的技术特征如计算机、服务器等仅是作为算法或商业规则特征的执行载体，即其只是起到使所述算法或商业规则自动化执行的作用，则不能认为二者在功能上彼此相互支持、存在相互作用关系。

（三）说明书及权利要求书的撰写（第6.3节）

1. 说明书的撰写（第6.3.1节）

【修订内容】

增加第6.3.1节"说明书的撰写"，涉及在发明涉及算法特征或商业规则和方法特征时对于说明书的撰写要求，修改后的内容如下：

"包含算法特征或商业规则和方法特征的发明专利申请的说明书应当清楚、完整地描述发明为解决其技术问题所采用的解决方案。所述解决方案在包含技术特征的基础上，可以进一步包含与技术特征功能上彼此相互支持、存在相互作用关系的算法特征或商业规则和方法特征。

"说明书中应当写明技术特征和与其功能上彼此相互支持、存在相互作用关系的算法特征或商业规则和方法特征如何共同作用并且产生有益效果。例如，包含算法特征时，应当将抽象的算法与具体的技术领域结合，至少一个输入参数及其相关输出结果的定义应当与技术领域中的具体数据对应关联起来；包含商业规则和方法特征时，应当对解决技术问题的整个过程进行详细描述和说明，使得所属技术领域的技术人员按照说明书记载的内容，能够实现该发明的解决方案。

"说明书应当清楚、客观地写明发明与现有技术相比所具有的有益效果，例如质量、精度或效率的提高，系统内部性能的改善等。如果从用户的角度而言，客观上提升了用户体验，也可以在说明书中进行说明，此时，应当同时说明这种用户体验的提升是如何由构成发明的技术特征，以及与其功能上彼此相互支持、存在相互作用关系的算法特征或商业规则和方法特征共同带来或者产生的。"

【修订说明】

对于包含算法特征或商业规则和方法特征的发明专利申请，首先，明确在说明书中可以包含这些特征。其次，要写明技术特征如何与这些特征在"功能上彼此相互支持、存在相互作用关系"，共同解决技术问题，构成相对于现有技术的改进，从前述章节中可以看出这对于认定申请是否具备创造性非常重要，应当予以记载。例如，对人工智能发明专利申请而言，由于其内部运行的特殊性，在发明包含算法特征时，应当将抽象的算法与具体的技术领域结合，至少一个输入参数及其相关输出结果的定义应当与技术领域中的具体数据对应关联起来，此处的"与具体的技术领域结合"并非简单提及应用于哪个技术领域，而是应描述其结合过程，使本领域技术人员根据说明书的记载，能够实现申请中声称所要解决的技术问题。再次，在说明书中应当写明有益效果，例如质量、精度或效率的提高，系统内部性能的改善，必要的时候予以细化解释或证明，最好能够结合方案实现过程进行描述。最后，如果想要从用户体验提升角度说明发明的有益效果，应当着重写明这种用户体验的提升是如何由构成发明的技术特征以及与其功能上彼此相互支持、存在相互作用关系的算法特征或商业规则和方法特征共同带来或者产生的，阐明所述用户体验的提升是客观的，而并非主观的或因人而异的。

2. 权利要求书的撰写（第 6.3.2 节）

【修订内容】

增加在发明涉及算法特征或商业规则和方法特征时对权利要求的撰写要求，具体内容如下：

"包含算法特征或商业规则和方法特征的发明专利申请的权利要求应当以说明书为依据，清楚、简要地限定要求专利保护的范围。权利要求应当记载技术特征以及与技术特征功能上彼此相互支持、存在相互作用关系的算法特征或商业规则和方法特征。"

【修订说明】

对于包含算法特征或商业规则和方法特征的发明专利申请，首先，其同样要满足以说明书为依据、清楚和简要的要求。其次，如果方案中包括与技术特征在功能上彼此相互支持、存在相互作用关系的算法特征或商业规则和方法特征，那么除了将必要的技术特征写入权利要求之外，也应当将上述算法特征或商业规则和方法特征一并写入权利要求，即当算法特征或商业规则和方法特征与技术特征功能上彼此相互支持、存在相互作用关系，共同用于解决某一技术问题时，其与技术特征的地位是相同的，二者将作为整体共同被认定为技术手段。

第九章 关于化学领域发明专利申请审查的若干规定

修改后的《专利审查指南》调整和完善了第二部分第十章关于化学领域发明专利申请审查的若干规定，主要包括以下几个方面：关于补交的实验数据；组合物权利要求的性能或用途限定；化合物的新颖性及创造性；生物技术领域发明专利申请的审查，涉及人类胚胎干细胞及其制备方法的客体审查、生物材料的保藏、核苷酸或氨基酸序列表、单克隆抗体的权利要求撰写、生物技术领域发明的创造性。

其中，第3.5节包括国家知识产权局令第74号及国家知识产权局公告第391号的两次修改内容，第9.1.1节包括国家知识产权局公告第328号的修改内容，第4.2.3节、第5.1节、第6.1节、第9.2.1节、第9.3.1.7节、第9.4.2节包括国家知识产权局公告第391号的修改内容。

一、关于补交的实验数据（第3.5节）

本节是整合两次修改的内容形成的，为方便读者更好地学习和理解关于补交实验数据的审查标准，本部分按修改的时间顺序进行具体介绍。

【修订内容】

1. 2017年2月28日发布的国家知识产权局令第74号对有

关补交实验数据的内容进行修改。在《专利审查指南》第二部分第十章第3节中新增第3.5节，将第3.4节第（2）项"判断说明书是否充分公开，以原说明书和权利要求书记载的内容为准，申请日之后补交的实施例和实验数据不予考虑"移至第3.5节，并将其修改为"判断说明书是否充分公开，以原说明书和权利要求书记载的内容为准"，并且在第3.5节新增第二段："对于申请日之后补交的实验数据，审查员应当予以审查。补交实验数据所证明的技术效果应当是所属技术领域的技术人员能够从专利申请公开的内容中得到的。"

2.2020年12月11日发布的国家知识产权局公告第391号对有关补交实验数据的内容进行了再次修改。将第十章第3.5节进一步分为第3.5.1节和第3.5.2节。一方面，将原《专利审查指南》第3.5节的内容移至第3.5.1节，作为补交实验数据的一般"审查原则"，将"对于申请日之后补交的实验数据"修改为"对于申请日之后**申请人为满足专利法第二十二条第三款、第二十六条第三款等要求**补交的实验数据"。另一方面，增加第3.5.2节"药品专利申请的补交实验数据"，给出两个审查示例，分别涉及申请人为证明说明书充分公开和发明具备创造性而提交实验数据的情形。

本节最终修改后内容如下：

"3.5　关于补交的实验数据

"3.5.1　审查原则

"判断说明书是否充分公开，以原说明书和权利要求书记载的内容为准。

"对于申请日之后申请人为满足专利法第二十二条第三款、第二十六条第三款等要求补交的实验数据，审查员应当予以审查。补交实验数据所证明的技术效果应当是所属技术领域的技术人员能够从专利申请公开的内容中得到的。

"3.5.2 药品专利申请的补交实验数据

"按照本章第 3.5.1 节的审查原则,给出涉及药品专利申请的审查示例。"

(例1、例2在此不再引述,具体内容可参见修改后的《专利审查指南》第二部分第十章第3.5.2节)

【修订说明】

1. 对于国家知识产权局令第 74 号的修改内容,一方面,进一步明确了对于申请日后补交的实验数据审查员应当作为证据予以审查,澄清了有关补交实验数据不予审查的误解;另一方面,明确了补交实验数据的审查原则,即"能够得到"的审查标准。上述标准首先明确了补交实验数据是否"能够得到"的审查基础是原始申请文件公开的内容,同时,还要求补交实验数据所证明的技术效果必须在原始专利申请文件中有相应事实依据,这体现了先申请制的本质要求。

2. 对于国家知识产权局公告第 391 号的修改内容,一方面,在第 3.5.1 节新增的"专利法第二十二条第三款、第二十六条第三款"表述仅仅是举例说明,"能够得到"考虑的是待证事实与原始申请文件公开内容的关系问题,这一标准并不因个案具体适用的法律条款的不同而有所不同;另一方面,通过典型案例对药品专利申请的补交实验数据问题予以进一步规范。此次修改主要通过两个案例说明了药品专利申请补交实验数据是否"能够得到"的审查思路。即补交实验数据所证明的技术效果能否"得到",应当根据原始申请文件记载的所有内容,综合考虑权利要求的范围、发明的性质、申请文件公开的内容、现有技术的状况以及可预期性等因素，站位本领域技术人员进行判断。需要说明的是，新增的两个案例经过了一定的抽象和概括，而个案情况千差万别，应按照案例体现的审查思路，根据个案的情况站位本领域技术人员进行判断。

二、组合物权利要求的其他限定（第4.2.3节）

【修订内容】

修改后的《专利审查指南》将"如果在说明书中仅公开了组合物的一种性能或者用途，则应写成性能限定型或者用途限定型"中的"则应"修改为"**通常需要**"，将"在某些领域中，例如合金，通常应当写明发明合金所固有的性质和/或用途"中的"性质"修改为"**性能**"。

【修订说明】

修改后的《专利审查指南》将"则应"调整为"通常需要"，旨在明确对于在说明书中仅公开了组合物的一种性能或者用途的情形，权利要求是否需要进行性能限定或用途限定应结合具体情况具体分析，修改后的规定更符合实际情况和保护的需要。

三、关于化合物的新颖性（第5.1节）

【修订内容】

原《专利审查指南》在本节第（1）项规定：

"（1）专利申请要求保护一种化合物的，如果在一份对比文件里已经提到该化合物，即推定该化合物不具备新颖性，但申请人能提供证据证明在申请日之前无法获得该化合物的除外。这里所谓'提到'的含义是：明确定义或者说明了该化合物的化学名称、分子式（或结构式）、理化参数或制备方法（包括原料）。

"例如，如果一份对比文件中所公开的化合物的名称和分子式（或结构式）难以辨认或者不清楚，但该文件公开了与专利申请要求保护的化合物相同的理化参数或者鉴定化合物用的其他参数等，即推定该化合物不具备新颖性，但申请人能提供证据证明在申请日之前无法获得该化合物的除外。"

"如果一份对比文件中所公开的化合物的名称、分子式（或结构式）和理化参数不清楚，但该文件公开了与专利申请要求保护的化合物相同的制备方法，即推定该化合物不具备新颖性。"

修改后的《专利审查指南》将该部分内容修改为：

"（1）专利申请要求保护一种化合物的，如果在一份对比文件中记载了化合物的化学名称、分子式（或者结构式）等结构信息，使所属技术领域的技术人员认为要求保护的化合物已经被公开，则该化合物不具备新颖性，但申请人能提供证据证明在申请日之前无法获得该化合物的除外。

"如果依据一份对比文件中记载的结构信息不足以认定要求保护的化合物与对比文件公开的化合物之间的结构异同，但在结合该对比文件记载的其他信息，包括物理化学参数、制备方法和效果实验数据等进行综合考量后，所属技术领域的技术人员有理由推定二者实质相同，则要求保护的化合物不具备新颖性，除非申请人能提供证据证明结构确有差异。"

【修订说明】

此处修改针对对比文件记载不同信息的情形，明确认定化合物不具备新颖性的条件，厘清相关举证责任。

对于对比文件记载了化合物结构信息的情形，本次修改保留原《专利审查指南》第5.1节第（1）项第一段与结构信息有关的内容，包括化学名称、分子式（或结构式）等，明确可以认为化合物不具备新颖性的条件是：对比文件结构信息的披露程度达到"使所属技术领域的技术人员认为要求保护的化合物已经被公开"。本次修改同时保留了例外情形，即如果申请人提供的证据足以证明申请日之前无法获得该化合物，则不应继续认为该化合物不具备新颖性。

对于对比文件化合物结构信息的披露程度不足以区分结构异同的情形，本次修改将原《专利审查指南》第5.1节第（1）项第二段和第三段所述的物理化学参数和制备方法等考量因素合并，并增加"效果实验数据"作为考量因素，明确可以认为化合物不具备新颖性的条件是：应综合考量上述因素，考虑的结果要达到所属技术领域的技术人员有理由推定要求保护的化合物与对比文件的化合物实质相同的程度。修改后的《专利审查指南》采用"有理由推定二者实质相同"的表述，强调审查时应关注推定的合理性以及审查意见的说理充分。对于此类情形，修改后的《专利审查指南》还明确如果申请人提供的证据足以证明要求保护的化合物与对比文件的化合物结构确实存在差异，则不应继续认为该化合物不具备新颖性。

四、关于化合物的创造性（第6.1节）

修改后的《专利审查指南》遵循创造性的一般判断基准，结合化学领域特点，将原《专利审查指南》相关规定整合梳理为审查原则和审查示例两个部分。

(一) 化合物创造性的审查原则

【修订内容】

1. 原《专利审查指南》第 6.1 节第（1）项、第（2）项和第（4）项规定：

"（1）结构上与已知化合物不接近的、有新颖性的化合物，并有一定用途或者效果，审查员可以认为它有创造性而不必要求其具有预料不到的用途或者效果。

"（2）结构上与已知化合物接近的化合物，必须要有预料不到的用途或者效果，此预料不到的用途或者效果可以是与该已知化合物的已知用途不同的用途；或者是对已知化合物的某一已知效果有实质性的改进或提高；或者是在公知常识中没有明确的或不能由常识推论得到的用途或效果。

"（4）应当注意，不要简单地仅以结构接近为由否定一种化合物的创造性，还需要进一步说明它的用途或效果是可以预计的，或者说明本领域的技术人员在现有技术的基础上通过合乎逻辑的分析、推理或者有限的试验就能制造或使用此化合物。"

修改后的《专利审查指南》将上述第（1）项、第（2）项及第（4）项规定修改为下述第（1）项和第（2）项：

"（1）判断化合物发明的创造性，需要确定要求保护的化合物与最接近现有技术化合物之间的结构差异，并基于进行这种结构改造所获得的用途和/或效果确定发明实际解决的技术问题，在此基础上，判断现有技术整体上是否给出了通过这种结构改造以解决所述技术问题的技术启示。

"需要注意的是，如果所属技术领域的技术人员在现有技术的基础上仅仅通过合乎逻辑的分析、推理或者有限的试验就可以进行这种结构改造以解决所述技术问题，得到要求保护的化合物，则认为现有技术存在技术启示。

"（2）发明对最接近现有技术化合物进行的结构改造所带来的用途和/或效果可以是获得与已知化合物不同的用途，也可以是对已知化合物某方面效果的改进。在判断化合物创造性时，如果这种用途的改变和/或效果的改进是预料不到的，则反映了要求保护的化合物是非显而易见的，应当认可其创造性。"

2. 将原第 6.1 节第（5）项的内容前移作为该节第（3）项，并将该段开头的"若一项技术方案的效果"修改为"**需要说明的是，判断化合物发明的创造性时，如果要求保护的技术方案的效果**"，修改后的第 6.1 节第（3）项规定："（3）**需要说明的是，判断化合物发明的创造性时，如果要求保护的技术方案的效果**是已知的必然趋势所导致的，则该技术方案没有创造性。例如，现有技术的一种杀虫剂 A – R，其中 R 为 C_{1-3} 的烷基，并且已经指出杀虫效果随着烷基 C 原子数的增加而提高。如果某一申请的杀虫剂是 A – C_4H_9，杀虫效果比现有技术的杀虫效果有明显提高。由于现有技术中指出了提高杀虫效果的必然趋势，因此该申请不具备创造性。"

【修订说明】

为了避免在化合物创造性的审查中仅仅关注化合物是否取得了预料不到的技术效果，忽视对化合物本身是否非显而易见的审查，修改后的《专利审查指南》进一步明确化合物创造性的审查标准。

其一，进一步明确"三步法"在化合物创造性判断中的适用。

《专利审查指南》第二部分第四章第 3.2.1.1 节规定了通常

应按照"三步法"判断要求保护的发明是否具备突出的实质性特点。修改后的第二部分第十章第 6.1 节的第一段按照"三步法"要求理顺化合物创造性的判断思路,旨在引导审查员在进行化合物创造性判断时,首先需要理解发明、了解现有技术、把握结构改造与用途和/或效果之间的关系,确定发明实际解决的技术问题,在站位所属技术领域的技术人员的基础上,再去判断现有技术是否存在相应的技术启示,进而得出创造性审查结论。

本次修改还明确了如果所属技术领域的技术人员在现有技术的基础上仅仅通过合乎逻辑的分析、推理或者有限的试验就可以进行结构改造以解决所述技术问题,得到要求保护的化合物,则认为现有技术存在技术启示。修改后的内容符合《专利审查指南》第二部分第四章有关创造性的一般规定。

其二,明确"预料不到的技术效果"在化合物创造性判断中的作用。

修改后的《专利审查指南》保留了对于"预料不到的技术效果"的解释,在判断化合物创造性时,如果用途的改变和/或效果的改进是预料不到的,则反映了要求保护的化合物是非显而易见的。修改后的内容突出了"预料不到的技术效果"与"三步法"之间的内在逻辑联系,预料不到的技术效果是作为创造性判断的辅助因素。

(二)化合物创造性的审查示例

【修订内容】

将原《专利审查指南》第 6.1 节第(3)项第一段"(3)两种化合物结构上是否接近,与所在的领域有关,审查员应当对不同的领域采用不同的判断标准。以下仅举几个例子"修改为"(4)创造性判断示例"。改写【例1】至【例3】，示例中现有技术和申请的化合物结构保留不变，仅对示例的文字内容进行修改，并新增【例4】和【例5】。

【修订说明】

修改后的《专利审查指南》修改原有化合物创造性判断示例并补充新的示例，通过五个案例说明化合物创造性判断思路，侧重"三步法"的评判逻辑在化合物创造性审查中的适用，强调对于结构改造与用途和/或效果的关系把握，是正确判断现有技术有无技术启示的前提和基础。

【例1】至【例3】在《专利审查指南》原有案例基础上改写，与"三步法"的思路保持一致。新增【例4】与【例3】形成对照，两个案例均涉及采用经典电子等排体置换的结构改造，但二者创造性判断结论相反，旨在说明在化合物创造性判断中正确把握结构改造与发明用途和/或效果之间的关系，是得出正确审查结论的前提。需要说明的是，【例4】分析部分记载了"(IVb)的癌细胞生长抑制活性比(IVa)提高约40倍，(IVb)相对于(IVa)取得了预料不到的技术效果"，其中所述的"提高约40倍"并非技术效果是否"预料不到"的普适的或者可参照的判断标准；是否属于预料不到的技术效果需要综合考虑具体技术领域、发明实际解决的技术问题和现有技术状况等多方面因素个案判断。新增【例5】涉及通式化合物及其中的具体化合物的创造性判断过程。该案例说明了如果权利要求保护范围不同，例如，涉及通式化合物和通式化合物中某个具体化合物，则其相对于最接近现有技术的结构差异不同，进行结构改造所获得的用途和/或效果可能不同，进而可能得出不同的创造性判断结论。

五、生物技术领域发明专利申请的审查(第9节)

(一)依据专利法第五条对要求保护的客体的审查(第9.1.1节)

【修订内容】

删除原第9.1.1.1节"人类胚胎干细胞及其制备方法,均属于专利法第五条第一款规定的不能被授予专利权的发明"。

将第9.1.1.2节修改为第9.1.1.1节,并在段尾增加一句话,修改后第9.1.1.1节内容如下:

"9.1.1.1 处于各形成和发育阶段的人体

"处于各个形成和发育阶段的人体,包括人的生殖细胞、受精卵、胚胎及个体,均属于专利法第五条第一款规定的不能被授予专利权的发明。**人类胚胎干细胞不属于处于各个形成和发育阶段的人体**。"

将第9.1.1.3节修改为第9.1.1.2节。

【修订说明】

根据国家知识产权局公告第328号对《专利审查指南》第二部分第一章第3.1.2节的修改,不再对"利用未经过体内发育的受精14天以内的人类胚胎分离或者获取干细胞的"发明创造以专利法第五条为由完全排除。为适应上述修改,修改后的《专利审查指南》删除了"人类胚胎干细胞及其制备方法,均属于专利法第五条第一款规定的不能被授予专利权的发明",并增加了"人类胚胎干细胞不属于处于各个形成和发育阶段的人体"。进一步强调和澄清上述客体审查标准,目前胚胎干细胞没有其他胚外组织支持也不能独立发育成个体。具体也可参见对《专利审查指南》第二部分第一章第3.1.2节相关内容的修订说明。

（二）生物材料的保藏（第9.2.1节）

【修订内容】

在第9.2.1节第（4）项关于国家知识产权局认可的保藏单位中增加"**位于广州的广东省微生物菌种保藏中心（GDMCC）**"。

【修订说明】

2015年国家知识产权局发布《关于委托广东省微生物菌种保藏中心作为用于专利程序的生物材料保藏单位的公告》（国家知识产权局公告第218号），委托广东省微生物菌种保藏中心作为用于专利程序的生物材料保藏单位，承担用于专利程序的生物材料保藏以及向有权获得样品的单位或者个人提供所保藏的生物材料样品的工作，因此，第9.2.1节第（4）项内容进行了适应性修改。

（三）核苷酸或者氨基酸序列表（第9.2.3节）

【修订内容】

1. 对于第9.2.3节第（1）项，当发明涉及由10个或更多核苷酸组成的核苷酸序列，或由4个或更多L-氨基酸组成的蛋白质或肽的氨基酸序列时，将原《专利审查指南》规定的"应当递交根据国家知识产权局发布的《核苷酸和/或氨基酸序列表和序列表电子文件标准》撰写的序列表"修改为"**应当递交符合国家知识产权局规定的序列表电子文件**"。

2. 将第9.2.3节第（2）项第一段的第一句和第二句"序列表应作为单独部分来描述并置于说明书的最后。此外申请人还应当提交记载有核苷酸或氨基酸序列表的计算机可读形式的副本"修改为"序列表应作为说明书的一个单独部分"。其余部分未作修改，修改后的第（2）项规定为：

"（2）**序列表应作为说明书的一个单独部分**。有关序列表的提交参见第一部分第一章第4.2节。

"如果申请人提交的计算机可读形式的核苷酸或者氨基酸序列表与说明书和权利要求书中书面记载的序列表不一致，则以书面提交的序列表为准。"

【修订说明】

1.《关于调整核苷酸或氨基酸序列表电子文件标准的公告》（国家知识产权局公告第485号）对序列表电子文件标准提出了新的要求。为便于《专利审查指南》规定能够动态适应序列表标准的调整，将第（1）项中的具体标准名称调整为较为上位的规定，申请人可以在国家知识产权局网站上查阅相关的具体规定。

2. 参见对《专利审查指南》第一部分第一章第4.2节的修订说明，修改后的《专利审查指南》对电子申请不再要求提交序列表计算机可读形式副本，为适应对序列表提交要求的简化，本节第（2）项第一段做相应修改。

本节第（2）项第二段的规定未作修改，其适用对象仅针对纸件申请。一方面，该内容是针对纸件申请的申请文件中的序列表与序列表计算机可读形式副本不一致时，申请文件的法律效力的规定，即以书面提交序列表为准。另一方面，对于电子申请，修改后的《专利审查指南》第一部分第一章第4.2节规定仅需要提交一份符合规定的计算机可读形式序列表作为说明书的一个单独部分，因此，不存在两者不一致问题。

（四）针对单克隆抗体的权利要求的审查（第9.3.1.7节）

【修订内容】

在单克隆抗体权利要求的撰写中增加了使用结构特征限定

的情形及示例。具体为将"针对单克隆抗体的权利要求可以用产生它的杂交瘤来限定"修改为"针对单克隆抗体的权利要求**可以用结构特征限定,也可以用产生它的杂交瘤来限定**"。并增加示例:"(1) **抗原 A 的单克隆抗体,其包含氨基酸序列如** SEQ ID NO:1-3 **所示的** VHCDR1、VHCDR2 和 VHCDR3,和**氨基酸序列如** SEQ ID NO:4-6 **所示的** VLCDR1、VLCDR2 和 VLCDR3。"

【修订说明】

随着单克隆抗体测序技术的成熟和普及,获得单克隆抗体的结构信息变得更加容易,当前实践中,申请人主要通过序列结构表征单克隆抗体的权利要求。为适应技术发展,在"杂交瘤限定"方式之前增加"结构特征限定"的表征方式,规定针对单克隆抗体的权利要求可以用结构特征限定,也可以用产生它的杂交瘤来限定,并通过举例进行说明。

(五)生物技术领域发明的创造性(第9.4.2节)

遵循创造性的一般判断基准,结合生物技术领域的特点,第9.4.2节进一步明确了生物技术领域发明创造性的审查思路,同时为适应科技发展,回应产业诉求,增加了多肽和蛋白质等主题的审查标准,服务创新发展。

1. 生物技术领域发明的创造性的审查原则(第9.4.2节)

【修订内容】

在本节开头部分增加如下规定:

"生物技术领域发明创造性的判断,同样要判断发明是否具备突出的实质性特点和显著的进步。判断过程中,需要根据不同保护主题的具体限定内容,确定发明与最接近的现有技术的区别特征,然后基于该区别特征在发明中所能达到的技术效果确定发明实际解决的技术问题,再判断现有技术整体上是否给出了技术启示,基于此得出发明相对于现有技术是否显而易见。

"生物技术领域的发明创造涉及生物大分子、细胞、微生物个体等不同水平的保护主题。在表征这些保护主题的方式中,除结构与组成等常见方式以外,还包括生物材料保藏号等特殊方式。创造性判断需要考虑发明与现有技术的结构差异、亲缘关系远近和技术效果的可预期性等。

"以下,示出本领域不同保护主题创造性判断中的一些具体情形。"

【修订说明】

明确生物技术领域发明创造性判断的总体原则,突出"三步法"在生物技术领域创造性评判中的适用。同时,基于生物技术领域的特点,包括保护主题多样性、表征方式特殊性等,明确了生物技术领域创造性判断中通常需要考虑的因素,充分地体现技术领域特色与整体判断思路的融合。

2. 涉及遗传工程的发明的创造性判断(第 9.4.2.1 节)

【修订内容】

增加"(2)多肽或者蛋白质"的规定,适应性调整其他项的序号,对相关内容进行完善,依次为:

(1)在"(1)基因"部分,首先,增加了结构基因具备创造性的情形并作为第一段。具体如下:

"如果某结构基因编码的蛋白质与已知的蛋白质相比,具有不同的氨基酸序列,并具有不同类型的或者改善的性能,而且现有技术没有给出该序列差异带来上述性能变化的技术启示,则编码该蛋白质的基因发明具有创造性。"

其次，将原《专利审查指南》中不具备创造性的两种情形进行简化合并。修改后的《专利审查指南》规定：

"如果某蛋白质的氨基酸序列是已知的，则编码该蛋白质的基因的发明不具有创造性。如果某蛋白质已知而其氨基酸序列是未知的，那么只要本领域技术人员在该申请提交时可以容易地确定其氨基酸序列，编码该蛋白质的基因发明就不具有创造性。但是，上述两种情形下，如果该基因具有特定的碱基序列，而且与其他编码所述蛋白质的、具有不同碱基序列的基因相比，具有本领域技术人员预料不到的技术效果，则该基因的发明具有创造性。"

（2）增加新的一类，即"（2）多肽或者蛋白质"，对具备创造性的情形进行说明。具体如下：

"如果发明要求保护的多肽或者蛋白质与已知的多肽或者蛋白质在氨基酸序列上存在区别，并具有不同类型的或者改善的性能，而且现有技术没有给出该序列差异带来上述性能变化的技术启示，则该多肽或者蛋白质的发明具有创造性。"

（3）将"（2）重组载体"中的序号适应性调整为"（3）"，并增加了具有创造性的情形。具体如下：

"如果发明针对已知载体和/或插入基因的结构改造实现了重组载体性能的改善，而且现有技术没有给出利用上述结构改造以改善性能的技术启示，则该重组载体的发明具有创造性。"

（4）将"（3）转化体"中的序号适应性调整为"（4）"，并增加了具有创造性的情形。具体如下：

"如果发明针对已知宿主和/或插入基因的结构改造实现了转化体性能的改善，而且现有技术没有给出利用上述结构改造以改善性能的技术启示，则该转化体的发明具有创造性。"

(5) 将"(5) 单克隆抗体"中的序号适应性调整为"(6)",新增具有创造性的情形。具体如下:

"如果抗原是已知的,采用结构特征表征的该抗原的单克隆抗体与已知单克隆抗体在决定功能和用途的关键序列上明显不同,且现有技术没有给出获得上述序列的单克隆抗体的技术启示,且该单克隆抗体能够产生有益的技术效果,则该单克隆抗体的发明具有创造性。"

将原《专利审查指南》规定的"该抗原的单克隆抗体的发明不具有创造性"修改为"仅用该抗原限定的单克隆抗体的发明不具有创造性",并将"如果该发明进一步由其他特征等限定"修改为"如果该发明进一步由分泌该抗原的单克隆抗体的杂交瘤限定"。修改后的《专利审查指南》规定:

"如果抗原是已知的,并且很清楚该抗原具有免疫原性(例如由该抗原的多克隆抗体是已知的或者该抗原是大分子多肽就能得知该抗原明显具有免疫原性),那么**仅用该抗原限定**的单克隆抗体的发明不具有创造性。但是,如果该发明进一步由**分泌该抗原的单克隆抗体的杂交瘤**限定,并因此使其产生了预料不到的技术效果,则该单克隆抗体的发明具有创造性。"

【修订说明】

其一,完善"基因""重组载体""转化体""单克隆抗体"中具体情形的创造性评判标准。

对上述主题增加具备创造性的情形。具体而言,在"基因"主题中,增加结构基因具备创造性的情形;在"重组载体"主题中,增加针对已知载体和/或插入基因的结构改造获得的重组载体具备创造性的情形;在"转化体"主题中,增加针对已知宿主和/或插入基因的结构改造获得的转化体具备创造性的情形；在"单克隆抗体"主题中，增加以结构特征限定的单克隆抗体具备创造性的情形。修改后增加的内容体现了"三步法"在上述生物技术领域典型保护主题的创造性判断中的适用方式，同时也与该节前言部分生物技术领域发明创造性判断总体思路相呼应。

在"基因""单克隆抗体"主题中进一步明确具体情形的创造性判断规定。具体而言，对于"基因"主题，原《专利审查指南》规定的"某蛋白质的氨基酸序列是已知的"和"某蛋白质已知而其氨基酸序列是未知的"两类情形中，具备创造性的规定的表述完全一致，且这两类情形存在逻辑上的联系，因此本次修改将其合并表述。对于"单克隆抗体"主题，本次修改还强调了以结构特征限定的单克隆抗体的创造性判断中，需要重点关注决定功能和用途的关键序列结构的结构差异。同时，针对已知抗原限定的单克隆抗体以及采用杂交瘤表征的单克隆抗体的相关规定做了澄清性修改，明确"预料不到的技术效果"作为创造性辅助考虑因素在此类发明创造性评判中的适用情形。

其二，新增"多肽或者蛋白质"主题，并规定了具体情形的创造性评判标准。

在实践中，越来越多的申请涉及多肽或者蛋白质，而且，多肽或者蛋白质具有其自身技术特点。修改后的《专利审查指南》新增"多肽或者蛋白质"主题，规定了多肽或者蛋白质创造性判断的一般标准，给出具备创造性的情形，体现"三步法"在多肽或者蛋白质创造性判断中的适用方式。

第十章 关于中药领域发明专利申请审查的若干规定

中药领域发明专利申请的审查具有较强的领域特点，为进一步加强对中医药创新的引导和保护，促进中医药科学技术传承精华和守正创新，加速中医药振兴发展，本次修改在《专利审查指南》第二部分中新增第十一章"关于中药领域发明专利申请审查的若干规定"，共包括六节，涉及众多示例，用以说明中药专利审查标准和审查思路。本章全部为新增内容，现对本章逐节介绍，由于篇幅所限，所有示例不再引述。

一、关于引言（第1节）

【修订内容】

本节内容为："中医药学是具有独特理论和技术方法的体系。该领域发明专利申请的审查涉及一些特殊问题，例如，中药的创新是以中医药理论为指导；中药所防治的疾病可以用中医的病或证表述，也可以用西医的病表述，二者不完全对应；中药材品种多、名称复杂；中药产品的有效成分难以明确，通常借助中药原料加以表征等。本章旨在根据专利法及其实施细则的规定，在符合本指南一般性规定的前提下，对涉及中药领域发明专利申请审查的特殊情形作出具体规定。"

【修订说明】

本节旨在简要说明中药领域的发明特点，以及本章内容的撰写目的和原则。

二、关于中药发明专利保护的客体（第 2 节）

【修订内容】

本节包括第 2.1 节"可授予专利权的申请"和第 2.2 节"不可授予专利权的申请"。

第 2.1 节"可授予专利权的申请"先介绍了 5 类属于中药发明专利保护客体的产品，具体包括："（1）**经过产地加工得到的中药材**；（2）**经过炮制加工得到的中药饮片**；（3）**中药组合物，也称中药组方或者中药复方**；（4）**中药提取物**；（5）**中药制剂**。"然后介绍了 4 类属于中药发明专利保护客体的方法，具体包括："（1）**中药材的栽培或者产地加工方法**；（2）**中药饮片的炮制方法**；（3）**中药组合物、中药提取物、中药制剂等产品的制备方法或者检测方法**；（4）**中药产品的制药用途**。"

第 2.2 节"不可授予专利权的申请"的新增内容如下：

"利用禁止入药的毒性中药材完成的发明，因会危害公众健康，妨害公共利益，违反专利法第五条第一款的规定，因此，不能被授予专利权。例如，关木通、广防己、青木香，因具有严重的毒副作用而被禁止入药，故包含该中药材的发明不能被授予专利权。但是，经过炮制或配伍之后，如果有证据证明含该中药材的发明符合用药安全的，则可以被授予专利权。

"人们从自然界找到以天然形态存在的物质，仅仅是一种发现，属于专利法第二十五条第一款第（一）项规定的'科学发现'，不能被授予专利权。但是，利用上述天然物质制成的中药材或中药饮片及其制备方法和制药用途，例如，一种经过炮制加工得到的野芙蓉中药材，不属于科学发现。

"中医药理论，例如中医阴阳五行学说、藏象学说，是对自然现象及变化过程的归纳和总结，属于专利法第二十五条第一款第（一）项规定的'科学发现'，不能被授予专利权。

"中医药记忆方法，例如汤头口诀或歌诀，属于专利法第二十五条第一款第（二）项规定的智力活动的规则和方法，不能被授予专利权。

"中医的诊断方法，例如望、闻、问、切，属于专利法第二十五条第一款第（三）项规定的疾病的诊断方法，不能被授予专利权。

"中医的治疗方法，例如以治疗为目的的艾灸、拔罐、贴敷等方法，以及本部分第一章第4.3.2.1节第（2）项中列举的情形，均属于专利法第二十五条第一款第（三）项规定的疾病的治疗方法，不能被授予专利权。"

【修订说明】

中药发明专利申请保护的客体，与其他药物领域相同，包括产品和方法两大类，但具体情形比较复杂，涉及某些具有领域特点的不能被授予专利权的特殊情形。故新增本节内容对中药发明专利申请保护的客体予以分类明示，一方面以列举方式明确了中药领域可授予专利权的客体，另一方面也指明了不能被授予专利权的一些情形，例如，利用禁止入药的毒性中药材的发明、从自然界找到以天然形态存在的物质、中医药理论、中医药记忆方法、中医诊断和治疗方法。

三、关于说明书和权利要求书(第3节)

【修订内容】

本节包括第3.1节"说明书的充分公开"及第3.2节"权利要求书的清楚和支持"。

第3.1节"说明书的充分公开"包括三个小节,第3.1.1节"中药材名称"的新增内容如下:

"中药材的名称存在正名、异名、别名和俗称等形式,对于涉及中药材的发明,说明书中一般应当记载中药材正名。中药材名称的记载,应使本领域的技术人员能够确认该中药材,以满足充分公开的要求。

"如果说明书中的中药材名称在现有技术中没有明确记载,则应当在说明书中记载足以使得本领域的技术人员能够确认该中药材的相关信息,如植物基原、拉丁名、药用部位、性味归经、功效等。

"如果说明书记载的中药材别名对应多种正名,则应结合说明书和现有技术中有关中药材的植物基原、拉丁名、药用部位、性味归经和功效等信息,综合判断该别名是否指代明确,如果指代不明确导致本领域的技术人员无法确认,则说明书公开不充分。"

本小节还给出了两个示例进行说明。

第3.1.2节"中药组合物的组成及用量配比"的内容如下:

"对于中药组合物发明,说明书中不仅应当记载该中药组合物的中药原料组成,还应当记载各中药原料的用量配比关系。中药原料的用量可以采用重量份、重量比例、重量百分比等进行表述。

"由于中药原料的用量配比关系决定了组合物的组方结构和主次作用，对组合物的疗效有直接影响，因此，如果说明书中没有记载组合物中各中药原料的用量配比关系，或者该用量配比关系的记载不清楚，则会使本领域的技术人员无法实现其发明，导致说明书公开不充分。"

第 3.1.3 节"中药组合物的医药用途"的内容如下：

"对于新的中药组合物，说明书中应当记载其具体的医药用途。当本领域的技术人员根据现有技术无法预测发明能够实现所述医药用途时，说明书还应当记载证明发明的技术方案可以解决预期要解决的技术问题或者达到预期的技术效果的实验数据，所述实验数据可以是实验室实验（包括动物实验）数据，或者临床治疗效果数据（包括临床医案或临床病例）。

"对于中药组合物用于治疗中医的病或证的，如果本领域的技术人员根据现有技术公开的病或证的治法治则、各药味的功效或作用等信息不能预测发明的中药组合物具有治疗所述病或证的作用，则应当在说明书中给出证明发明能够治疗所述中医的病或证的实验数据，以使本领域的技术人员能够确信其技术效果。

"需要注意的是，如果本领域的技术人员能够预测该中药组合物具有治疗所述病或证的作用，则即使说明书没有给出相关的实验数据，也不应据此认为说明书公开不充分。"

本小节还给出了一个示例进行说明。

第 3.2 节"权利要求书的清楚和支持"包括第 3.2.1 节"中药组合物权利要求的表达方式"及第 3.2.2 节"中药组合物权利要求的概括"。

第 3.2.1 节"中药组合物权利要求的表达方式"的内容为：

"中药组合物权利要求的表达方式适用本部分第十章第4.2.1节的规定,此外,'由……制成'是中药组合物发明以制备方法限定产品权利要求的常见表达方式,表示该中药组合物由所指出的组分作为中药原料制备而成。"

第3.2.2节"中药组合物权利要求的概括"的内容为:"对于中药组合物来说,权利要求中限定的各中药原料的用量配比应以说明书为依据,如果权利要求概括的各中药原料的用量配比范围包含了与说明书公开的药味配伍关系实质不同的技术方案,导致本领域的技术人员根据说明书公开的内容不能预测权利要求的概括均能解决发明所要解决的技术问题并达到相同的技术效果,则权利要求得不到说明书的支持。"本节还给出了1个示例进行说明。

【修订说明】

中药发明具有其领域特点,例如,中药材的名称通常存在正异名等多种表达形式;对于中药组合物发明,中药原料的用量配比关系是决定组合物组方结构和作用的重要因素;中药领域评价临床疗效的实验数据比较复杂。这些也是影响说明书充分公开的关键因素。基于中药领域发明的上述特点,本节包括第3.1节"说明书的充分公开"及第3.2节"权利要求书的清楚和支持",明确了说明书的公开充分、权利要求的清楚和支持的审查原则以及实验数据的要求等,同时也为申请文件提供了清晰的撰写指引,有利于创新主体提高其申请文件的撰写质量。

在第3.1节"说明书的充分公开"中,第3.1.1节"中药材名称",用以规范和引导中药材名称的撰写;第3.1.2节"中药组合物的组成及用量配比",用以规范药味组成及其用量配比的撰写；第 3.1.3 节"中药组合物的医药用途"，充分考量了中药领域的特点和研发规律，明确了证实发明技术效果的实验数据可以是实验室实验（包括动物实验）数据，也可以是临床效果数据，其中临床效果数据包括临床医案或临床病例，并对以中医病和证限定医药用途时的实验数据要求予以规范。在第 3.2 节"权利要求书的清楚和支持"中，明确"由……制成"是中药组合物发明以制备方法限定产品权利要求的常见表达方式，并且结合案例对于权利要求的组分用量配比范围应以说明书为依据作出说明。

四、关于新颖性（第 4 节）

【修订内容】

本节包括第 4.1 节"中药组合物的组分用量配比"及第 4.2 节"中药制药用途涉及的病与证"。

第 4.1 节"中药组合物的组分用量配比"的内容为："**对于涉及中药组合物组分用量配比的新颖性判断，当对比文件为中医古方时，由于历代度量衡多有变化，需要注意古方中用量单位的换算。**"本节还给出了一个示例进行说明。

第 4.2 节"中药制药用途涉及的病与证"的主要内容包括：

"**辨证论治是中医治疗疾病的基本原则。通常，同一疾病在不同的发展阶段，可以出现不同的证候分型即证型，而同一证型可以发生在不同的疾病中。在中药产品的制药用途新颖性的判断中，应当注意中医的病与证，以及其与西医的病或药物作用机理之间的关系，考量其是否相同。**

"（1）发明涉及某中药的制药用途，其中所治疗的疾病以中医的病进行限定,而对比文件公开了该中药能够治疗某种证型的该疾病。以证型限定的中医疾病通常属于该疾病的一种类型,落在该疾病的范围内,因此,对比文件破坏发明的新颖性。

"(2)发明涉及某中药的制药用途,其中所治疗的疾病以西医病名进行表述,而对比文件公开了该中药能够治疗一种以中医的病或证表述的相关疾病。中医与西医的理论体系不同,中医的病或证与西医的病并不完全相对应。中医病名与西医病名即使相同,其所表述的实质疾病也不必然相同。因此,只有对比文件与发明所涉及的疾病相同或实质相同,才破坏发明的新颖性。

"(3)发明涉及某中药的制药用途,其中所治疗的疾病以中医的病进行限定;而对比文件公开了该中药以及该中药的药物作用机理。如果对比文件的药物作用机理针对的疾病与发明所涉及的中医的病相同或实质相同,则对比文件破坏发明的新颖性。"

本节第(1)项、第(2)项及第(3)项中还分别给出了一个示例进行说明。

【修订说明】

新增第4节,即第4.1节"中药组合物的组分用量配比"及第4.2节"中药制药用途涉及的病与证",明确了在发明涉及古代度量衡、中医的病或证时,新颖性审查的原则和标准。

根据第4.1节的规定,中药领域发明的审查过程中,常会涉及对比文件为中医古方的情形。对于涉及组分用量配比的中药组合物新颖性判断,需要注意由于历代度量衡变化所导致的古代药物用量单位与现代药物用量单位之间的差异以及相应用量单位的换算。

根据第 4.2 节的规定，中药所防治的疾病既可以用中医的病或证表述，也可以用西医的病或药物作用机理表述，由于中医与西医属于不同的理论体系，二者并不完全对应，并且同一疾病在不同的发展阶段可以出现不同的证型，而同一证型也可以发生在不同的疾病中。在中药制药用途发明的新颖性判断中，应当注意中医的病与证，及其与西医的病或药物作用机理之间的关系，考量其是否相同或实质相同。

五、关于创造性（第 5 节）

【修订内容】

本节包括第 5.1 节"中药组合物"，第 5.1 节包括第 5.1.1 节"加减方发明"及第 5.1.2 节"自组方发明"。

第 5.1 节的内容为：

"中药组合物是以中医药理论为指导形成的，通常具有一定的组方结构，各中药原料或药味之间存在主次关系例如君臣佐使，在功能上相互关联、相互配伍而发挥作用。

"中药组合物发明，包括加减方发明和自组方发明，其中加减方包括中药原料变更的组方和合方。在进行中药组合物发明的创造性判断时需要注意以下几点：

"（1）在确定最接近的现有技术时，需要考量发明与现有技术中组合物的'理、法、方、药'，并从发明实质出发，分析组方结构，选择所属技术领域、所要解决的技术问题、技术效果或用途最接近，和/或起主要作用的中药原料（简称主要药味、主药或君药）相同或相近的现有技术。

"（2）在确定区别特征时，通常可以将区别药味按其在组方中发挥作用的主次地位进行分层，例如针对主病或主证的为主要药味,治疗兼证或次要症状的为次要药味。如果发明的组方结构不明晰,或者同一层级的中药原料较多,可将它们按功效或作用进行分类。

"(3)判断要求保护的发明是否显而易见时,需要站位本领域技术人员,以最接近的现有技术和发明实际解决的技术问题为出发点,从整体上判断现有技术中是否存在该区别特征以及将该区别特征用于最接近的现有技术解决该技术问题的技术启示。

"常见的技术启示可来源于:最接近的现有技术的其他部分、教科书、工具书或综述性文献等现有技术中所公开的相关技术信息,例如药味的加减信息,药味的功效、用量用法和药理作用,以及发明所述疾病的病因病机、治法治则、常见病程变化和兼证等信息。"

1. 关于第5.1.1节"加减方发明"

第5.1.1节"加减方发明"的内容为:"**加减方发明,包括中药原料变更的组方发明和合方发明。**"第5.1.1节包括第5.1.1.1节"中药原料变更的组方发明"及第5.1.1.2节"合方发明"。

(1)关于第5.1.1.1节"中药原料变更的组方发明"。

第5.1.1.1节"中药原料变更的组方发明"的主要内容为:

"中药原料变更的组方发明,是指发明以现有技术某一已知方为基础方,在不改变已知方主要药味的基础上,对次要药味和/或其药量进行调整而形成的组方发明,包括药味的增减、药味的替换和药量的加减等。

"对于中药原料变更的组方发明,尽管现有技术中已经公开了与其主证和主药相同或相似的基础方,但如果现有技术没有给出将药味或药量变化等区别特征应用到基础方中以解决其存在的技术问题的技术启示,且发明产生了有益的技术效果,则发明具备创造性。反之,发明不具备创造性。

"(1)药味增减的发明

"如果现有技术不存在对已知方进行药味增减以解决发明实际解决的技术问题的技术启示,且发明产生了有益的技术效果,则发明具备创造性。反之,发明不具备创造性。

"(2)药味替换的发明

"如果发明的药味替换属于现有技术已知的相同功效的药味替代,且没有产生预料不到的技术效果,则发明不具备创造性。

"(3)药量加减的发明

"如果发明的药量加减属于不改变基础方的组方结构即主药不变的常规药量加减,与基础方相比,发明没有取得预料不到的技术效果,则发明不具备创造性。"

第5.1.1.1节中,在第(1)项中给出了2个示例进行说明,在第(2)项、第(3)项中分别给出了1个示例进行说明。

(2)关于第5.1.1.2节"合方发明"。

第5.1.1.2节"合方发明"的主要内容包括:

"合方发明,是指将两个及以上的已知方合并使用或合方化裁而形成的组方发明。

"判断合方发明的创造性,通常需要考虑现有技术中是否存在组合的技术启示、组合的难易程度以及组合后的技术效果。

"如果现有技术没有给出合方组合以解决发明实际解决的

技术问题的技术启示，且发明产生了有益的技术效果，则发明具备创造性。"

第 5.1.1.2 节还给出了 2 个示例进行说明。

2. 关于第 5.1.2 节 "自组方发明"

第 5.1.2 节 "自组方发明" 的内容为：

"自组方发明，是指未以已知方为基础，而是依据中医药理论和用药经验进行直接遣药组方或者改变了已知方的主要药味形成的组方发明。

"对于自组方发明，由于没有以已知方为基础，故说明书需要记载发明的组方原则、组方结构或方解以及足以证明其技术效果的实验数据，以体现发明对现有技术作出的贡献。

"在判断自组方发明的创造性时，通常需要在对组方原则和组方结构或方解进行分析的基础上，考量现有技术中是否存在将组方中各药味进行配伍以解决发明存在的技术问题的技术启示。如果无法从现有技术中得到这种技术启示，且发明产生了有益的技术效果，则发明具备创造性。否则，发明不具备创造性。"

第 5.1.2 节还给出了 1 个示例进行说明。

【修订说明】

中药领域的发明创新有其自身的特点，尤其是中药组合物发明通常是在中医药理论指导下、以已知方为基础的改进和创新，对其创造性的判断是审查中的一个难点。基于此，中药领域发明的创造性判断应该充分考虑中药领域的特点和中药发明创新的研发规律，从本领域技术人员的角度出发，对发明的创造性进行客观判断。新增本节旨在遵循中药的研发规律和特点，对中药发明的创造性审查标准予以规范，以加强对中药创新成果的有效保护，促进中药产业高质量创新发展。

本节针对中药领域发明中占比最大、最能体现中药发明特点的中药组合物发明的创造性审查，给出了审查原则和方法，并结合正反案例诠释了"加减方发明"和"自组方发明"两类组合物发明创造性的审查标准。其中强调审查过程要充分考虑发明和现有技术的技术方案的"理、法、方、药"，从发明实质出发，分析组方结构，准确确定最接近的现有技术；确定区别特征时，可以按照其在组方中发挥作用的主次地位进行分层，或者按其功效或作用进行分类，根据区别特征在要求保护的发明中所能达到的技术效果，客观确定发明实际解决的技术问题，进而分析现有技术整体上是否给出将所述区别特征应用到该最接近的现有技术以解决该技术问题的技术启示。该审查标准在遵循"三步法"的前提下，更突出要求站位本领域技术人员，结合本领域发明的特点和研发规律，对创造性进行合理分析和客观评判。

六、关于实用性（第6节）

【修订内容】

第6节包括第6.1节"医生处方"和第6.2节"从动物体获取中药原料的方法"。

第6.1节指明"**医生处方适用第二部分第十章第7.2节的规定**"。

第6.2节的内容为："从动物体获取中药原料的方法属于第二部分第五章第3.2.4节中的动物体的非治疗目的的外科手术方法，无法在产业上使用，因此不具备实用性。例如，从活牛身体中摘取牛黄的方法，从活熊身体中获取熊胆汁的方法。"

【修订说明】

涉及医生处方以及采用外科手术方法从动物体获取中药原料的方法的发明是中药领域具有领域特点的发明。对于这些发明,需要在审查中注意实用性的问题。

本节新增内容通过将上述类型发明作为实用性审查时的关注点,对实用性的审查标准予以明确和规范。

第三部分

进入国家阶段的国际申请的审查

第一章　进入国家阶段的国际申请的初步审查和事务处理

为了适应专利法实施细则的修改,与国际规则有效协调和衔接,在《专利审查指南》第三部分第一章中对进入国家阶段的国际申请的初步审查规则进行了调整和完善,主要包括进入国家阶段手续及申请文件的审查、优先权的审查、援引加入的审查、著录项目变更的审查以及国家公布等方面。

一、关于国际申请进入国家阶段手续的审查(第2节)

(一)一般性说明(第2节)

【修订内容】

在第一段第一句"国际申请希望在中国获得专利保护的,申请人应当在专利法实施细则第一百二十条规定的期限内办理进入国家阶段手续"后增加了"**该期限应当按照世界知识产权组织国际局(以下简称国际局)记录的最早优先权日起算**"。同时,删除了第三段:"因中国对专利合作条约及其实施细则的有关规定作出保留,而使国际申请的优先权在国家阶段不成立的,办理进入国家阶段手续的期限仍按照原最早优先权日起算"。

【修订说明】

本节中增加了关于进入国家阶段期限计算的说明,明确进入国家阶段的期限起算日为国际局记录的最早优先权日。特别需要注意的是，当国际申请要求了优先权且国际申请日是在优先权期限届满之后 2 个月内的，无论申请人在国际阶段是否请求过超期优先权的恢复，或者超期优先权的恢复请求是否被受理局批准，该优先权都将被国际局记录并公开，进入国家阶段的期限起算日也应为该优先权日（当有多个优先权的，以最早的优先权日起算）。

此外，专利法实施细则第一百二十八条增加了有关国际申请在国家阶段关于优先权恢复的规定，故在《专利审查指南》中相应地删除了对 PCT 实施细则有关优先权恢复条款作出保留的表述。

（二）延误办理进入国家阶段的手续的更正（第 2.2.2 节）

【修订内容】

在最后一段结尾处增加"**申请人在专利法实施细则第一百二十条规定的期限内足额缴纳了规定的费用，但由于错填申请号等相关信息被视为不符合专利法实施细则第一百二十一条第一款第（二）项规定的，可以在收到国际申请不能进入中国国家阶段通知书之日起一个月内请求专利局更正**"。

【修订说明】

根据专利法实施细则第一百二十条的规定，申请人应当在自优先权日起 30 个月（最迟不超过 32 个月），办理进入中国国家阶段手续。相关手续在专利法实施细则第一百二十一条第一款中进行规定，其中第（一）项至第（三）项为进入中国国家阶段必须满足的要求，包括提交进入国家阶段的书面声明、缴纳规定费用以及提交必要的译文。如果申请人未在规定期限内办理相关手续，或者办理的手续不符合专利法实施细则第一百二十一条第一款第（一）项至第（三）项规定的，该国际申请在中国的效力终止，不能进入中国国家阶段。

修改后的《专利审查指南》中明确了办理进入国家阶段手续的救济情形。即，当申请人在规定期限内办理了进入国家阶段的手续且足额缴纳了规定的费用，但因缴纳费用时错填申请号等相关信息而导致进入国家阶段的手续不被接受的，申请人可以依据该新增内容在规定期限内向专利局请求更正，而不会因此导致该国际申请在中国的效力终止，为进入国家阶段提供了有效的程序保障。

二、关于进入国家阶段时提交的申请文件的审查（第3节）

（一）国际申请日（第3.1.1节）

【修订内容】

将"除因中国对专利合作条约及其实施细则的有关规定作出保留而需要重新确定相对于中国的申请日外"修改为"除另有规定外"，修改后的内容为"**除另有规定外**，由受理局确定的国际申请日视为该申请在中国的实际申请日"。

【修订说明】

专利法实施细则第四十五条新增了援引加入条款，故在《专利审查指南》中删除了对 PCT 实施细则有关援引加入条款作出保留的表述，明确了受理局确定的国际申请日视为该申请在中国的申请日；同时，以"另有规定"表示还存在特殊情形，"另有规定"的情况包括第三部分第一章第5.3节规定的重新确定在中国的申请日等。

（二）摘要译文和摘要附图（第3.2节、第3.2.3节）

【修订内容】

1. 关于第3.2.3节的摘要译文字数。将"审查员不得以不符合专利法实施细则第二十三条第二款关于摘要字数的规定为理由要求申请人修改或依职权修改"修改为"审查员不得以**不符合本指南第一部分第一章第**4.5.1**节**关于摘要字数的规定为理由要求申请人修改或依职权修改"。

2. 关于第3.2节及第3.2.3节的摘要附图。一是将"提交摘要附图"修改为"**指定摘要附图**"；二是删除了关于提交摘要附图的要求，删除内容为"附图中有文字的，应当将其替换为对应的中文文字，并且重新绘制附图，以中文文字替换原文并标注在适当的位置上"；三是增加了关于摘要附图不符合要求的处理方式，增加内容为"**不符合规定的，审查员可以通知申请人补正，或者依职权予以指定，并通知申请人**"。

【修订说明】

1. 关于摘要译文字数。由于专利法实施细则第二十六条删除了关于摘要文字部分字数的限制，相关要求由《专利审查指南》第一部分第一章第4.5.1节规定，故相应地将此处对专利法实施细则的引用修改为对《专利审查指南》相应章节的引用。

2. 关于摘要附图。专利法实施细则第一百二十一条第一款第（五）项的"提交"摘要附图修改为"指定"摘要附图，《专利审查指南》据此进行了适应性修改。由于摘要附图不再需要提交，因此在《专利审查指南》中删除了关于摘要附图的提交要求，并根据审查实践明确了摘要附图不符合规定的处理方式为通知申请人补正，或依职权指定并通知申请人。

（三）说明书和权利要求书的译文（第3.2.1节）

【修订内容】

修改了序列表的提交要求。原《专利审查指南》的规定为："在国际阶段，国际申请说明书、权利要求书中包含有核苷酸和/或氨基酸序列，并且序列表是作为说明书单独部分提交的，在提交译文时，也应当将其作为说明书单独部分，并且单独编写页码。申请人还应当提交与该序列表相一致的计算机可读形式的副本。如果提交的计算机可读形式的副本中记载的序列表与说明书中的序列表不一致，以说明书中的序列表为准。未提交计算机可读形式的副本，或者所提交的副本与说明书中的序列表明显不一致的，审查员应当发出补正通知书，通知申请人补正。"修改后的规定为："**在国际阶段，国际申请说明书、权利要求书中包含有核苷酸和/或氨基酸序列，并且序列表是作为说明书单独部分提交的，在提交译文时，应当提交一份符合规定的计算机可读形式的序列表作为说明书的一个单独部分。申请人提交的序列表应当与国际公布的一致。未提交或者所提交的序列表与国际公布的明显不一致的，审查员应当发出补正通知书，通知申请人补正。**"

此外，删除了关于400页以上的核苷酸和/或氨基酸序列表的单独规定，删除内容为"在国际阶段，国际申请说明书中包含纸页在400页以上的核苷酸和/或氨基酸序列表部分的，在进入国家阶段时可以只提交符合规定的计算机可读形式的序列表"。

【修订说明】

简化了序列表的提交要求，明确了在国际阶段序列表作为说明书的单独部分提交的，在进入国家阶段后，只需提交一份符合规定的计算机可读形式的序列表。相应地，不再对400页以上的核苷酸和/或氨基酸序列表的提交形式进行单独规定。

需要注意的是,进入国家阶段的国际申请对序列表的提交要求与普通的国内申请对序列表的提交要求有所区别。根据《专利审查指南》第一部分第一章第4.2节的规定,对于含有核苷酸或者氨基酸序列的普通的国内申请,如为电子申请,应当提交一份符合规定的计算机可读形式序列表;如为纸件申请,应当提交单独编写页码的序列表,同时提交与该序列表相一致的计算机可读形式序列表的副本。而进入国家阶段的国际申请,无论是电子申请还是纸件申请,仅需要提交一份符合规定的计算机可读形式的序列表即可。

本节修改中,还明确了提交的序列表应当与国际公布的序列表一致,并说明当与国际公布明显不一致时,审查员应当发出补正通知书,通知申请人补正。

(四)以中文提出的国际申请(第3.3节)

【修订内容】

一是修改了本节的标题,将"使用中文完成国际公布的国际申请"修改为"**以中文提出的国际申请**",同时对正文中的相同表述进行了适应性修改。二是删除了提交申请文件副本等要求,删除内容为"原始申请中摘要的副本及摘要附图(有摘要附图时)的副本,不需要提交说明书、权利要求书及附图的副本。但是,以中文提出的国际申请在完成国际公布前,申请人请求提前处理并要求提前进行国家公布的,还需要提交原始申请的说明书、权利要求书及附图(有附图时)的副本"。

上述两项修改后的内容为"**以中文提出的国际申请在进入国家阶段时只需要提交进入声明**"。

【修订说明】

专利法实施细则第一百二十一条第一款第（五）项删除了"国际申请以中文提出的，提交国际公布文件中的摘要和摘要附图副本"的规定，根据修改后的专利法实施细则，当国际申请是以中文提出的，申请人在办理进入国家阶段手续时，不再需要提交国际公布文件中的摘要和摘要附图副本，《专利审查指南》据此进行了适应性修改。此外，为进一步简化申请手续，减少申请文件的提交，《专利审查指南》删除了"以中文提出的国际申请在完成国际公布前，申请人请求提前处理并要求提前进行国家公布的，还需要提交原始申请的说明书、权利要求书及附图（有附图时）的副本"的要求，相关文件将由专利局自行获取，不再需要由申请人提交。

三、关于优先权的审查（第1节、第5.2节）

（一）要求优先权声明（第5.2.1节）

【修订内容】

删除了"因中国对专利合作条约及其实施细则的有关规定作出保留，专利局对国际申请在国际阶段恢复的优先权（例如，国际申请日在该优先权日起十二个月之后、十四个月之内）不予认可，相应的优先权要求在中国不发生效力，审查员应当针对该项优先权要求发出视为未要求优先权通知书"的规定。

【修订说明】

根据专利法实施细则第一百二十八条"超期优先权的恢复"的适应性修改。由于我国引入了超期优先权恢复制度，不再对PCT实施细则中关于超期优先权恢复条款进行保留，因此相应地删除了有关超期优先权恢复条款保留的表述。

（二）在先申请文件副本的提供（第5.2.2节）

【修订内容】

1. 将"根据专利合作条约实施细则第17条的规定，如果申请人已向受理局提交了在先申请文件副本或者向受理局提出制作在先申请文件副本的要求……"修改为"**申请人在国际阶段已依照专利合作条约的规定，提交过在先申请文件副本的……**"。

2. 在"专利局的审查员认为有必要核查在先申请文件副本的，应当请求国际局传送该申请的在先申请文件副本"后的举例部分，增加了"**在国际阶段存在援引加入项目或部分的**"情形。

3. 在"申请人在国际阶段没有按照规定提交在先申请文件副本的"后，增加"除另有规定外"的表述，修改后的内容为"**国际局通知专利局，申请人在国际阶段没有按照规定提交在先申请文件副本的，除另有规定外，审查员应当发出办理手续补正通知书，通知申请人在指定期限内补交**"。

【修订说明】

1. 申请人在国际阶段提交在先申请文件副本的方式，已不限于原《专利审查指南》规定的申请人向受理局提交，以及由受理局制作两种情形，国际局还可以通过数字图书馆获得在先申请文件副本。故将表述调整为与专利法实施细则第一百二十七条第三款相同，即"申请人在国际阶段已依照专利合作条约的规定，提交过在先申请文件副本的"，以适应更加宽泛的优先权文件副本的提交方式。

2. 在国际阶段存在援引加入项目或部分时，审查员应当请求国际局传送在先申请文件副本，以便对进入国家阶段时的援引加入情况进行审查。因此，在有必要核查在先申请文件副本的举例中,增加了涉及国际阶段援引加入的情形。该修改也与《专利审查指南》第三部分第一章第5.3节"援引加入"的有关内容协调统一。

3. "除另有规定外"是对可能存在的特殊情形所作的例外规定,例如,涉及《专利审查指南》第三部分第一章第5.3节"援引加入"时,在上述规定情况下,未提交在先申请文件副本的处理方式应参见相关章节的规定;其余情况未提交在先申请文件副本,按本节规定审查员应当发出办理手续补正通知书。

(三)优先权要求的恢复(第1节、第5.2.5节)

1. 引言(第1节)

【修订内容】

在引言"本章涉及的初步审查和事务处理的主要内容"的第(4)项中,增加了根据专利法实施细则"**第一百二十八条**"优先权要求恢复的审查。

【修订说明】

专利法实施细则第一百二十八条新增了超期优先权恢复的条款,相应地,在国际申请进入国家阶段的初步审查和事务处理的内容中增加依据该条款的审查。

2. 优先权要求的恢复(第5.2.5节)

(1)调整结构。

【修订内容】

将本节拆分为两节:分别为第5.2.5.1节"根据专利法实施细则第一百二十八条的恢复"和第5.2.5.2节"根据专利法实施细则第六条的恢复"。

【修订说明】

调整第5.2.5节的结构,将优先权要求的恢复分为第

5.2.5.1 节"根据专利法实施细则第一百二十八条的优先权要求的恢复",和第 5.2.5.2 节"根据专利法实施细则第六条延误期限导致权利丧失的优先权要求的恢复"两部分,以明确区分不同法律依据的优先权恢复情形。

(2) 根据专利法实施细则第一百二十八条的恢复(第5.2.5.1 节)。

【修订内容】

对于超期优先权,本节增加了以下两种情形的审查规则:"在国际阶段已经由受理局批准恢复优先权的"和"在国际阶段申请人未请求恢复优先权,或者提出了恢复请求但受理局未批准,申请人在自进入日起两个月内请求恢复优先权"。具体为"国际申请要求了优先权,且国际申请日在优先权期限届满之后两个月内,在国际阶段已经由受理局批准恢复优先权的,专利局一般不再提出疑问,国际申请进入国家阶段时,申请人不需要再次办理恢复手续。在国际阶段申请人未请求恢复优先权,或者提出了恢复请求但受理局未批准,申请人有正当理由的,可以自进入日起两个月内请求恢复优先权,提交恢复优先权请求书,说明理由,并且缴纳恢复权利请求费、优先权要求费,未向国际局提交过在先申请文件副本的,同时还应当附具在先申请文件副本,未按照上述规定办理恢复手续的,审查员应当发出视为未要求优先权通知书"。

修改了当国际局或者受理局宣布过优先权要求视为未提出时(PCT 实施细则 26 条之二.2),进入国家阶段的相关审查规定。具体为:一是修改了办理恢复手续的期限,由"在办理进入国家阶段手续的同时"修改为"自进入日起两个月内",并细化了办理要求。修改后的内容为"国际申请在国际阶段发生过专利合作条约实施细则 26 条之二.2 的情形,由国际局或者受理局宣布过优先权要求视为未提出的,**申请人可以自进入日起两个月内提交恢复优先权请求书,并且缴纳恢复权利请求费、优先权要求费,对于申请人未向国际局提交过在先申请文件副本的,同时还应当附具在先申请文件副本作为恢复的依据**"。二是修改了恢复审批程序,由"进入国家阶段后提出的恢复请求不予考虑"修改为"**办理的恢复手续符合上述规定的,准予恢复优先权,审查员发出恢复权利请求审批通知书;不符合规定的,不予恢复优先权**"。

增加了条款排除适用规定,即"**专利法实施细则第六条第一款、第二款的规定不适用申请人延误专利法实施细则第一百二十八条规定的期限**"。

【修订说明】

专利法实施细则第一百二十八条规定"国际申请的申请日在优先权期限届满之后 2 个月内,在国际阶段受理局已经批准恢复优先权的,视为已经依照本细则第三十六条的规定提出了恢复优先权请求;在国际阶段申请人未请求恢复优先权,或者提出了恢复优先权请求但受理局未批准,申请人有正当理由的,可以自进入日起 2 个月内向国务院专利行政部门请求恢复优先权"。《专利审查指南》据此进行适应性修改,并分别明确不同情形下,请求恢复超期优先权需要办理的手续,以及具体的审查处理方式,实现了超期优先权恢复在国际申请的国际阶段与国家阶段的有效衔接。

在国际阶段,当优先权存在 PCT 实施细则 26 条之二.2(a) 的缺陷而导致优先权被视为未提出时,如果该优先权要求的有关信息同国际申请一起公布过,那么申请人可以在国际申请进入国家阶段后,请求恢复优先权。本次《专利审查指南》修改中,将提出优先权恢复请求的期限由原来的"办理进入国家阶段手续同时"调整至"自进入日起两个月内",并相应地将"进入国家阶段之后提出优先权恢复请求不予考虑"删除,给予申请人更多的机会以提交优先权恢复请求并办理相关手续。

明确了专利法实施细则第一百二十八条的排除适用情形,即专利法实施细则第六条第一款、第二款不适用申请人延误专利法实施细则第一百二十八条规定的期限。例如:本章第5.2.5.1节规定超期优先权的恢复手续包括提交在先申请文件副本等,如果申请人未在规定期限内提交在先申请文件副本,审查员将发出视为未要求优先权通知书,此时,申请人不能再根据专利法实施细则第六条的规定以申请人"未在规定期限内提交在先申请文件副本"为由请求恢复该超期的优先权。

(3)根据专利法实施细则第六条的恢复(第5.2.5.2节)。

【修订内容】

在第一段句首增加了"除本章第5.2.5.1节另有规定外"字样。修改后的内容为"**除本章第5.2.5.1节另有规定外,**国际申请在进入国家阶段后,由于下述情形之一导致视为未要求优先权的,可以根据专利法实施细则第六条的规定请求恢复要求优先权的权利"。

【修订说明】

通过分设第5.2.5.1和第5.2.5.2两节,以及在第5.2.5.2节增加"除本章第5.2.5.1节另有规定外"的说明,区分"根据专利法实施细则第一百二十八条的恢复"和"根据专利法实施细则第六条的恢复"两种不同的优先权恢复情形。

四、关于援引加入的审查（第5.3节）

（一）援引加入的适用范围

【修订内容】

修改了援引加入的适用范围，将"遗漏"修改为"遗漏或者错误提交"。修订后的内容为："申请人在递交国际申请时遗漏**或者错误提交**了某些项目或部分，可以通过援引在先申请中相应部分的方式加入遗漏或者正确的项目或部分，而保留原国际申请日。"

【修订说明】

2020年7月1日生效的PCT实施细则新增了20.5条之二"错误提交的项目和部分"内容，明确了国际申请在国际阶段，除"遗漏"申请文件可以通过援引加入的方式补交外，"错误"提交项目或部分时也适用援引加入的情形。根据上述修改，《专利审查指南》对国际申请进入国家阶段的援引加入适用范围进行了适应性修改，将"遗漏"修改为"遗漏或者错误提交"。

（二）援引加入进入国家阶段手续的办理

【修订内容】

1. 删除了"因中国对专利合作条约实施细则的上述规定作出保留，国际申请在进入国家阶段时，对于通过援引在先申请的方式加入遗漏项目或部分而保留原国际申请日的，专利局将不予认可"的规定。

2. 修改了涉及援引加入的办理要求和处理方式，修改后的内容如下：

"对于**在国际阶段存在援引加入项目或部分的国际申请**，申请人在办理进入国家阶段手续时应当**提交与援引加入相关的在先申请文件副本的中文译文**，并在进入声明中正确指明援引加入的项目或部分在原始申请文件译文（或以中文提出的原始申请文件）和在先申请文件副本译文（或以中文提出的在先申请文件副本）中的位置。不符合规定的，审查员应当发出补正通知书，通知申请人补正，期满未补正的，审查员应当发出视为撤回通知书。

"申请人在国际阶段要求了援引加入项目或部分涉及的优先权，但在国家阶段该优先权不符合本章第5.2.3.2节或者第5.2.6节的规定，或者受理局关于援引加入的项目或部分的审批明显存在错误的，例如，申请人在国际阶段未按照规定提交在先申请文件副本，审查员应当发出补正通知书，通知申请人请求修改相对于中国的申请日以保留援引加入项目或部分，或者请求不修改相对于中国的申请日但删除援引加入项目或部分。期满未补正的，审查员应当发出视为撤回通知书。

"如果申请人请求修改相对于中国的申请日，审查员应当以国际局传送的'确认援引项目或部分决定的通知书'（PCT/RO/114表）中的记载为依据，重新确定该国际申请在中国的申请日，并发出重新确定申请日通知书。因重新确定申请日而导致申请日超出优先权日起十二个月的，**按照本章第5.2.5.1节的规定请求恢复优先权的除外，审查员还应当针对该项优先权要求发出视为未要求优先权通知书。**"

【修订说明】

1. 根据专利法实施细则第四十五条"援引加入"条款的适应性修改，删除了对PCT及其实施细则有关规定作出保留的表述。同时，明确对于在国际阶段存在援引加入项目或部分的国际申请，申请人在办理国际申请进入国家阶段手续时的办理要求和后续的审查处理方式。

2. 关于进入国家阶段援引加入的相关规则，一是明确申请人办理相关手续的具体要求，二是明确对于优先权不符合本章第 5.2.3.2 节和第 5.2.6 节规定或者受理局关于援引加入的项目或部分的审批明显存在错误的情形，申请人可以请求修改相对于中国的申请日以保留援引加入项目或部分，或者请求不修改相对于中国的申请日但删除援引加入项目或部分，给予申请人更多的选择权利。三是明确对于重新确定申请日而导致申请日超出优先权日起十二个月的，一般性处理为"审查员还应当针对该项优先权要求发出视为未要求优先权通知书"，但对超期两个月内的优先权进行了特殊规定，即当重新确定的国际申请日是在优先权期限届满之后两个月内的，申请人可以按照《专利审查指南》第三部分第一章第 5.2.5.1 节的规定请求恢复优先权，恢复手续合格的，该优先权成立。

五、关于著录项目变更的审查（第 5.10 节）

（一）经国际局记录的变更的证明材料（第 5.10.1.2 节）

【修订内容】

在第 5.10.1.2 节第一段对于国际局记录申请人实体变更的情况，证明材料的提供由"应当"修改为"**必要时**"，并以列举的方式增加对"必要时"的解释，相应地，第二段删除了原《专利审查指南》规定的需提交的证明材料，删除内容为"申请权转让或赠予合同、由工商行政管理部门出具的公司合并的证明文件或者其他权利转移的证明文件。证明文件应当是原件或者是由公证机关公证的复印件。审查员应当审查证明文件的有效性"。

第5.10.1.2节第一段和第二段修改后的内容为:"**按照专利法实施细则第一百二十一条第一款第(六)项的规定,在国际阶段向国际局已办理申请人变更手续的,必要时申请人应当提供变更后的申请人享有申请权的证明材料。**例如,国际局传送的'记录变更通知书'(PCT/IB/306表)中记载的变更事项是由中国内地的单位或个人将申请权转让给外国人、外国企业或者外国其他组织的,适用本指南第一部分第一章第6.7.2.2节第(3)(ii)项的规定。没有提交证明文件的,审查员应当发出补正通知书,通知申请人补交,期满未补交的,审查员应当发出视为撤回通知书。"

【修订说明】

专利法实施细则第一百二十一条第一款第(六)项在原"在国际阶段向国际局已办理申请人变更手续的,提供变更后的申请人享有申请权的证明材料"的基础上,增加了"必要时"的限定,故《专利审查指南》相应部分进行了适应性调整,并以举例的方式解释"必要时"的可能情形,例如,国际局传送的"记录变更通知书"(PCT/IB/306表)中记载的变更事项是由中国内地的单位或个人将申请权转让给外国人、外国企业或者外国其他组织的,应当出具国务院商务主管部门颁发的"技术出口许可证"或者"技术出口合同登记证",或者地方商务主管部门颁发的"技术出口合同登记证",以及双方签字或者盖章的转让合同。同时删除了原《专利审查指南》规定的需要提交的证明材料,进一步简化办理手续。

(二) 国家阶段的著录项目变更（第5.10.2节）

【修订内容】

一是删除了可以作为变更证明文件的第二种情形，删除内容为"（2）申请人声称国际申请的申请人或发明人在不同的国家使用不同的名称或姓名（不仅仅是语种的不同），在中国希望使用不同于国际公布时记载的另一名称或姓名，为此申报变更。例如美籍华人在美国使用的姓名是×××·汤姆，并使用该姓名提出国际申请，而在进入中国时请求使用×××为其姓名"的规定。二是将"申请人声称在国际申请提出时填写了错误的申请人姓名或名称，或者错误的发明人姓名"进行拆分。

第5.10.2节修订后的内容为："除本指南第一部分第一章第6.7.2节所述的几种著录项目变更证明文件外，以下两种情况，申请人或发明人所作的声明也可以作为申报变更的证明文件：

"（1）在国际申请提出时填写了错误的申请人姓名或名称；

"（2）在国际申请提出时填写了错误的发明人姓名。"

【修订说明】

在审查实践中，越来越多的申请人或发明人在不同国家使用不同的名称或姓名，例如，国际公布的发明人或申请人的姓名为ZHANG San, Tom，在进入国家阶段时，申请人将其翻译为张三。按照原《专利审查指南》的规定，该译名翻译得不准确，审查员应当通知申请人补正。申请人如果仍想使用张三作为中文姓名，需办理著录项目变更手续，并提交相应的证明材料。但申请人经常会对此提出疑问，认为自己的中文名字从来没有变化过，不应当办理著录项目变更手续。为响应社会呼声，本次《专利审查指南》删除了关于"申请人或发明人在不同的国家使用不同的姓名（不仅仅是语种的不同）"的情形及其示例，对于此种情形，申请人不必再办理著录项目变更手续。此外，为了使指引更加明确，将可以作为变更证明文件的"申请人或发明人所作的声明"的适用情形进行了拆分。

六、关于国家公布（第6节）

（一）关于国际申请的临时保护（第6节）

【修订内容】

在第6节总括部分第二段最后一句"对于以中文以外文字提出的国际申请，专利法第十三条规定的要求临时保护的权利是在完成国家公布之后产生"之后，增加了"**由国际局以中文进行国际公布的，自国际公布日或者专利局公布之日起适用专利法第十三条的规定**"。

【修订说明】

专利法实施细则第一百三十二条第二款规定，"要求获得发明专利权的国际申请，由国际局以中文进行国际公布的，自国际公布日或者国务院专利行政部门公布之日起适用专利法第十三条的规定"，其中"**或者国务院专利行政部门公布之日**"为新增内容。该新增内容主要为解决审查实践中，部分案件较早进入中国国家阶段并请求提前公布，导致国家公布日早于国际公布日时，临时保护效力起算日尚缺乏计算依据的问题。《专利审查指南》依据该条款进行了适应性修改，进一步细化了适用专利法第十三条临时保护的起始日期。具体而言，对于以中文进行的国际公布的国际申请：

（1）如果专利局公布之日早于国际公布日的，临时保护的

起始日期为专利局公布之日;

(2) 如果国际公布日早于专利局公布之日的,临时保护的起始日期为国际公布日。

(二)关于何时进行国家公布(第6.1节)

【修订内容】

删除了本节最后一句,即"专利局完成国家公布准备工作的时间一般不早于自该国际申请进入国家阶段之日起两个月"。

【修订说明】

专利局持续压缩国家公布的准备周期,不再适用"不早于自该国际申请进入国家阶段之日起两个月"进行公布准备,故删除了相关规定。

七、关于费用的审查(第7.2节、第7.3节)

(一)申请费的免缴(第7.2.1节)

【修订内容】

将进入国家阶段免缴申请费及申请附加费的条件限定为由"中国"专利局受理并"进行国际检索",修改后的内容为"由**中国**专利局作为受理局受理并**进行国际检索**的国际申请在进入国家阶段时免缴申请费及申请附加费"。

【修订说明】

为符合审查的实际情况,对免缴申请费及申请附加费增加了"中国专利局进行国际检索"的限定条件。对于仅由中国专利局受理,但根据协议由其他专利局进行国际检索的国际申请,在进入国家阶段时不享受申请费及申请附加费的免缴。

（二）实质审查费的减免（第7.2.2节）

【修订内容】

删除了原第二段及第三段内容，删除内容如下：

"由欧洲专利局、日本专利局、瑞典专利局三个国际检索单位作出国际检索报告的国际申请，在进入国家阶段并提出实质审查请求时，只需要缴纳80%的实质审查费。

"提出实质审查请求时，专利局未收到国际检索报告的，实质审查费不予减免；但是，在专利局发出发明专利申请进入实质审查阶段通知书之前，申请人主动提交了由欧洲专利局、日本专利局、瑞典专利局三个国际检索单位完成的国际检索报告的，可以请求退回多缴费用。"

【修订说明】

根据对等原则，不再对欧洲专利局、日本专利局、瑞典专利局三个国际检索单位作出国际检索报告的国际申请给予实质审查费减缴的优惠。

（三）核苷酸和/或氨基酸序列表的费用（第7.3节）

【修订内容】

修改了涉及核苷酸和/或氨基酸序列表的计算方式，将原"说明书包含纸页在400页以上的核苷酸和/或氨基酸序列表，且进入国家阶段时仅提交了计算机可读形式序列表的，该序列表的说明书附加费按照400页收取"修改为"**核苷酸和/或氨基酸序列表作为说明书的单独部分超过400页的，该序列表按照400页计算**"。

【修订说明】

为了与本章第3.2.1节中关于序列表的相关规定相协调，

同时进一步明确超过 400 页的大序列表说明书附加费的计算方式，本节对作为说明书单独部分的超过 400 页的核苷酸和/或氨基酸的收费标准进一步说明。具体而言，对于序列表少于 400 页的，按照说明书、附图、序列表，上述三项的实际页数合计后计算应当缴纳的说明书附加费；对于序列表超过 400 页的，按照说明书实际页数、附图实际页数和序列表 400 页，上述三项合计后计算应当缴纳的说明书附加费。

第二章　进入国家阶段的国际申请的实质审查

《专利审查指南》第三部分第二章主要对进入国家阶段的国际申请的实质审查要求进行了调整和完善，主要包括增加诚实信用原则的审查、明确实质审查依据的文本、完善关于优先权的审查的相关规定等方面。

一、与授予专利权的实质条件有关的条款（第2.2节）

【修订内容】

在"与授予专利权的实质条件有关的条款"中增加专利法实施细则第十一条的规定，增加的内容为"**专利法实施细则第十一条：诚实信用**"。

【修订说明】

参见对《专利审查指南》第一部分第一章第6.7.5节、第7.9节及第二部分第一章第1节、第5节的修订说明，明确在进入国家阶段的国际申请的实质审查过程中需要对其是否违反诚实信用原则进行审查。

二、关于实质审查依据的文本（第3节）

【修订内容】

第3.2节删除了"如果申请人在进入声明中指明申请文件中含有援引加入的项目或部分，并且在初步审查阶段已经重新确定了该国际申请相对于中国的申请日,则援引加入的项目或部分应当是原始提交的申请文件的一部分。实质审查过程中,不允许申请人通过修改相对于中国的申请日而保留援引加入的项目或部分",并在原位增加"**按照规定提交的援引加入的项目或部分应当是原始申请文件的一部分。**申请人在进入声明中指明申请文件中含有援引加入的项目或部分的,审查员应当在初步审查部门审查的基础上(参见本部分第一章第5.3节),核实援引加入项目或部分是否完全包含在在先申请文件副本和其中文译文之中。未包含的,应当以国际局传送的'确认援引项目或部分决定的通知书'(PCT/RO/114 表)中的记载为依据,重新确定国际申请相对于中国的申请日"的规定。

第3.3节在"专利法第三十三条所说的原说明书和权利要求书是指原始提交的国际申请的权利要求书、说明书及其附图"后,增加"包含援引加入的项目或者部分"。修订后的内容为"对于国际申请,专利法第三十三条所说的原说明书和权利要求书是指原始提交的国际申请的权利要求书、说明书及其附图,**包含援引加入的项目或者部分**"。

【修订说明】

该内容为根据专利法实施细则第四十五条援引加入条款的适应性修改。删除了对PCT实施细则涉及援引加入相关规定作出保留的表述,明确了按照规定提交的援引加入的项目或者部分应属于原始申请文件的一部分。

此外,增加了在实质审查过程中对进入中国国家阶段的国际申请中的援引加入项目或部分的处理方式。在实质审查阶段应核实援引加入的项目或部分是否完全包含于在先申请文件副本和其中文译文中,如未包含,应当按照"确认援引项目或部分决定的通知书"(PCT/RO/114 表)中记载的项目或部分的提交日期,重新确定该国际申请在中国的申请日。

三、关于优先权的审查(第 5.3 节)

【修订内容】

删除第 5.3 节第六段的"由于专利局对专利合作条约及其实施细则的某些规定作出了保留,例如,涉及国际申请在国际阶段恢复的优先权和援引加入的条款(参见本部分第一章第 5.2.1 节和第 5.3 节),国际申请在国际阶段被认可的优先权有可能在该国际申请进入国家阶段后不被接受"的规定。

在原位增加"**国际申请要求了优先权,且国际申请日在优先权期限届满之后 2 个月内,申请人有正当理由的,可以依据专利法实施细则第一百二十八条的规定自进入日起 2 个月内请求恢复优先权**(参见本部分第一章第 5.2.5.1 节)"的规定。

【修订说明】

该内容为根据专利法实施细则第一百二十八条有关超期优先权恢复的条款进行的适应性修改,删除了对 PCT 及其实施细则的某些规定作出保留的表述,明确了在进入国家阶段后可以请求恢复优先权的情形。

第四部分

复审与无效请求的审查

第一章 总　则

在《专利审查指南》第四部分第一章中对复审与无效宣告请求的审查的总则进行了调整完善，其修改主要包括四个方面：第一，根据机构改革方案调整复审和无效审理部组成、人员设置等相关规定；第二，优化合议审查的口头审理并明确独任审查规则；第三，完善复审和无效审理部工作人员回避制度和从业禁止的规定；第四，优化调整审查决定的撰写和公开等。

一、关于复审和无效审理部的人员设置（第 1 节、第 3.1 节、第 3.3 节）

【修订内容】

第 1 节删除原第一段、第二段内容"根据专利法第四十一条第一款的规定，国家知识产权局设立专利复审委员会。专利复审委员会设主任委员、副主任委员、复审委员、兼职复审员、复审员和兼职复审员。专利复审委员会主任委员由国家知识产权局局长兼任，副主任委员、复审委员和兼职复审委员由局长从局内有经验的技术和法律专家中任命，复审员和兼职复审员由局长从局内有经验的审查员和法律人员中聘任"。在第 1 节最后增加一段："**复审和无效审理部由专利局指定的技术专家和法律专家组成，设复审员和兼职复审员。**"

第 3.1 节第二段和第三段分别删除"和复审委员""复审

委员"、"兼职复审委员或者"。

第3.3节第一段将"确定合议组的审查决定是否需要报主任委员或者副主任委员审批"修改为"确定合议组的审查决定是否需要报**部门负责人**审批",第四部分中类似情形作同样修改。

【修订说明】

此处修改的内容为根据机构改革方案对相关人员设置作出的适应性修改。

二、关于合议审查以及独任审查(第3.3节、第4节)

【修订内容】

1. 删除第3.3节第一段中组长负责"主持口头审理"。

2. 在第4节中增加"**本部分中合议审查的相关规定适用于独任审查**"。

【修订说明】

1. 对于事实清楚、争议焦点明确的简单案件,修改后的第3.3节不再强制要求口头审理必须由组长主持,优化口头审理程序。经合议组一致同意,可委托主审员一人出席并主持口头审理,再由主审员向合议组汇报审理情况,经合议后作出审查结论。

2. 第4节中增加了合议审查的相关规定同样适用于独任审查的表述,以使独任审查的规则更加明晰。

三、关于回避制度与从业禁止(第5节)

【修订内容】

删除第5节原第二段至第三段的内容:"专利复审委员会主

任委员或者副主任委员任职期间,其近亲属不得代理复审或者无效宣告案件;……其他人员离职后两年内,不得代理复审或者无效宣告案件。"

删除原第四段(现第二段)"当事人请求合议组成员回避的或者认为代理人不符合上述规定的,应当以书面方式提出,并且说明理由,必要时附具有关证据"中"合议组成员"和"或者认为代理人不符合上述规定的"的内容。该节最后新增加一段:"**复审和无效审理部工作人员及其近亲属应当严格遵守有关从业禁止的相关规定。**"

【修订说明】

国家现有的各项法律、法规、政策、措施对公职人员回避制度和从业禁止提出了新的要求,因此,《专利审查指南》修改明确,复审和无效审理部工作人员及其近亲属应当严格遵守国家所有相关的规定。

四、关于审查决定(第6节)

(一)审查决定的撰写要求(第6.2节)

【修订内容】

1. 将第6.2节"(4)案由"中的"案由部分应当按照时间顺序叙述复审或者无效宣告请求的提出、范围、理由、证据、受理、文件的提交、转送、审查过程以及主要争议等情况"修改为"案由部分可以按照时间顺序叙述复审或者无效宣告请求的提出、范围、理由、证据、受理、文件的提交、转送、审查过程以及主要争议等情况;**也可以用归纳的方式简要记载作出审查决定所需的重要事项**"。在第6.2节"(4)案由"最后新增加一段:"**对于撤销驳回决定的复审决定可以简化或者省略**

案由部分。"

2. 第 6.2 节"(5)决定的理由"第二段中,在"对于涉及外观设计的审查决定,应当根据需要使用文字对所涉及外观设计的主要内容进行客观的描述"后增加"**必要时辅以图片或者照片**"。

3. 在第 6.2 节"(1)审查决定的著录项目"中,将两处"国际分类号(或者外观设计分类号)"修改为"国际**专利**分类号(或者**国际**外观设计分类号)"。

【修订说明】

1. 允许合议组根据具体案情和实际需要确定审查决定案由部分的撰写方式。根据案情需要,合议组可以对案由进行全面记载,也可以用归纳的方式对作出审查决定所需的重要事项进行简要记载。对于撤销驳回决定的复审决定,因不涉及第三方且有利于行政相对人,可以简化文书。

2. 明确在外观设计审查决定撰写中,合议组可以根据案情需要,选择使用文字辅以图片或者照片的方式。该方式既有利于简洁直观地反映案件事实,也能增强审查决定对当事人和社会公众的释明效果。

3. 调整分类号的表述方式,使其更加规范。

(二)审查决定的公开(第 6.3 节)

【修订内容】

将第 6.3 节第一句中"……应当全部公开出版"修改为"……应当**全部公开**",删除其后的"对于应当公开出版的审查决定,当事人对审查决定不服向法院起诉并已被受理的,在人民法院判决生效后,审查决定与判决书一起公开"。

【修订说明】

为便利当事人和社会公众并结合当前工作实际情况，第 6.3 节对涉及审查决定公开的相关表述作出调整。复审和无效请求审查决定在发出后会及时在国家知识产权局网站上公开。

第二章 复审请求的审查

《专利审查指南》第四部分第二章"复审请求的审查"的修改主要包括以下四个方面：第一，调整承担前置审查工作的部门；第二，补充复审程序的依职权审查范围；第三，调整关于复审决定结论的表述；第四，优化关于复审程序终止的表述等。

一、关于前置审查（第3节）

【修订内容】

1. 将第3.1节"根据专利法实施细则第六十二条的规定，专利复审委员会应当将经形式审查合格的复审请求书（包括附具的证明文件和修改后的申请文件）连同案卷一并转交作出驳回决定的原审查部门进行前置审查。原审查部门应当提出前置审查意见，作出前置审查意见书。除特殊情况外，前置审查应当在收到案卷后一个月内完成"修改为"**复审请求书（包括附具的证明文件和修改后的申请文件）经形式审查合格后转交给审查部门进行前置审查，并由审查部门提出前置审查意见**"。同时在第二部分第八章第8节作适应性修改。本章第3.3节的"原审查部门"修改为"**审查部门**"。

2. 将第3.3节第（4）部分"……（ii）认为审查文本中存在驳回决定未指出，但足以用已告知过申请人的事实、理由和证据予以驳回的缺陷的,应当在前置审查意见中指出该缺陷;(iii) 认为驳回决定指出的缺陷仍然存在的,如果发现审查文本中还存在其他明显实质性缺陷或者与驳回决定所指出缺陷性质相同的缺陷,可以一并指出"修改为"……(ii) 认为申请中存在……;(iii) 认为驳回决定指出的缺陷仍然存在的,如果发现**申请还存在本章第 4.1 节第(1)(3)(4)种情形所述的缺陷**,可以一并指出"。

【修订说明】

1. 专利法实施细则中删除了原第六十二条关于前置审查的相关规定,本节作出适应性修改,明确由承担前置审查工作的审查部门提出前置审查意见,而不限于原审查部门。

2. 本节有关承担前置审查工作的审查部门可以在前置审查意见中补充的内容和第四部分第二章"4.1 理由和证据的审查"在内容上前后呼应。本节修改与第 4.1 节的相关修改相适应,详细内容请参见本章第 4.1 节的修订说明。

二、关于复审程序合议审查中理由和证据的审查(第 4.1 节)

【修订内容】

1. 将第 4.1 节第二段"除驳回决定所依据的理由和证据外,合议组发现审查文本中存在下列缺陷的,可以对与之相关的理由及其证据进行审查,并且经审查认定后,应当依据该理由及其证据作出维持驳回决定的审查决定"修改为"除驳回决定所依据的理由和证据外,合议组发现**申请**中存在下列缺陷的,可以对与之相关的理由及其证据进行审查",将审查对象由"审查文本"修改为"**申请**",并删除"并且经审查认定后,应当依据该理由及其证据作出维持驳回决定的审查决定"的表述。

2. 将第 4.1 节合议组可以依职权审查的情形由原来的两种修改为四种，即新增"(1) **不符合专利法实施细则第十一条的规定**"；保留"足以用在驳回决定作出前已告知过申请人的其他理由及其证据予以驳回的缺陷"的表述，将其序号由（1）调整为（2）；将原有"(2) 驳回决定未指出的明显实质性缺陷或者与驳回决定所指出缺陷性质相同的缺陷"拆分调整为"**(3) 与驳回决定所指出缺陷性质相同的缺陷**"和"**(4) 驳回决定未指出的其他明显实质性缺陷**"。根据修改后的第（3）项、第（4）项两种情形，调整《专利审查指南》中原有示例的顺序和表述方式，并针对这两种情形分别增加示例，具体如下：

修改后的情形"(3) 与驳回决定所指出缺陷性质相同的缺陷"仅涉及编号调整，示例由"又如，驳回决定指出权利要求 1 因存在含义不确定的用语，导致保护范围不清楚，合议组发现权利要求 2 同样因存在此类用语而导致保护范围不清楚时，应当在复审程序中一并告知复审请求人；复审请求人的答复未使权利要求 2 的缺陷被克服的，合议组应当以不符合专利法第二十六条第四款的规定为由作出维持驳回决定的复审决定"修改为"**例如**，驳回决定指出权利要求 1 因存在含义不确定的用语导致保护范围不清楚。**当其他权利要求**同样存在此类用语而导致保护范围不清楚时，**合议组在复审程序中一并指出上述缺陷**"。新增示例"又如，驳回决定指出权利要求 1 相对于对比文件 1 和公知常识不具备创造性。当从属权利要求 2-6 进一步限定的附加技术特征也属于公知常识，且权利要求 1-6 均不具备创造性时，合议组一并指出权利要求 1-6 相对于对比文件 1 和公知常识不符合专利法第二十二条第三款的规定"。

将原第（2）项情形中的"驳回决定未指出的明显实质性缺陷或者"修改为"（4）驳回决定未指出的其他明显实质性缺陷"，增加"其他"二字。原对应示例由"例如，驳回决定指出权利要求 1 不具备创造性，经审查认定该权利要求请求保护的明显是永动机时，合议组应当以该权利要求不符合专利法第二十二条第四款的规定为由作出维持驳回决定的复审决定"修改为"例如，驳回决定指出权利要求 1 不具备创造性。当该权利要求请求保护的明显是永动机时，**合议组指出该权利要求不符合专利法第二十二条第四款的规定**"。本次修改新增两个示例，新增的示例为："**又如**，驳回决定指出权利要求 1 对技术方案的某处限定导致其工作原理不清楚，不符合专利法第二十六条第四款的规定。当上述问题的根源在于说明书缺乏解决技术问题的技术手段时，合议组指出申请不符合专利法第二十六条第三款的规定。""**再如**，驳回决定指出权利要求 1 不具备创造性。当权利要求 1 保护范围不清楚影响到创造性审查对区别特征的准确认定时，合议组指出权利要求 1 不符合专利法第二十六条第四款的规定。"

在原第二章第 4.1 节合议组可以依职权审查的两种情形及相应示例后，新增一段内容如下："**除上述情形（1）至（4）外，对于与驳回决定指出缺陷相关的证据，合议组可以适度调整其使用方式，例如，在驳回决定依据的证据基础上变更最接近的现有技术或缺省其中的某份证据。**"

【修订说明】

1. 由于专利法第二十条及专利法实施细则第十一条涉及"诚实信用"条款，专利法实施细则第五十九条有关发明实质审查应当驳回的情形中将专利法实施细则第十一条纳入驳回理由的范畴，复审请求的审查对象不仅针对审查文本存在的缺陷，也包括申请过程中的不正当行为，故将"审查文本"修改为"申请"。此外，修改了第 4.1 节第二段最后的内容，使表述更加精简且能够涵盖各种审查结论的情形。

2. 为了适应专利法实施细则第十一条关于诚实信用以及第六十七条关于复审依职权审查的修改，在本节可以依职权审查的情形中增加"（1）不符合专利法实施细则第十一条的规定"。这一修改符合上述条款的本意。

情形"（3）与驳回决定所指出缺陷性质相同的缺陷"由原《专利审查指南》规定的第（2）类情形拆分得到。在原《专利审查指南》所列示例的基础上，增加一个涉及创造性的示例，进一步明确"与驳回决定所指出缺陷性质相同"的缺陷，并对原有示例的表述做简化调整。新增示例，一是审查实践中涉及创造性的案件广泛，二是审查实践中存在驳回决定仅评述部分权利要求，基于相同的现有技术证据（必要时结合所属领域公知常识），未评述的权利要求也存在类似缺陷的情形。对这类案件依职权予以审查，既符合复审程序"延续审批"的属性，也有利于复审请求人针对同类型问题一并作出修改与回应，进而提高审查效能。

将原《专利审查指南》第（2）类情形中的"驳回决定未指出的明显实质性缺陷"增加"**其他**"二字，修改后的"（4）驳回决定未指出的**其他**明显实质性缺陷"作为概括性的规定，并增加两个示例。增加的第一个示例旨在说明，当申请存在的一个事实缺陷涉及适用多个法条的情形时，根据法条适用的逻辑关系，选择更有针对性的法条，能使复审请求人更为清楚地认识到申请存在的实质问题，以利于真正解决驳回决定与复审请求之间的争议。增加的第二个示例旨在说明，当合议组发现申请存在与驳回决定所指出的缺陷有关联的其他明显实质性缺陷，影响审查意见的正确性与准确性时，出于从实质上解决争议的目的，合议组可以依职权予以审查。对依职权审查情形进行的拆分和相应示例的补充有利于明晰复审程序的审查范围，规范合议组的依职权审查行为，提高复审请求人对复审程序审查范围的合理预期。

增加对驳回决定相关证据进行适度调整的内容。合议组在对驳回决定指出的缺陷进行审查时，会将与该缺陷相关的所有证据纳入考虑范围。审查过程中，复审请求人的举证、修改或陈述可能使案件审查的侧重发生变化，导致合议组在结论上认可驳回决定指出的缺陷，但对缺陷的具体理解分析（包括对某些证据所起作用的认识）不同于前审程序。在卷内证据范围内适度调整证据的使用方式（例如变更最接近的现有技术或缺省其中的某份证据）不仅有利于聚焦申请存在的缺陷，增强审查意见的针对性以及审查结论的客观性，也有利于复审请求人清楚准确地了解申请存在的问题。这样对证据的调整未超出复审请求人对现有技术证据内容的了解与预期，在长期审查实践和司法程序中也有一定的共识。

三、关于复审决定的结论（第4.3节、第5节）

【修订内容】

将第4.3节和第5节中多处"维持驳回决定"修改为"驳回复审请求"。

【修订说明】

由于在复审程序中，专利局可以按照有关规定对驳回决定未指出的，但是专利申请存在的其他明显违反专利法或其实施细则有关规定情形进行审查，在这种情形下，如果继续采用"应当作出维持原驳回决定的复审决定"显然不合适，因此，为使得表述更加准确，专利法实施细则第六十七条第一款将复审决定的类型由"维持原驳回决定"修改为"驳回复审请求"。第4.3节和第5节的内容根据该条款的规定进行了适应性修改。

四、关于复审程序的终止（第9节）

【修订内容】

删除原第9节最后一段："复审决定作出后复审请求人不服该决定的，可以根据专利法第四十一条第二款的规定在收到复审决定之日起三个月内向人民法院起诉；在规定的期限内未起诉或者人民法院的生效判决维持该复审决定的，复审程序终止。"

【修订说明】

上述内容仅涉及在审查工作中对于复审程序终止时间节点的判断，并不影响当事人权利，删除该内容以简化表述。

第三章　无效宣告请求的审查

《专利审查指南》第四部分第三章"无效宣告请求的审查"的主要修改内容包括以下六个方面：第一，完善当事人处置原则的适用情形；第二，优化无效宣告请求的客体、形式审查、证据组合方式、委托手续和中止等相关规定；第三，明确无效宣告请求的合议审查范围、调整无效宣告程序中修改专利文件的规则及配套规定、优化无效宣告程序的审查方式和指定期限等；第四，新增外观设计国际申请有关的送达规定；第五，简化无效宣告程序的终止的相关表述；第六，新增药品专利纠纷早期解决机制相关的无效案件的审查等。

一、关于无效宣告程序中的当事人处置原则（第2.2节）

【修订内容】

将第2.2节第四段的"在无效宣告程序中，专利权人声明放弃**部分**权利要求或者**多项**外观设计**中的部分项**的，视为专利权人承认该项权利要求或者外观设计自始不符合专利法及其实施细则的有关规定"修改为"在无效宣告程序中，专利权人声明放弃**权利要求或者外观设计**的，视为专利权人承认该项权利要求或者外观设计自始不符合专利法及其实施细则的有关规定"，并在该段最后增加"**专利权人放弃专利权不妨碍他人合法权益和公共利益的，由无效宣告审查决定对该权利处分行为**

予以确认"。

【修订说明】

此处修改为对当事人处置原则规则表述的完善。在无效宣告程序中,专利权人明确表示自申请日起放弃专利权的,在不妨碍他人合法权益和公共利益的情况下,应当允许专利权人对自己的专利权进行处置,自申请日起放弃部分或全部权利要求或者外观设计。国务院专利行政部门作出无效宣告审查决定以确认专利权人的权利处分行为。

二、关于无效宣告请求的形式审查(第3节)

(一)无效宣告请求客体及形式审查通知书(第3.1节、第3.8节)

【修订内容】

将第3.1节第二段"专利复审委员会作出宣告专利权全部或者部分无效的审查决定后,当事人未在收到该审查决定之日起三个月内向人民法院起诉或者人民法院生效判决维持该审查决定的,针对已被该决定宣告无效的专利权提出的无效宣告请求不予受理"修改为"宣告专利权全部或者部分无效的审查决定作出后,针对已被该决定宣告无效的专利权提出的无效宣告请求不予受理,**但是该审查决定被人民法院的生效判决撤销的除外**"。

将原第3.7节"形式审查通知书"第(4)项"受理的无效宣告请求需等待在先作出的专利权无效或部分无效的审查决定生效而暂时无法审查的,专利复审委员会应当发出通知书通知请求人和专利权人;在先审查决定生效或者被人民法院生效判决予以撤销后,专利复审委员会应当及时恢复审查"修改为

第 3.8 节"形式审查通知书"第（4）项"受理的无效宣告请求涉及在先作出的无效宣告请求审查决定而暂时无法审查的，复审和无效审理部应当发出通知书通知请求人和专利权人；**待影响因素消除后，应当及时恢复审查**"。

【修订说明】

本次修改进一步明确已作出无效宣告请求审查决定后，针对同一专利权提出的在后无效宣告请求的审理规则。在后无效宣告请求针对的专利权已被在先审查决定宣告无效，故对在后无效宣告请求不予受理。当然，如果在先作出的全部或部分无效宣告请求审查决定被人民法院的生效判决撤销，则上述在后的无效宣告请求可以重新提出。这样的修改给无效宣告请求人更明确的指向，避免了请求人在受理后长时间等待，也保障了请求人重新提出无效宣告的权利。同时调整形式审查通知书部分的措辞以使表述内容更加准确。

（二）无效宣告程序中应当指明对比文件具体结合方式的相关修改（第 3.3 节）

【修订内容】

将第 3.3 节第（5）项中的原第四句❶"如果是结合对比，存在两种或者两种以上结合方式的，应当指明具体结合方式"修改为"如果是结合对比，存在两种或者两种以上结合方式的，应当首先将最主要的结合方式进行比较分析。未明确最主要结合方式的，则默认第一组对比文件的结合方式为最主要结合方式"。

---

❶ 涉及国家知识产权局公告第 328 号的修改内容。

【修订说明】

在专利无效宣告案件审查实践中，部分请求人过度强调证据间不同的组合关系，不加区分地、大量罗列多种证据的不同结合方式来评价一项权利要求的创造性，导致案件争议焦点不明、双方当事人均陷入诉累，影响案件审理的质量和效率。本次修改明确，在无效宣告程序中，如果请求人提交多篇对比文件，并存在两种或者两种以上结合方式的，请求人应当首先着重比较分析其中最主要的结合方式。请求人未明确最主要结合方式的，则默认第一组对比文件的结合方式为最主要结合方式。修改后的规则既未损害请求人的请求权，也没有降低具体说明的标准。请求人在请求书中明确其主要主张，能够突显案件争议焦点，不仅有利于专利权人围绕焦点展开回应，也有利于提升案件整体审查质量和效率，保护双方当事人的合理利益。

（三）无效宣告程序的委托手续（第3.6节）

【修订内容】

在第3.6节第（6）项中，原《专利审查指南》规定："当事人委托公民代理的，参照有关委托专利代理机构的规定办理。公民代理的权限仅限于在口头审理中陈述意见和接收当庭转送的文件。"将"公民代理"作进一步细化，修改后的《专利审查指南》规定：

"（6）当事人委托**其近亲属或者工作人员**或者有关社会团体推荐的公民代理的，参照有关委托专利代理机构的规定办理。**近亲属或者工作人员**或者有关社会团体推荐的公民的代理的权限仅限于在口头审理中陈述意见和接收当庭转送的文件。

"**代理人为当事人的近亲属的，应当提交户口簿、结婚证、出生证明、收养证明、公安机关证明、居（村）委会证明、生效裁判文书或人事档案等与委托人身份关系的证明。

"代理人为当事人的工作人员的,应当提交劳动合同、社保缴费记录、工资支付记录等足以证明与委托人有合法人事关系的证明材料;当事人为机关事业单位的,应当提交单位出具的载明该工作人员的职务、工作期限的书面证明。

"代理人为有关社会团体推荐的公民的,参照人民法院民事诉讼中的相关规定办理。"

【修订说明】

根据《专利代理管理办法》,同时参照民事诉讼法相关条款以及人民法院相关规定,对无效宣告程序中公民代理作出调整。

2019年发布的《专利代理管理办法》(国家市场监督管理总局令第6号)第八条规定:"任何单位、个人未经许可,不得代理专利申请和宣告专利权无效等业务。"《专利审查指南》关于无效宣告程序中委托代理的规定与《专利代理管理办法》的规定精神相一致。当事人近亲属和工作人员因与当事人具有特定的身份关系,也应被允许作为代理人办理宣告专利权无效案件相关事宜,故在此特别进行规定。参考人民法院对立案材料的规范要求,对当事人近亲属和工作人员的身份证明材料进行了列举式的规定,目的是证明身份关系或人事关系。

(四)权属纠纷的当事人参加无效宣告程序的相关规定(第3.7节、第3.8节、第6.1节)

【修订内容】

在本章第3节增加一小节,具体内容如下:

"3.7 权属纠纷的当事人参加无效宣告程序的形式审查

"当事人提出中止程序请求,但专利权无效宣告程序未中止审理的,专利权权属纠纷的当事人可以请求参加无效宣告程序。

"专利权权属纠纷的当事人请求参加无效宣告程序的，应当提交参加无效宣告程序的请求书，以及权属纠纷已被人民法院或者地方知识产权管理部门受理的证明文件。经形式审查后，复审和无效审理部应当向该权属纠纷的当事人发出是否准予参加无效宣告程序的通知书。

"在无效宣告程序中，权属纠纷当事人可以提出意见，供合议组审理无效宣告案件时参考。"

适应性地将原第3.7节"形式审查通知书"修改为第3.8节，并在其末尾增加（6），即"（6）受理的无效宣告请求涉及权属纠纷的，复审和无效审理部应当向被准予参加无效宣告程序的权属纠纷当事人发出无效宣告请求案件审查状态通知书。"

在第6.1节最后新增一段："对于涉及权属纠纷的无效宣告请求，合议组作出决定后，应当将审查决定送达被准予参加无效宣告程序的权属纠纷当事人。"

【修订说明】

此处内容是落实修改后的专利法实施细则第一百零三条第二款的具体举措。该条款明确，国务院专利行政部门认为专利权权属纠纷的当事人提出的中止理由明显不能成立的，可以不中止有关程序。《专利审查指南》在此处规定，对于专利权无效宣告程序未予中止审理的，专利权权属纠纷的当事人可以请求参加无效宣告程序，以保障其知情权等合法权益。首先，权属纠纷的当事人应当提交相应的请求书和能够证明其存在权属纠纷的证明文件，经审核通过后可准予参加无效宣告程序。其次，对于准予参加无效宣告程序的当事人，发送案件审查状态通知书和无效宣告请求审查决定，保障其及时知晓案件进度和结论。最后，权属纠纷的当事人不是无效程序中的行政相对人，其可以提出意见，但仅供合议组参考。

三、关于无效宣告请求的合议审查（第4节）

（一）无效宣告程序的审查范围（第4.1节）

【修订内容】

在第一段"在无效宣告程序中，专利复审委员会通常仅针对当事人提出的无效宣告请求的范围、理由和提交的证据进行审查，不承担全面审查专利有效性的义务"中增加必要时依职权审查的内容，修改为："在无效宣告程序中，**合议组**通常仅针对当事人提出的无效宣告请求的范围、理由和提交的证据进行审查，**必要时可以对专利权存在其他明显违反专利法及其实施细则有关规定的情形进行审查**，但不承担全面审查专利有效性的义务。"

删除原第二段"专利复审委员会作出宣告专利权部分无效的审查决定后，当事人未在收到该审查决定之日起三个月内向人民法院起诉或者人民法院生效判决维持该审查决定的，针对该专利权的其他无效宣告请求的审查以维持有效的专利权为基础。"

第4.1节规定了合议组可以依职权审查的情形。此处修改增加了一种情形，即"（1）**专利权的取得明显违背诚实信用原则的，合议组可以引入专利法实施细则第十一条的无效宣告理由进行审查**"，并顺序调整原有其他7种情形的序号。

【修订说明】

无效宣告程序依职权审查规则自1993年版《专利审查指南》中即已确立，为了符合纠纷解决和平衡公共利益的需要，本次修改对专利无效宣告程序中的依职权审查作进一步规范。

修改后的专利法实施细则第六十九条将专利法实施细则第十一条也作为无效宣告理由之一，此处增加的依职权审查的第（1）种情形是为了与上述规定相适应。

删除原第二段的内容是根据专利法实施细则第七十三条的修改并结合审查实践作出的适应性调整。一方面，修改后的专利法实施细则第七十三条规定，"国务院专利行政部门在修改后的权利要求基础上作出维持专利权有效或者宣告专利权部分无效的决定的，应当公告修改后的权利要求"，公告修改后的权利要求并不需要等待行政诉讼程序；另一方面，对于一部分"在修改后的权利要求基础上作出维持专利权有效"（审查决定的结论为"宣告专利权部分无效"）的审查决定，其在行政诉讼阶段的争议焦点并不涉及与权利要求修改有关的问题。合议组可以根据案件具体情况，合理安排针对该专利权的其他无效宣告请求的审查进度并确定审查基础。

（二）请求人增加无效宣告理由和补充证据（第 4.2 节、第 4.3.1 节）

【修订内容】

第 4.2 节、第 4.3.1 节的修改内容❶如下：

1. 对于原第 4.2 节第（2）项（i）规定的"针对专利权人以合并方式修改的权利要求，在专利复审委员会指定期限内增加无效宣告理由，并在该期限内对所增加的无效宣告理由具体说明的"，将其中的"以合并方式"调整为"以删除以外的方式"，同时限定"针对修改内容"后，修改后的内容为"针对

---

❶ 第 4.2 节、第 4.3.1 节的修改内容包含了国家知识产权局令第 74 号的内容，以及本次在该基础上进行的进一步修改。

专利权人**以删除以外的方式**修改的权利要求，在**合议组**指定期限内**针对修改内容**增加无效宣告理由，并在该期限内对所增加的无效宣告理由具体说明的"。

2. 对于原第 4.3.1 节第（2）项（i）"针对专利权人以合并方式修改的权利要求或者提交的反证，请求人在专利复审委员会指定的期限内补充证据，并在该期限内结合该证据具体说明相关无效宣告理由的"，删除其中"以合并方式修改的权利要求或者"，修改后的内容为"**针对专利权人提交的反证**，请求人在**合议组**指定的期限内补充证据，并在该期限内结合该证据具体说明相关无效宣告理由的"。

【修订说明】

1. 修改后的第 4.2 节第（2）项明确，请求人增加的无效理由应当"针对修改内容"，即不允许请求人增加与此次专利权人修改无关的理由。对于不涉及专利权人修改的内容，请求人在此前已经提出过无效宣告理由，如果请求人增加新的无效宣告理由，将对专利权人造成程序上的不公平。

2. 修改后的第 4.3.1 节第（2）项明确，针对修改后的权利要求，请求人不得补充证据，这是基于无效宣告程序双方当事人在程序权利上应当对等的考虑。首先，此次指南修改虽然放宽了专利权人对权利要求的修改方式，但仍限于补入在修改前的权利要求书中已有的技术特征，并不允许出现权利要求书之外的技术特征。换言之，这些技术特征是请求人在提出无效宣告请求时都已经知晓，并且有机会对其提出证据的。其次，无效宣告程序由请求人发起，专利权人应对，在程序中的每一个"回合"也都基本如此。因此，如果允许请求人再次补充新的证据，相应须给予专利权人再次修改的机会。这将会导致当前的无效宣告程序不合理的延长。最后，对于请求人来说，如果针对修改后的权利要求发现了其他新的证据，请求人也完全可以再次提出新的无效宣告请求，其实体权利并无损失。当然，结合指南修改后的第4.2节第（2）项的规定，请求人可以针对修改内容增加无效理由，请求人还可以调整原证据的组合方式，并可以补充公知常识性证据。

（三）无效宣告程序的审查方式和指定期限（第4.4节）

【修订内容】

1. 在第4.4节"审查方式"中新增加一段："**在无效宣告程序中，合议组根据案件的具体情况，可以采取口头审理、书面审理或者口头审理与书面审理相结合的方式进行审查。**"原有的第4.4.4节"审查方式的选择"整节删除。

2. 将第4.4.1节第二句"需要指定答复期限的，指定答复期限为一个月"修改为"需要指定答复期限的，指定答复期限**一般**为一个月"。将第4.4.3节第二段"审查通知书的内容所针对的有关当事人应当在收到该通知书之日起一个月内答复"修改为"审查通知书的内容所针对的有关当事人应当**在指定期限内答复，该指定期限一般为一个月**"。

【修订说明】

1. 第4.4节对审查方式进行了调整和完善，本节修改基于"审查过程是为了查清事实"这一基本目的，同时兼顾公平和效率原则，在第4.4节概述部分明确无效案件的审查方式由合议组根据案情进行选择，同时明确无效案件审查方式包括口头审理、书面审理以及口头审理和书面审理相结合的方式。此外，由于在概述部分已经明确可根据案件的具体情况选择审查方式，因此删除原第4.4.4节的内容。

2. 将无效程序中转送文件的指定答复期限、无效宣告请求审查通知书的答复期限从"一个月"修改为"一般为一个月"，即将答复期限的裁量权交给合议组，合议组可以根据具体案情特点，综合考虑当事人的利益和审查效率，在充分保障当事人权利的基础上，确定合理的答复期限。

（四）无效宣告程序中权利要求的修改方式（第 4.6.1 节、第 4.6.2 节、第 4.6.3 节、第 5 节）

【修订内容】

第 4.6.1 节"修改原则"中，在"发明或者实用新型专利文件的修改仅限于权利要求书"后增加"**且应当针对无效宣告理由或者合议组指出的缺陷进行修改**"。

第 4.6.2 节❶第一段删除"在满足上述修改原则的前提下，修改权利要求书的具体方式一般限于权利要求的删除、**合并和技术方案的删除**"中的"**合并和**"，增加"**权利要求的进一步限定、明显错误的修正**"，修改后的内容为："在满足上述修改原则的前提下，修改权利要求书的具体方式一般限于权利要求的删除、技术方案的删除**权利要求的进一步限定、明显错误的修正**。"删除本节原第三段，将原第四段作为第三段，并新增一段作为第四段对"权利要求的进一步限定"作出定义，新增第四段的内容为："权利要求的进一步限定是指在权利要求中补入其他权利要求中记载的一个或者多个技术特征，以缩小保护范围。"

为适应上述修改，将第 4.6.3 节中"合并方式修改"修改为"删除以外的方式修改"，即包含了权利要求的进一步限定和明显错误的修正两种修改方式。将第 5 节第三段中"针

---

❶ 第 4.6.2 节、第 4.6.3 节涉及国家知识产权局令第 74 号修改的内容。

对其余权利要求（包括以合并方式修改后的权利要求）的无效宣告理由不成立"修改为"针对其余权利要求的无效宣告理由不成立"。

【修订说明】

无效宣告程序是针对请求人所提出的无效宣告请求而启动的审查程序。无效宣告程序需要同时兼顾公平与效率。因此，作为程序中的另一方当事人，专利权人在无效宣告程序中对专利文件的修改应当针对请求人提出的无效宣告理由或者合议组指出的缺陷进行，即以克服这些缺陷为目的，进行回应式的修改，而非对权利要求进行重新撰写。

原《专利审查指南》规定，专利权人采用合并权利要求的方式来缩小保护范围时，必须将从属权利要求的所有附加技术特征都补入到待修改的独立权利要求中。这种修改方式在克服有关缺陷的同时也引入了其他从属权利要求的所有附加技术特征，导致修改后的权利要求保护范围过小，不利于保护专利权。修改后的《专利审查指南》设置了"进一步限定权利要求"的修改方式，允许专利权人将其他权利要求中的一个或者多个技术特征补入到待修改的权利要求中。修改后的权利要求取代了修改前的原权利要求，原权利要求已不存在。同之前的合并式修改方式相比，此修改方式，突破了此前合并式修改的局限，允许专利权人更加"精准""灵活"地补入技术特征来缩小保护范围以克服相关缺陷，避免了原"合并权利要求"的方式导致引入其他技术特征使得保护范围不当缩小。

修改后的《专利审查指南》还明确了"明显错误的修正"修改方式。此处的明显错误，包括语法错误、文字错误、符号错误和打印错误等。对这些错误的修改必须是所属技术领域的技术人员能从原专利文件的整体及上下文清楚地判断出来的唯一正确答案,没有作其他解释或者修改的可能。

四、关于与外观设计国际申请有关的送达(第 7 节)

【修订内容】

新增第 7 节"与外观设计国际申请有关的送达",具体内容如下:"在外观设计国际申请的无效宣告程序中,对于在中国内地没有住所的专利权人,可以采用电子邮件或者邮寄、传真、公告等方式送达文件。采用公告送达的,自公告之日起满一个月,视为已经送达。"同时,适应性地将原第 7 节"无效宣告程序的终止"修改为第 8 节。

【修订说明】

我国加入海牙协定后,无效宣告程序面临将受理通知送达在中国内地没有住所的专利权人的问题,需要规定可行的送达方式。此处修订对具体的送达方式进行了明确。

五、关于无效宣告程序的终止(第 8 节)

【修订内容】

第 8 节(原第三章第 7 节)"无效宣告程序的终止"中,删除最后两段:

"在专利复审委员会对无效宣告请求作出审查决定之后,当事人未在收到该审查决定之日起三个月内向人民法院起诉,或者人民法院生效判决维持该审查决定的,无效宣告程序终止。

"在专利复审委员会作出宣告专利权全部无效的审查决定后,当事人未在收到该审查决定之日起三个月内向人民法院起诉,或者人民法院生效判决维持该审查决定的,针对该专利权的所有其他无效宣告程序终止。"

【修订说明】

上述内容仅涉及审查工作对于无效宣告程序终止时间节点的判断,并不影响当事人权利,删除以简化表述。

六、关于与药品专利纠纷早期解决机制相关的无效案件的审查(第 9 节)

【修订内容】

在原《专利审查指南》第四部分第三章增加第 9 节"涉及药品专利纠纷早期解决机制的无效宣告请求案件审查的特殊规定",包括四个小节。具体内容如下:

"9 涉及药品专利纠纷早期解决机制的无效宣告请求案件审查的特殊规定

"涉及药品专利纠纷早期解决机制的无效宣告请求案件,是指专利法第七十六条所述药品上市许可申请人(又称仿制药申请人),作为无效宣告请求人,针对中国上市药品专利信息登记平台收录的被仿制药相关专利权提出无效宣告请求的案件。

"9.1 请求书和证明文件

"仿制药申请人根据药品专利纠纷早期解决机制有关规定提出第四类声明后提出无效宣告请求的,应当在请求书中对案件涉及药品专利纠纷早期解决机制的情况作出明确标注,即涉案专利为中国上市药品专利信息登记平台上登记的专利权,请求人为相应药品的仿制药申请人,且已经提出第四类声明,并附具仿制药注册申请受理通知书和第四类声明文件的副本等相关证明文件。

"仿制药申请人提出无效宣告请求后,又根据药品专利纠纷早期解决机制有关规定提出第四类声明的，应当及时提交表明该无效宣告请求案件涉及药品专利纠纷早期解决机制的相关证据，进行口头审理的案件最迟在口头审理辩论终结前提交，不进行口头审理的案件最迟在无效宣告决定作出前提交。

"专利权人就涉案专利已经根据药品专利纠纷早期解决机制有关规定提起了相关诉讼或者行政裁决，也应当及时将相关诉讼或行政裁决信息告知合议组。

"请求人未在规定期限内提供证据表明其提出的无效宣告请求涉及药品专利纠纷早期解决机制的，不适用本节规定。

"9.2 审查顺序

"针对同一专利权的多个涉及药品专利纠纷早期解决机制的无效宣告请求，按照提出无效宣告请求之日先后排序。

"9.3 审查基础

"如果在先作出的审查决定系在专利权人提交的修改文本基础上维持专利权有效，针对在后受理的无效宣告请求，可以上述修改文本为基础继续审查。

"9.4 审查状态和结案的通知

"应人民法院或者国务院药品监督管理部门的请求，合议组可以向其发出无效宣告请求案件审查状态通知书。

"对于在无效宣告请求审理开始之前曾通知有关人民法院或者国务院药品监督管理部门的，审查决定作出后，合议组应当将审查决定和无效宣告审查结案通知书送达上述相关部门。"

【修订说明】

药品专利纠纷早期解决机制是专利法第四次修改的重要内容之一。涉及药品专利纠纷早期解决机制的无效案件因与相关专利纠纷的行政裁决或民事诉讼关联，同时影响药品监督管理部门对"首仿独占期"的认定而有必要予以重视。

首先，只有专利法第七十六条所述药品上市许可申请人，针对中国上市药品专利信息登记平台上登记的专利权提出的无效宣告请求的案件，才是"涉及药品专利纠纷早期解决机制的无效案件"。

其次，请求人具有对涉及专利纠纷早期解决机制的相关信息进行标注和证明的义务，以便于对该类案件进行识别；专利权人如已提起相关诉讼或者行政裁决，也应当将信息及时告知合议组。

再次，该类无效案件可能会涉及"首仿独占期"的认定，因此，对于涉及药品专利纠纷早期解决机制的无效案件，应该按"序"审查，该"序"为以"无效宣告请求日"进行的排序，不是"受理日"，也不是"无效宣告审查决定作出日"。之所以作出这一规定，原因在于"无效宣告请求日"的先后仅受当事人行为影响，不存在因审查速度快慢而带来的人为影响。

从次，针对同一专利权先后存在多个无效宣告请求时，如果在先作出的审查决定系在专利权人提交的修改文本基础上维持专利权有效，则在后提出的无效宣告请求可以继续审查，审查基础是在先决定中专利权人的修改文本。除此之外的其他在先决定宣告专利权无效或者部分无效的情形，依据《专利审查指南》第四部分第三章第3.8节第（4）项的规定。

最后，为促进与人民法院、行政裁决机构以及药品监督管理部门之间的衔接，参照第四部分第三章第3.8节的规定，应人民法院、行政裁决审理机构或者国务院药品监督管理部门的请求，可以向其发出无效宣告请求案件审查状态通知书和无效宣告请求审查决定。

第四章 复审和无效宣告程序中有关口头审理的规定

《专利审查指南》第四部分第四章"复审和无效宣告程序中有关口头审理的规定"的主要修改内容包括以下四个方面：第一，明确口头审理的具体方式；第二，完善口头审理的通知及记录方式；第三，完善当事人处置原则适用的情形；第四，优化口头审理的相关规定等。

一、关于口头审理的方式（第2节）

【修订内容】

1. 第2节"口头审理的确定"下新增一段："**口头审理包括线下审理、线上审理以及线下与线上审理相结合等方式。**"

2. 将第四段（原第三段）对于尚未进行口审的无效宣告案件合议组的处理方式由"合议组应当同意进行口头审理"修改为"合议组应当同意，**但是合议组认为确无必要进行口头审理的除外**"。

3. 在第2节第三段（原第二段）"无效宣告程序的当事人可以依据下列理由请求进行口头审理"部分中，将"（1）当事人一方要求同对方当面质证和辩论。（2）需要当面向合议组说明事实"修改为"（1）当事人一方要求同对方**口头**质证和辩论。（2）需要向合议组**口头**说明事实"。第2节第六段（原第五段)"复审请求人可以依据下列理由请求进行口头审理"部分中,将"(1)需要**当面**向合议组说明事实或者陈述理由"修改为"(1)需要向合议组**口头**说明事实或者陈述理由"。

【修订说明】

1. 为适应技术发展和形势变化,进一步细化口头审理的规定,明确口头审理可以采用线上审理的方式,同时考虑到现实中可能存在的一方当事人在线上,另一方当事人在线下的情况,明确可以通过线下与线上相结合的方式进行审理。口头审理的各种方式具有同等的法律效力。

2. 增加可以不进行口头审理的情形,明确合议组认为确无必要进行口头审理的情况下,可以不同意当事人的口头审理请求。

3. 将复审和无效宣告程序中,当事人以书面方式提出口头审理的请求所依据的理由中,三处"当面"修改为"口头",由此可以全面反映线上和线下口头审理中陈述意见的实际情况。

二、关于口头审理的通知和记录方式的调整(第 3 节、第 11 节)

【修订内容】

在第 3 节第一段"在无效宣告程序中,确定需要进行口头审理的,合议组应当向当事人发出口头审理通知,通知进行口头审理的日期和地点等事项"后增加内容"**发出口头审理通知的,可以通过专利局指定的特定电子系统发送,也可以采取邮寄、传真、电子邮件、电话、短信等方式告知当事人。以电话、短信方式告知的,保留通知记录**"。将"当事人应当在收到口头审理通知之日起七日内向专利复审委员会提交口头审理通知书回执"修改为"当事人应当在口头审理通知**指定的答复期限内提交回执明确表示是否参加口头审理，逾期未答复的，视为不参加口头审理，无效宣告口头审理当庭当事人出席的除外**"。第3节第三段中将"复审请求人应当在收到口头审理通知书之日起七日内向专利复审委员会提交口头审理通知书回执……"修改为"复审请求人应当在口头审理通知书**指定的答复期限内**提交口头审理通知书回执……"。第3节第五段将"无效宣告程序或者复审程序的口头审理通知书回执中应当有当事人的签名或者盖章"调整表述为"无效宣告程序或者复审程序中，**口头审理通知指定的答复期限一般不超过七日**。口头审理通知书回执中应当有当事人的签名或者盖章"。此外，删除第3节原第七段："当事人不能在指定日期参加口头审理的，可以委托其专利代理人或者其他人代表出庭。"

第11节中将"担任记录的人员应当将重要的审理事项记入口头审理笔录。除笔录外，合议组还可以使用录音、录像设备进行记录"修改为"担任记录的人员**应当记录重要的审理事项。合议组可以使用笔录、录音或者录像等方式进行记录。记录的内容是合议组表决的重要依据**"。

【修订说明】

明确当事人在口头审理通知书指定期限内逾期未答复的，视为不参加口头审理，无效宣告口头审理当庭当事人出席的除外。该修改为执行专利法实施细则第七十四条有关对无效宣告请求进行口头审理作出的细化规定。

调整口头审理的通知和记录的方式，明确可以通过专利局指定的特定电子系统发送口头审理通知，也可以采取邮寄、传真、电子邮件、电话、短信等方式告知当事人；以及在口头审理时除笔录外，合议组还可以使用录音、录像设备进行记录。此处修改为结合审理实践发展、运用新技术手段作出的适应性调整，并参考了《中华人民共和国民事诉讼法》第九十条、第一百六十二条及有关司法解释对通知和记录的方式手段，当事人基本的程序权利不受影响。

三、关于口头审理中的当事人处置原则（第 5.3 节、第 13 节）

【修订内容】

第 5.3 节第二段将"专利权人可以坚持要求驳回无效宣告请求人的无效宣告请求，也可以声明缩小专利保护范围或者放弃部分权利要求"修改为"专利权人可以坚持要求驳回无效宣告请求人的无效宣告请求，也可以声明缩小专利保护范围或者放弃部分**或全部**权利要求"。

第 13 节将"专利权人有权放弃部分权利要求及其提交的有关证据"修改为"专利权人有权放弃部分**或全部**权利要求及其提交的有关证据"。

【修订说明】

参见对本部分第三章第 2.2 节相关内容的修订说明。

四、关于合议审查的口头审理（第 5—7 节、第 11 节、第 13 节）

【修订内容】

在第 5 节新增第三段："口头审理通常由合议组组长主持。对于审理事实清楚、争议焦点明确的简单案件，经合议组一致同意，也可以由主审员代表合议组出席并主持口头审理。"对

第 5.1 节至第 7 节、第 13 节做了适应性修改：删除第 5.1 节中的"口头审理由合议组组长主持"。将第 5 节、第 13 节多处"合议组组长"修改为"**合议组**"。在第 11 节第一段中增加"**记录的内容是合议组表决的重要依据**"。

【修订说明】

参见对本部分第一章第 3 节、第 4 节相关内容的修订说明。同时，在主审员代表合议组出席并主持口头审理的情况下，合议组其他成员需根据口审记录了解案件审理情况，因此在第 11 节第一段明确口头审理记录的内容是合议组进行表决的重要依据。

第五章 无效宣告程序中外观设计专利的审查

专利法第四次修改中增加了局部外观设计和外观设计本国优先权制度。为了适应专利法修改,《专利审查指南》第四部分第五章对无效宣告程序中外观设计专利审查的有关规定进行了修改完善,主要包括:第一,涉及专利法第二十三条第一款的审查,对于相同或实质相同的审查调整或补充产品种类、实质相同的情形、整体观察及综合判断、确定涉案专利等相关规定的内容;第二,涉及专利法第二十三条第二款的审查,对于明显区别的审查细化可用于组合的现有设计特征等;第三,简化同样的发明创造判断的表述;第四,补充本国优先权的核实、享有优先权方面的内容。

一、根据专利法第二十三条第一款的审查(第5节)

(一)关于产品的种类(第5.1.1节、第5.1.2节)

【修订内容】

在第5.1.1节"外观设计相同"中的第三段最后,增加"对于局部外观设计,相同种类产品是指产品的用途和该局部的用途均相同的产品"。

在第5.1.2节"外观设计实质相同"中的第二段后新增一段:"对于局部外观设计,判断是否为相近种类产品,应综合考虑产品的用途和该局部的用途。"

【修订说明】

由于局部外观设计要求保护的局部与产品之间存在关联，产品局部难以脱离产品准确判断其用途，局部外观设计也可以是同一产品的不同局部，因此，应同时考虑产品和该局部的用途确定局部外观设计的产品种类。此次修改在第 5.1.1 节和第 5.1.2 节中分别增加确定局部外观设计产品种类相同或相近的相关规定，即对于局部外观设计，"相同种类产品是指产品的用途和该局部的用途均相同"，而"判断是否为相近种类产品，应综合考虑产品的用途和该局部的用途"。当产品和局部用途均相近时，通常可认为是相近种类产品。

通常，如果产品局部依附产品非常紧密，例如成为不可分的一体式设计时，应当更多地基于其所属整体产品的用途判断局部外观设计的产品种类。当产品局部在产品中相对较为独立，则应当更多地基于该局部的用途，判断局部外观设计产品种类，这种情形下，如果该产品局部的用途相同或相近，产品的使用场所、环境等为相近领域，足以使得一般消费产生联想进而将其进行关联，则即使整体产品种类不相同也不相近，该局部外观设计的产品种类也可认定为相近。

（二）关于实质相同的情形（第 5.1.2 节）

【修订内容】

1. 在原有的外观设计实质相同的 5 种情形中，将第（1）种情形由"其区别在于施以一般注意力**不能察觉**到的局部的细微差异，例如，百叶窗的外观设计仅有具体叶片数不同"修改为"其区别在于施以一般注意力**不易察觉**到的局部的细微差异，例如，百叶窗的外观设计仅有具体叶片数不同"。

2. 增加第（6）种情形："**其区别在于局部外观设计要求保**

护部分在产品整体中的位置和/或比例关系的常规变化。"

【修订说明】

1. 《专利审查指南》的原有表述"不能"调整为"不易"，更加符合"实质相同"的本意，并且，原有表述"不能"涵盖的情形过少，在实践中可能出现多项授权外观设计专利的保护范围高度重叠的情形，导致侵权程序中出现一项被控侵权产品同时落入多个外观设计专利保护范围的情况，本次修改完善了审查标准。

2. 局部外观设计存在不同于整体外观设计实质相同的情形，此次修改增加一项局部外观设计实质相同的情形，即"局部外观设计要求保护部分在产品整体中的位置和/或比例关系的常规变化"属于实质相同。例如关于数码照相机镜头的局部外观设计，仅存在将镜头设置在相机正面中部或靠右侧不同，属于镜头位置的常规性变化，属于实质相同的情形。另外，《专利审查指南》原有规定实质相同的情形同样适用局部外观设计。

（三）关于整体观察、综合判断（第5.2.4节）

【修订内容】

将本节第二句"所谓整体观察、综合判断是指由涉案专利与对比设计的整体来判断，而不从外观设计的部分或者局部出发得出判断结论"修改为"所谓整体观察、综合判断是指**以一般消费者为判断主体，整体观察涉案专利与对比设计，确定两者的相同点和区别点，判断其对整体视觉效果的影响，综合得出结论**"。

【修订说明】

整体观察、综合判断是外观设计对比判断的基本原则，其不仅应包括整体观察的内容，也应包括综合判断的内容。本次修改进一步明确判断主体和判断过程，不仅与当前审查实践一致，也有利于指引当事人理解该基本原则。

（四）关于确定涉案专利（第5.2.4.2节）

【修订内容】

在本节最后新增一段，内容为："对于局部外观设计，应以要求保护部分的形状、图案、色彩为准，并考虑该部分在所示产品中的位置和比例关系。"

【修订说明】

本节新增内容为针对局部外观设计保护的适应性修改。局部外观设计要求保护的局部并不脱离所依附的产品，该局部与产品之间存在关联，因此，局部外观设计的保护范围除了实线表达的要求保护部分外，虚线部分所体现出的该局部在完整产品中的位置和比例关系对于涉案专利保护范围也起到一定的限定作用。实线部分限定局部设计要求保护的形状、图案、色彩具体内容。虚线部分除对局部设计在整体产品中的位置、比例起到限定作用外，其所示出的其他内容对保护范围无限定作用。

二、根据专利法第二十三条第二款的审查（第6节）

（一）关于在明显区别审查中现有设计特征的组合（第6节）

【修订内容】

1. 在本节第一段关于专利法第二十三条第二款的规定之后，增加"判断时，既可以将涉案专利与一项现有设计单独对比，也可以将涉案专利与两项以上现有设计特征的组合进行对比"。

2. 在本节最后新增一段，内容为："可以用于组合的现有设计特征应当是物理上或者视觉上可自然区分的设计，具有相对独立的视觉效果，随意划分的点、线、面不属于可用于组合的现有设计特征。但是，涉案专利为局部外观设计的，现有设计中对应部分可以视为用于组合的现有设计特征。"

【修订说明】

1. 进一步明确在专利法第二十三条第二款有关明显区别审查中涉案专利既可以与一项外观设计对比，也可以与多项外观设计组合对比，新增内容进一步明确涉案专利与现有设计对比的方式，避免理解偏差。

2. 基于局部外观设计的基本属性，所要求保护的局部可能存在既非物理可分也非视觉上可自然区分的情形，其虽然不具有独立的视觉效果，但如果已作为局部设计要求保护，则现有设计已公开的对应部分的设计，在审查中即可将其视为独立的设计特征，允许作为现有设计特征作组合对比判断。若要求保护的局部为多个独立设计特征组成的，则应适用关于现有设计特征的一般规定。

（二）关于明显区别判断的考虑因素（第 6.1 节）

【修订内容】

在涉案专利与相同或者相近种类产品现有设计相比是否具有明显区别判断应当综合考虑的因素中，增加"**(5) 对于包括图形用户界面的产品外观设计，如果涉案专利其余部分的设计为惯常设计，其图形用户界面对整体视觉效果更具有显著的影响**"❶。

【修订说明】

对于涉及图形用户界面的外观设计专利，如果其创新设计

---

❶ 涉及国家知识产权局令第 68 号的修改内容。

主要在于图形用户界面,而未对作为载体的产品进行创新,在此情况下,判断涉及图形用户界面的外观设计专利与现有设计相比是否具有明显区别时,图形用户界面的设计对整体视觉效果更具有显著的影响。

三、关于同样的发明创造(第8节)

【修订内容】

第8节第一段在关于外观设计同样的发明创造规定中,删除"对比时应当将所有设计要素进行整体对比"。

【修订说明】

在局部外观设计中,除该局部之外的产品整体设计也通常会被示出(例如以虚线表示)。在对局部外观设计同样的发明创造进行判断时,现有规定"对比时应当将所有设计要素进行整体对比"的表述可能会被误解为,无论是否要求保护的所有设计内容均用于对比。此处修改删除该句表述,以配合局部外观设计的审查,避免不必要的误解。

四、关于优先权的核实(第9节)

【修订内容】

1. 第9.1节第一段将"外观设计专利仅可享有外国优先权,因此对优先权的核实是指核实外国优先权"修改为"**外观设计优先权的核实包括外国优先权和本国优先权的核实**"。

2. 删除第9.2节第一段中的"中国"和"在外国",修改为"外观设计相同主题的认定应当根据在后申请的外观设计与其首次申请中表示的内容进行判断""(2)**在后申请要求保护的外观设计清楚地表示在其首次申请中**"。对第9.2节第二段、

第 9.3 节和第 9.5 节第二段类似情形作同样修改。

3. 第 9.2 节第二段中，在"图片或者照片"后补充"附图"，即将"如果**中国**在后申请要求保护的外观设计与其**在外国**首次申请中的**图片或者照片**不完全一致"修改为"如果在后申请要求保护的外观设计与其首次申请中的**图片、照片或者附图**不完全一致"。

4. 第 9.3 节对于享有优先权的条件，将"参照本指南第二部分第三章第 4.1.1 节的规定。但是，**中国**在后申请之日不得迟于**外国**首次申请之日起六个月"修改为"参照本指南第二部分第三章第 4.1.1 节**和第 4.2.1** 节的规定。但是，在后申请之日不得迟于首次申请之日起六个月，**外观设计专利申请以发明或者实用新型专利申请作为本国优先权基础的，其在先申请不视为撤回**"。

【修订说明】

第 9.1 节、第 9.2 节、第 9.3 节和第 9.5 节第二段是根据专利法第二十九条有关外观设计本国优先权的规定进行的适应性修改。

根据专利法实施细则第三十五条的规定，发明和实用新型可以作为外观设计的优先权基础，申请人可以就附图显示的设计提出相同主题的外观设计专利申请。据此，第 9.2 节第二段进行适应性调整，在首次申请的图片或者照片之后增加"附图"的内容。关于外观设计优先权相同主题判断标准，是否允许整体和局部外观设计申请互为优先权基础的问题，世界各主要国家或地区的规定并不一致。本次修改延续了现行判断标准，规定"在后申请要求保护的外观设计清楚地表示在其首次申请中"，即以首次申请表示的外观设计而非要求保护的外观设计为准，即允许整体和局部外观设计申请互为优先权基础。

为适应外观设计本国优先权相关规定的改变，《专利审查指南》第二部分第三章第4.2.1节修改相应内容。第9.3节引用参照该第4.2.1节的规定，并根据专利法实施细则第三十五条的规定明确，外观设计专利申请以发明或者实用新型专利申请作为本国优先权基础的，其在先申请不视为撤回。

第六章　无效宣告程序中有关证据问题的规定

《专利审查指南》第四部分第八章"无效宣告程序中有关证据问题的规定"的主要修改内容涉及对域外证据的认证手续进行了简化、对外文证据委托翻译的相关规定进行了完善。

一、关于域外证据（第2.2.2节）

【修订内容】

原第2.2.2节规定，"域外证据是指在中华人民共和国领域外形成的证据，该证据应当经所在国公证机关予以证明，**并经中华人民共和国驻该国使领馆予以认证**，或者履行中华人民共和国与该所在国订立的有关条约中规定的证明手续"。修改后的第2.2.2节删除其中"并经中华人民共和国驻该国使领馆予以认证"的表述。

原第2.2.2节还规定了3种可以不办理相关证明手续的例外情况，修改后的第2.2.2节增加一种情形，即"(3)**该证据已为生效的人民法院裁判、行政机关决定或仲裁机构裁决所确认的**"，原第（2）种情形调整为第（4）种，并按照顺序调整各种情形的序号。

【修订说明】

对于域外形成的证据，根据原《专利审查指南》的规定，所有域外证据不仅需要公证，而且必须经我国驻外使领馆认证。

此次修改简化了认证手续，将之前所有域外形成的证据一概需要公证认证，修改为仅需经所在国公证机关证明或者履行条约手续即可，不再需要同时经我国驻该国使领馆认证，这也与2020年5月1日起施行的《最高人民法院关于民事诉讼证据的若干规定》保持一致。在此次《专利审查指南》修改进程中，我国正式加入的《取消外国公文书认证要求的公约》于2023年11月7日起生效实施。本节修改后的内容亦符合该公约中的相关要求。

对于已经为发生效力的人民法院裁判、行政机关决定或仲裁机构裁决所确认的证据，在没有相反证据足以推翻的情况下，如果仍要求当事人履行相关的证明手续，既可能增加当事人的负担，也不利于提高无效宣告程序的审查效率，故而此次修改，针对此种情形，免除了当事人办理相关证明手续的义务，合议组通常可以直接认定该证据的真实性。

二、关于外文证据委托翻译（第2.2.1节）

【修订内容】

将第2.2.1节最后一段中的"双方当事人就委托翻译达不成协议，专利复审委员会可以**自行委托**专业翻译单位进行翻译。委托翻译所需翻译费用由双方当事人各承担50%；拒绝支付翻译费用的，视为其承认对方当事人提交的中文译文正确"，修改为"双方当事人就委托翻译达不成协议的，复审和无效审理部可以**指定**专业翻译单位进行翻译，所需翻译费用由双方当事人各承担50%；拒绝**指定或者**支付翻译费用的，视为其承认对方当事人提交的中文译文正确"。

【修订说明】

此处调整为使委托翻译的文字表述更加准确，符合审查实际。

第五部分

专利申请及事务处理

第一章 专利申请文件及手续

《专利审查指南》第五部分第一章"专利申请文件及手续"的修改主要包括以下三个方面：第一，根据专利法实施细则的修改及审查实践情况，适应性调整办理专利申请手续形式的相关内容；第二，简化专利申请审批程序中常用的证明文件的要求；第三，明确专利业务办理系统的相关规定。

一、办理专利申请手续的形式及书写规则（第2节、第5节）

【修订内容】

1. 在第2节"办理专利申请手续的形式"中，将"专利申请手续应当以书面形式（纸件形式）或者电子文件形式办理"修改为"专利申请手续应当以**符合规定的电子形式、纸件形式等书面形式办理**"；将原第2.1节中的"以口头、电话、实物等非书面形式办理各种手续的，或者以电报、电传、传真、电子邮件等通讯手段办理各种手续的，均视为未提出，不产生法律效力"修改为"**以口头、电话、实物、传真、电子邮件等形式办理的**，视为未提出，不产生法律效力，**另有规定的除外**"，并移入第2节总括部分作为第二段。

2. 将原第2.2节"电子文件形式"调整为第2.1节"电子形式"；将原第2.1节"书面形式"调整为第2.2节"纸件形式"，并在第2.2节中新增内容："**对受理的纸件专利申请文件**

和其他文件，专利局进行扫描并存入数据库。以纸件形式提交的专利申请文件及其他文件，经专利局转换为电子形式文件并记录在电子系统数据库中，具有与原纸件形式文件同等的效力。"

3. 将原第五部分第十一章第 5.6 节"纸件申请和电子申请的转换"移入本部分第一章作为第 2.3 节，并修改为：

"**申请人、复审请求人**或者专利代理机构可以请求将纸件申请转换为电子申请，涉及国家安全或者重大利益需要保密的专利申请除外。

"提出请求的申请人、复审请求人或者专利代理机构应当通过专利局指定的特定电子系统提出请求。使用其他方式提出请求的，该请求视为未提出。"

4. 将第 5.2 节中"字高应当在 3.5 毫米至 4.5 毫米之间，行距应当在 2.5 毫米至 3.5 毫米之间"修改为"**纸件申请的字高应当不低于 3.5 毫米**，行距应当在 2.5 毫米至 3.5 毫米之间"。

【修订说明】

第 2 节及第 5 节的修改主要是整合专利申请手续形式的相关内容，并根据专利法实施细则第二条规定的"电子形式"及审查实践情况，适应性调整相关规定，具体如下：

1. 关于第 2 节总括部分的修改。目前，电子申请已成为专利申请的主要形式，故在表述顺序上将"电子形式"调整至"纸件形式"之前。同时，鉴于原第 2.1 节的规定对于电子形式和纸件形式的专利申请均具有约束力，将上述规定移入总括部分，并删去了实际工作中已经不再采用的"电报""电传"等通讯手段。

2. 关于第 2.2 节的修改。本节主要明确了纸件形式文件转换为电子形式文件的效力:"以纸件形式提交的专利申请文件及其他文件,经专利局转换为电子形式文件并记录在电子系统数据库中,具有与原纸件形式文件同等的效力。"

3. 关于第 2.3 节的修改,一是将原第五部分第十一章第 5.6 节"纸件申请和电子申请的转换"的内容移至本节,明确纸件申请和电子申请的转换方式;二是增加纸件申请转换为电子申请的请求人类型,在申请人、专利代理机构的基础上增加了复审请求人,即此处明确了在复审程序中可以请求将纸件申请转换为电子申请;三是明确了使用专利局指定的特定电子系统之外的其他形式提交纸件申请转换为电子申请的请求,均视为未提出。

4. 根据审查实践情况对第 5.2 节的规定进行适当调整,进一步明确了纸件申请的格式要求。

二、关于证明文件(第 6 节)

【修订内容】

1. 在本节第一段"专利申请审批程序中常用的证明文件"中删除"非职务发明证明""经常居所证明""经常营业所所在地证明""申请人资格证明"等内容。

2. 在本节第二段最后增加规定:"申请人办理专利电子申请的相关手续时,对专利法及其实施细则和本指南中规定的应当以原件形式提交的相关证明文件,可以提交原件的电子扫描文件。专利局认为必要时,可以要求申请人在指定期限内提交原件。"以及增加第三段:"申请人可以将证明文件原件在专利局存档备案,在办理相关手续时应当注明证明文件备案号。"

3. 在本节增加第四段的规定:"申请人(或者专利权人)、

其他相关当事人在办理与专利申请（或者专利）有关的各种手续时，应当遵循诚实信用原则。对于涉及违反诚实信用原则的专利申请（或者专利），专利局不予批准相关手续，已经批准的，予以撤销。"

【修订说明】

1. 为贯彻落实国务院办公厅印发的《关于做好证明事项清理工作的通知》（国办发〔2018〕47号）的要求，取消"非职务发明证明""经常居所证明""经常营业所所在地证明""申请人资格证明"等证明文件。

2. 根据《关于专利电子申请的规定》（国家知识产权局令第57号），明确电子申请中的证明文件可以为"原件的电子扫描文件"。此外，对于在专利局办理了证明文件原件的备案的，当办理相关手续时注明备案号，视为已提交证明文件原件，以简化证明文件的提交。

3. 根据专利法第二十条第一款及专利法实施细则第十一条有关诚实信用原则的规定进行适应性修改，明确申请人（或专利权人）、其他当事人在办理各种手续时应当遵循诚实信用原则。具体可参见本书对第一部分第一章第6.7.5节、第7.9节的相关内容的修订说明。

三、关于专利业务办理系统（第9节）

【修订内容】

第9节"专利业务办理系统的注册"为新增节，对专利业务办理系统、专利业务办理系统注册用户及其注册方式、注册信息维护、数字证书的使用等手续进行明确，并规定了"申请人有两人以上且未委托专利代理机构，并以电子形式提交专利申请文件及其他文件的,应当由代表人提交"。

【修订说明】

明确专利业务办理系统是可以进行网上业务办理的专利局指定的特定电子系统。电子申请注册用户的注册方式、注册信息维护、数字证书的使用等要求,均已在用户注册协议中予以规定,因此在《专利审查指南》中仅作概括性规定。

随着电子系统的不断发展,当用户注册方式、信息维护、数字证书的使用和管理等内容发生变化时,国家知识产权局将通过补充协议等方式及时告知用户,用户应当按照注册协议内容办理相关手续。

根据《专利审查指南》第一部分第一章第4.1.5节关于"代表人"的规定,本节进一步明确,对于电子申请,申请人有两人以上且未委托专利代理机构,应当由代表人提交专利申请文件及其他文件。

第二章 专利费用

《专利审查指南》第五部分第二章"专利费用"的修改主要包括以下五个方面：第一，适应性修改授权时应缴纳的费用；第二，完善费用支付和结算方式的要求；第三，适应性修改费用减缴的相关规定；第四，进一步明确了退款相关规定；第五，调整补充缴费信息的相关规定。

一、关于授权时应缴纳的费用（第1节）

【修订内容】

在第1节第（6）项中，删除"专利登记费""公告印刷费"，修改后的内容为"授权当年年费的缴纳期限是自申请人收到专利局作出的授予专利权通知书和办理登记手续通知书之日起两个月内"。

【修订说明】

根据《关于停征和调整部分专利收费的公告》（国家知识产权局公告第272号）的规定，专利登记费、公告印刷费已停征，因此，本节适应性删除了缴纳这两种费用的规定。

此外，在第五部分第八章第1.2.1.2节、第1.2.2.1节、第1.2.3.1节分别涉及发明、实用新型及外观设计3种专利权授予的相关内容中，以及在第九章第1.1.3节关于专利权授予的登记手续相关内容中，也作出了适应性的修改，删除了授权时不必缴纳的费用，具体参见相关章节的修订说明。

二、关于费用支付和结算方式（第2节）

【修订内容】

1. 删除"在中国内地没有经常居所或者营业所的当事人使用外币向专利局缴纳费用的，应当使用指定的外币，并通过专利代理机构办理，但是另有规定的除外"的规定。

2. 将"按照规定应当使用外币支付的费用，按照汇出该费用之日国家规定的汇兑率折合成人民币后结算"修改为"使用外币支付的费用，**按照银行将该费用结汇至专利局账户之日的汇率结算，以结算之日为缴费日**"。

【修订说明】

1. 申请人或者专利权人向专利局缴纳费用均应以人民币结算，故删除使用外币向专利局缴纳费用的相应规定。

2. 增加了境外汇款缴费日的规定，并相应修改了汇率结算的计算方式。根据专利法实施细则第十八条第（二）项的规定，依照专利法第十八条第一款的规定委托专利代理机构在中国申请专利和办理其他专利事务的，申请人或者专利权人可以自行办理缴纳费用的事务。由于缴费人在不同的国家、地区通过外币汇款不能直接汇至专利局账户，需要银行进行结汇至专利局的人民币账户。依据外汇管理局的规定，银行应依据收款方出具的情况说明进行结汇处理，银行应按照结汇日的汇率牌价进行结算并汇至专利局人民币账户。因此，本节明确缴费日为"按照银行将该费用结汇至专利局账户之日的汇率结算，以结算之日为缴费日"，为境外汇款缴费日的确定提供了依据。缴费人在境外缴费时应注意提前办理缴费手续，避免因汇率结算等原因造成缴费期限的延误。

三、关于收费的减缴（第3节）

【修订内容】

1. 增加专利开放许可实施期间年费减缴的相关规定。在第3节总括部分中，对于申请人（或者专利权人）缴纳专利费用有困难的，增加"**或者其专利处于开放许可实施期间的**"可以根据专利收费减缴办法向专利局提出费用收费减缴请求的规定；在第3.1节第（4）项"年费"可以享受费用减缴的条件中，增加处于"**开放许可实施期间的年费**"可以享受费用减缴的规定；在第3.2节收费减缴的手续中增加"**办理专利开放许可实施合同备案的，视为提出年费减缴请求，无需办理专利费减备案手续**"的规定。

2. 对于第3.1节可以享受年费减缴的年度，由自授予专利权当年起"三年"修改为"十年"。

3. 对于第3.2节收费减缴的手续，删除"提出费用减缓请求的，应当提交费用减缓请求书，必要时还应当附具证明文件。费用减缓请求书应当由全体申请人（或专利权人）签字或者盖章；申请人（或专利权人）委托专利代理机构办理费用减缓手续并提交声明的，可以由专利代理机构盖章。委托专利代理机构办理费用减缓手续的声明可以在专利代理委托书中注明，也可以单独提交"的要求，增加"**请求减缴专利收费的，应当提出收费减缴请求，并在提出请求前提前办理专利费减备案手续**""**专利收费减缴请求手续应当由申请人（或者专利权人）或者其代表人办理；已委托专利代理机构的，应当由专利代理机构办理**"的规定。

【修订说明】

1. 关于专利开放许可实施期间的年费减缴。根据专利法第五十一条第二款的规定,"开放许可实施期间,对专利权人缴纳专利年费相应给予减免"。《专利审查指南》就相关内容进行了适应性修改,增加了适用于专利开放许可实施期间年费减缴的规定,并对该期间享受年费减缴的条件进行了明确,即"办理专利开放许可实施合同备案的,视为提出年费减缴请求,无需办理专利费减备案手续"。

2. 关于可以享受年费减缴的年度。根据《专利收费减缴办法》(财税〔2016〕78号),专利年费的减缴年度由自授权当年三年延长至六年,根据《关于停征和调整部分专利收费的公告》(国家知识产权局公告第272号)的规定,专利年费的减缴年度再次由授权当年六年延长至十年。《专利审查指南》据此进行适应性修改,将可以享受年费减缴的期限由自授予专利权当年起"**三年**"修改为"**十年**"。

3. 关于收费减缴的手续。(1)根据《专利收费减缴办法》(财税〔2016〕78号)和《关于调整专利费减相关业务办理方式的公告》(国家知识产权局公告第229号),提出费用减缴请求应当提前办理费减备案,《专利审查指南》据此进行适应性调整。(2)将"要求提交费用减缓请求书"修改为"提出收费减缴请求",使规定更符合请求减缴专利收费的实际操作,即申请人可以通过勾选请求书的相关选项或者提交费用减缴请求书等多种形式提出费用减缴请求,表述更准确。(3)简化费减办理的手续要求,更加方便当事人办理手续。

四、关于退款(第 4.2 节)

(一)关于退款的原则(第 4.2.1 节)

【修订内容】

1. 在第 4.2.1 节"退款的原则"增加了"符合国务院发展改革部门、财政部门及国务院专利行政部门发布的公告和通知的有关规定的,当事人可以提出退款请求。符合规定的,专利局应当予以退款"的规定。

2. 在第 4.2.1.1 节"当事人可以请求退款的情形"中增加"(4)当事人对于进入实质审查阶段的发明专利申请,在第一次审查意见通知书答复期限届满前主动申请撤回的,可以请求退还 50% 的发明专利申请实质审查费,已提交答复意见的除外"的规定。

【修订说明】

1. 为给审查员、申请人及专利权人更明确的指引,在多缴、重缴、错缴专利费用可以请求退款的内容后,增加了政策性退款的相关依据,使退款的规定更加完整、准确。

2. 根据《财政部 国家发展改革委关于停征、免征和调整部分行政事业性收费有关政策的通知》(财税〔2018〕37 号),明确对于进入实质审查阶段的发明专利申请,在第一次审查意见通知书答复期限届满前(已提交答复意见的除外)主动申请撤回的,可以请求退还 50% 的发明专利申请实质审查费,第 4.2.1.1 节的相关规定进行了适应性修改。

（二）关于特殊情形的处理（第4.2.4节）

1. 因汇款人汇款后又取回汇款造成汇单无法兑付的情形（第4.2.4.2节）

【修订内容】

将第4.2.4.2节的内容修改为："经邮局确认汇款人的汇款已被取回无法兑付的，该款项视为未缴纳。"

【修订说明】

基于实际业务变化做出的适应性修改，不影响申请人的权利。

2. 通知书中涉及专利费用的信息存在错误的情形（第4.2.4.3节）

【修订内容】

新增第4.2.4.3节，增加"**通知书中涉及专利费用信息存在错误的，专利局应予更正。当事人应当按照专利局更正后的费用信息办理费用相关事宜**"的规定。

【修订说明】

针对通知书中涉及专利费用信息存在错误的情形，增加了更正及后续处理的相关规定，为专利局的处理及当事人后续办理相关事宜提供了明确的依据。

五、关于缴费信息的补充（第7节）

【修订内容】

删除原第7节第一段中关于通过传真或电子邮件的方式补充缴费信息的规定，具体删除内容为"可以在汇款当日通过传真或者电子邮件的方式补充。补充完整缴费信息的，以汇款日为缴费日"，并相应删除了原第7节第二段关于通过传真或电子邮件补充缴费信息的具体操作要求。进一步地，将补充缴费信息的方式修改为"应当在汇款当日通过专利局规定的方式及要求补充"这一上位的表述。

第 7 节❶修改后的内容为一段："费用通过邮局或者银行汇付时遗漏必要缴费信息的，**应当在汇款当日通过专利局规定的方式及要求补充。当日补充不完整而再次补充的，以专利局收到完整缴费信息之日为缴费日。**"

【修订说明】

为进一步满足当事人的缴费需求，使当事人获得更方便快捷的缴费信息补充服务，减少相关缴费失误，国家知识产权局开发了"专利缴费信息网上补充及管理系统"，替代传统的通过传真或电子邮件补充缴费信息的方式。2023 年 1 月 25 日，"专利缴费信息网上补充及管理系统"停止服务，相关功能移至"专利业务办理系统"。考虑到补充缴费信息的方式会随着审查流程的优化和技术的发展而相应调整，故在《专利审查指南》中体现为"专利局规定的方式及要求"这种上位表述，具体的缴费信息补充方式适时通过公告的形式另行公布。

---

❶ 第 7 节涉及国家知识产权局公告第 328 号的修改内容。

第三章 受 理

《专利审查指南》第五部分第三章"受理"的修改主要包括以下三个方面：第一，进一步明确专利申请受理条件中委托代理的具体规定；第二，整合并优化电子申请和纸件申请受理程序的规定，并新增援引在先申请补交遗漏文件的受理程序的规定；第三，完善受理相关程序的规定，包括申请日的更正、受理程序中错误的更正等。

一、关于不受理的情形（第2.2节）

【修订内容】

对涉及委托代理的不受理情形，进行如下修改：

1. 将"（6）在中国内地没有经常居所或者营业所的外国人、外国企业或者外国其他组织作为第一署名申请人，没有委托专利代理机构的"修改为"（6）在中国内地没有经常居所或者营业所的外国人、外国企业或者外国其他组织**单独申请专利，或者作为代表人申请专利**，没有委托专利代理机构的"。

2. 将"（7）在中国内地没有经常居所或者营业所的香港、澳门或者台湾地区的个人、企业或者其他组织作为第一署名申请人，没有委托专利代理机构的"修改为"（7）在中国内地没有经常居所或者营业所的香港、澳门或者台湾地区的个人、企业或者其他组织**单独申请专利，或者作为代表人申请专利**，没有委托专利代理机构的"。

【修订说明】

参见对第一部分第一章第6.1节的修订说明,进一步明确了对于在中国内地没有经常居所或者营业所的外国申请人及中国港澳台地区申请人是否应当委托代理的规定,明确第(6)项和第(7)项两种不受理的情形。

二、关于受理与不受理程序(第2.3节、第3.2节)

(一)整合并优化电子申请和纸件申请受理相关程序(第2.3.1节、第2.3.2.2节、第2.3.4节、第3.2节)

【修订内容】

此处修改细节较多,为提供更有帮助的指引,便于读者了解修订要点,简要说明如下:

1. 针对第2.3.1节、第2.3.4节及第3.2节,简化说明了受理程序、不受理程序和其他文件的受理程序,明确了受理部门收到文件后的记录内容。

2. 针对第2.3.1节"受理程序"第(3)项"确定申请日"部分,明确了电子申请的申请日确定规则为"**电子申请以符合要求的申请文件进入专利局指定的特定电子系统的日期为申请日**";明确了"**信封上无寄出邮戳或者寄出的邮戳日不清晰或者异常的**"情形下申请日确定规则为"**以专利局受理部门收到日为申请日**"。

3. 针对第2.3.2.2节,将"还应当核实分案申请请求书中是否填写了原申请的申请日和原申请的申请号,该原申请的申请日应当是其国际申请日,原申请的申请号是进入国家阶段时专利局给予的申请号,并应当在其后的括号内注明原申请的国际申请号"中删除"并应当在其后的括号内注明原申请的国际申请号"。

【修订说明】

1. 简化受理程序。随着专利审查系统的不断升级,部分操作已经发生了较大变化,故对专利申请受理相关程序进行了修改,简化操作细节。一是突出了程序中较为重要的审查环节,包括确定收到日、核实文件、确定申请日、给予申请号、发出通知书等。二是删除了受理或不受理程序中关于数据采集、文件扫描以及一些内部操作环节等,同时删除了与其他章节重复的文字内容。

2. 完善审查规则,为审查操作提供依据。具体为,明确了电子申请的申请日确定规则;增加了纸件申请的邮寄信封上无寄出邮戳或寄出的邮戳日异常情形下的申请日确定规则。

3. 参见对第一部分第一章第 5.1.1 节相关内容的修订说明,为便利申请人,对于原申请是国际申请的,不再要求申请人注明国际申请号,仅填写国家申请号即可。

(二)援引在先申请补交遗漏文件的受理程序(第 2.3.3 节)

【修订内容】

新增第 2.3.3 节 "根据专利法实施细则第四十五条通过援引在先申请补交遗漏文件的受理程序",具体规定如下:

"根据专利法实施细则第四十五条的规定,申请人以援引在先申请的方式补交权利要求书或者说明书(实用新型附图)的,应当在首次递交专利申请时提出援引加入声明。申请人使用专利局制定的包含援引加入声明的专利请求书标准表格,即视为提出援引加入声明。在受理程序中发现发明专利申请或者实用新型专利申请缺少说明书(实用新型无附图)或者权利要求书时，如果该申请要求了优先权，专利局发出补交遗漏文件通知书。未要求优先权的，专利局发出文件不受理通知书。分案申请不适用专利法实施细则第四十五条的规定。

"申请人在首次递交专利申请之日起两个月内或者收到补交遗漏文件通知书之日起两个月内提交确认援引加入声明，补交遗漏文件且满足受理条件的，专利局发出受理通知书、缴纳申请费通知书或者收费减缴审批通知书；未在规定期限内通过援引在先申请补交遗漏文件或者补交后仍不满足受理条件的，专利局发出文件不受理通知书。"

【修订说明】

为了更好地保障申请人利益，顺应国际规则发展的趋势，专利法实施细则取消了对PCT实施细则的援引加入条款作出的保留，新增第四十五条，即增加援引加入制度："发明或者实用新型专利申请缺少或者错误提交权利要求书、说明书或者权利要求书、说明书的部分内容，但申请人在递交日要求了优先权的，可以自递交日起2个月内或者在国务院专利行政部门指定的期限内以援引在先申请文件的方式补交。补交的文件符合有关规定的，以首次提交文件的递交日为申请日。"

第五部分第三章第2.3.3节增加了通过援引在先申请补交遗漏权利要求书或者说明书（实用新型附图）的受理程序，包括申请人提出援引加入声明的条件和时机，确认通过援引在先申请补交遗漏文件的期限要求，以及满足或不满足受理条件时的审查规则。

三、受理相关的程序（第 4 节、第 5 节、第 6 节）

【修订内容】

1. 在第 4 节中，针对申请日更正请求的审查，将通知书要求修改为"**申请日更正请求符合规定的，审查员应当发出修改更正通知书；不符合规定的，审查员应当发出视为未提出通知书，并说明理由**"。

2. 在第 5 节"受理程序中错误的更正"中，增加"**因更正影响应缴费用金额的，当事人应当按照本部分第二章第 4.2.4.3 节中规定的程序办理费用相关事宜**"的内容。

3. 在第 6 节"查询"中，将"专利局受理处设置收文登记簿"修改为"**专利局受理部门收到文件后应当记录文件提交方式、提交日期、案卷编号或者挂号号码等信息**"。

【修订说明】

1. 明确了专利局收到申请人的申请日更正请求后，根据申请日更正请求是否符合规定，发出"修改更正通知书"或者"视为未提出通知书"。

2. 补充说明了受理程序中因更正影响应缴金额的处理规定，即当事人应当按照专利局更正后的费用信息办理费用相关事宜，为专利局的处理及当事人后续办理相关事宜提供了明确的依据。

3. 根据审查实践的需要，明确专利局受理部门收到文件后应当记录的信息，便于当事人了解相关内容。

第四章 专利申请文档

《专利审查指南》第五部分第四章"专利申请文档"的修改主要包括两个方面：第一，扩大可以查阅和复制的专利申请文档的范围；第二，调整案卷保存期限，与专利法实施细则的相关规定一致。

一、关于专利申请文档的查阅复制（第 5.2 节）

【修订内容】

对第 5.2 节"允许查阅和复制的内容"❶进行了如下修改：

1. 对于第（2）项"已经公布但尚未公告授予专利权的发明专利申请案卷"，将"可以查阅和复制该专利申请案卷中直到公布日为止的有关内容"修改为"可以查阅和复制该专利申请案卷中的有关内容"；新增允许查阅和复制的内容"**在实质审查程序中向申请人发出的通知书、检索报告和决定书**"。

2. 对于第（3）项"已经公告授予专利权的专利申请案卷"，新增允许查阅和复制的内容"**优先权文件**""**检索报告**"；删除"申请人或者有关当事人对通知书的答复意见正文"中的"正文"，即允许查阅复制的内容包括"申请人或者有关当事人对通知书的答复意见"。

---

❶ 第 5.2 节涉及国家知识产权局令第 74 号的修改内容。

3. 删除原第（5）项的内容"除上述内容之外，其他文件不得查阅或者复制"。

【修订说明】

1. 为了增加审查过程的公开透明，充分接受公众监督，对于第5.2节第（2）项，修改后的内容将查阅复制的时间范围不再限于公布日之前，并且在发明专利申请实质审查阶段以及即使最终被驳回或者撤回的情况下，任何人均可通过向专利局请求查阅和复制的方式获得实质审查程序中的通知书、检索报告和决定书。

2. 对于第5.2节第（3）项"已经公告授予专利权的专利申请案卷"，第一，为了满足实际工作中当事人需要查阅优先权的合理需求，如无效宣告请求人需要核实专利的优先权是否成立以确定无效宣告请求的理由和证据，允许查阅和复制的内容增加了优先权文件；第二，检索报告是专利局作出有关审查结论的基础资料之一，为便于审查过程和结论接受公众监督，允许查阅和复制的内容增加了检索报告；第三，将"对通知书的答复意见正文"修改为"对通知书的答复意见"，对通知书的答复意见正文之外的内容，如修改说明和修改文件等，也纳入允许查询和复制的内容。

3. 对于第5.2节第（5）项，由于第5.1节已经规定了查阅和复制的原则，且将来可能进一步放开更多的可以查阅复制的文件，因此第（5）项表述已无必要，予以删除处理。

另外需要说明的是，国家知识产权局一直致力于审查信息的公开透明，依法及时公开专利审查过程信息。在国家知识产权局专利业务办理系统中设置有"专利审查信息查询"，通过该平台也可以一定程度上满足申请人、专利权人、代理机构、社会公众对专利申请审查信息的查询需求。

二、关于案卷的保存期限（第6.1节）

【修订内容】

将第6.1节"保存期限"中的"未授权结案的案卷的保存期限不少于二年，一般为三年；授权后结案案卷的保存期限不少于三年，一般为五年。保存期限自结案日起算"修改为"**未授权结案的案卷保存期限为二年；授权后结案的案卷保存期限为三年。保存期限自结案日起算**"。

【修订说明】

专利法实施细则第一百四十五条对案卷保存期限进行了明确规定，即"已视为撤回、驳回和主动撤回的专利申请的案卷，自该专利申请失效之日起满2年后不予保存""已放弃、宣告全部无效和终止的专利权的案卷，自该专利权失效之日起满3年后不予保存"。第6.1节进行适应性修改，修改后的案卷保存期限与专利法实施细则的相关规定一致，且纸件形式的文件经专利局转换为电子形式文件并记录在电子系统数据库后，具有与原纸件形式文件同等的效力，已经充分替代了纸件形式文件在审查过程中发挥的作用。

第五章　保密申请与向外国申请专利的保密审查

《专利审查指南》第五部分第五章"保密申请与向外国申请专利的保密审查"的修改主要包括以下三个方面：第一，进一步细化保密请求的相关规定；第二，明确解密国防专利的接收和处理流程；第三，明确向外国申请专利的保密审查的时限要求。

一、关于专利申请的保密确定（第3节）

【修订内容】

在第3.1.1节"保密请求的提出"中进行如下修改：

1. 将本节第一段中"涉及国家安全或者重大利益需要保密的"修改为"涉及**除国防利益以外**的国家安全或者重大利益需要保密的"。

2. 将本节第二段中"应当提交有关部门确定密级的相关文件"修改为"应当提交有定密权限的机关、单位出具的保密证明材料"。

3. 在本节最后新增规定："保密证明材料中应当写明发明创造名称、申请人姓名或者名称、密级、保密期限、保密原因及保密要点、定密责任人、定密机关或者单位的联系人和联系电话、申请人机要通信地址以及定密日期。该文件还应当加盖定密机关或者单位的公章。"

【修订说明】

明确了专利局处理的保密专利申请的范围是涉及"除国防利益以外的"国家安全或者重大利益需要保密的。根据专利法实施细则第七条第一款的规定，专利局受理的专利申请涉及国防利益需要保密的，应当及时移交国防知识产权局进行审查。

为了提供更加规范准确且具有可操作性的指引，进一步明确保密请求证明材料的出具单位，同时明确了保密请求证明材料的相关形式要求。

二、关于专利申请（或者专利）的解密程序（第5节）

【修订内容】

新增第5.4节"解密国防专利的接收和处理"，具体规定为："专利局接收国防知识产权局移交的解密国防专利后，应当及时对该专利进行解密公告、出版发明专利单行本，并将该专利转为一般专利进行管理。"

【修订说明】

新增第5.4节，进一步明确专利局和国防知识产权局对于解密国防专利的交接和处理工作流程，便于专利权人或者公众了解相关程序。

三、关于向外国申请专利的保密审查（第6节）

【修订内容】

在第6.1.2节中，对于向外国申请专利保密审查请求文件进行初步保密审查的情形，根据专利法实施细则第九条的修改，相应增加或修改审查时限的要求。修改后的第6.1.2节的规定如下：

"审查员对向外国申请专利保密审查请求文件进行初步保密审查。请求文件形式不符合规定的,审查员应当**在请求递交日起两个月内通知请求人该向外国申请专利保密审查请求视为未提出,情况复杂的,可以在请求递交日起四个月内通知请求人**,请求人可以重新提出符合规定的向外国申请专利保密审查请求。

"技术方案明显不需要保密的,审查员应当**在请求递交日起两个月内通知请求人可以就该技术方案向外国申请专利,情况复杂的,可以在请求递交日起四个月内通知请求人**。技术方案可能需要保密的,审查员应当将需作进一步保密审查、暂缓向外国申请专利的审查意见通知请求人。审查员**应当在请求递交日起两个月内发出向外国申请专利保密审查意见通知书,情况复杂的,在请求递交日起四个月内发出通知书**,将上述审查结论通知请求人。

"已通知请求人暂缓向外国申请专利的,审查员应当作进一步保密审查,必要时可以邀请相关领域的技术专家协助审查。审查员根据保密审查的结论**在请求递交日起四个月内**发出向外国申请专利保密审查决定,**情况复杂的,在请求递交日起六个月内发出决定**,将是否同意就该技术方案向外国申请专利的审查结果通知请求人。"

【修订说明】

为了更好地落实《中华人民共和国行政许可法》关于行政机关必须在法定期限内作出行政许可决定的规定,专利法实施细则第九条对逾期无意见即许可的形式进行调整,并进一步明确向申请人发出保密审查通知和作出保密审查决定的时限。《专利审查指南》进行了适应性修改,细化了不同情形下的审查时限,方便申请人向外国申请专利时有更为确切的时间预期。

第六章 通知和决定

《专利审查指南》第五部分第六章"通知和决定"的修改主要包括以下两个方面：第一，调整通过电子形式送达及通过邮寄的通知和决定的送达日的相关规定；第二，完善文件邮路查询时效的相关规定。

一、关于通知和决定的送达（第2节）

【修订内容】

在第2.3.1节中，进行如下修改：

1. 在第一段中，对于通过邮寄的通知和决定，将"当事人提供证据，证明实际收到日在推定收到日之后的，以实际收到日为送达日"修改为"**当事人提供证据能够证明实际收到文件的日期的，以实际收到日为准**"。

2. 在第一段后增加一段："**通过电子形式送达的通知和决定，以进入当事人认可的电子系统的日期为送达日。进入当事人认可的电子系统的日期与通知书和决定的发文日不一致时，除当事人能提供证据外，该通知书和决定的发文日推定为送达日。**"

【修订说明】

专利法实施细则第四条对电子形式申请的递交日和送达日等重要时间点进一步规范和明确。根据该条规定适应性修改第

2.3.1 节的内容，对于通过邮寄及通过电子形式送达的通知和决定的送达日的规定分别予以明确。具体如下：

1. 对于通过邮寄的通知和决定，在以推定送达为原则的基础上进一步明确，对于可以确定实际收到日的情形即当事人提供证据能够证明实际收到文件的日期的，以实际收到日为准。

2. 对于通过电子形式送达的通知和决定，根据专利法实施细则第四条的规定进行适应性修改，明确以进入当事人认可的电子系统的日期为送达日。通常情况下，该通知书和决定的发文日推定为送达日。如果进入当事人认可的电子系统的日期与通知书和决定的发文日不一致时，只要当事人能提供证据，证明进入当事人认可的电子系统的实际日期，以实际收到日为送达日。

二、关于文件的查询（第3.2节）

【修订内容】

在第3.2节"文件的查询"中，将邮路查询时效，由自发文日起"十个月"修改为"**一年**"。

【修订说明】

修改后的邮路查询时效与《中华人民共和国邮政法》中规定的邮路查询时效保持一致，能更好地保障申请人的切身利益。申请人可以根据需要，在规定的时效内及时启动邮路查询程序，查明通知书和决定的送达情况。

第七章　期限、权利的恢复、中止、审查的顺序

《专利审查指南》第五部分第七章"期限、权利的恢复、中止、审查的顺序"的修改主要包括以下四个方面：第一，调整涉及期限的相关规定；第二，明确复审请求阶段恢复权利请求的期限要求；第三，完善涉及中止程序的相关规定；第四，明确审查的顺序，重点完善延迟审查相关规定。

一、关于期限（第1—5节）

【修订内容】

1. 在第1.2节第二段中增加"对于外观设计国际申请，申请人答复驳回通知的期限为四个月"的规定。删除"上述指定期限自推定当事人收到通知之日起计算"。

2. 在第2.1节第（2）项的内容中，将"推定收到日"修改为"送达日"；增加"送达日的相关规定参见本部分第六章第2.3节"的规定；将涉及指定期限和法定期限起算日计算的两个示例修改为"审查员根据专利法第三十七条的规定指定申请人陈述意见或者修改其申请的期限（指定期限）是**自审查意见通知书送达申请人之日起计算**；专利法实施细则第六十条第一款规定的申请人办理登记手续的期限（法定期限）是**自授予专利权通知书送达申请人之日起计算**"；将该部分第二段删除。

3. 将第2.3节中"期限的第一日（起算日）不计算在期限

内"修改为"期限开始的当日不计算在期限内，自下一日开始计算"；将"又如"之后的示例修改为"专利局于 2008 年 6 月 6 日**通过邮寄**发出审查意见通知书，指定期限两个月，其**推定送达日**是 2008 年 6 月 21 日（遇休假日不顺延），则期限届满日应当是 2008 年 8 月 21 日"；将"再如"之后的示例修改为"专利局**通过指定的特定电子系统**于 2022 年 12 月 31 日发出通知书，其**推定送达日**是 2022 年 12 月 31 日，如果该通知书的指定期限为两个月，则期限届满日应当是 2023 年 2 月 28 日"。

4. 将第 3.1 节及第 5.3 节中的"推定收到日"修改为"**送达日**"，将第 3.2 节的示例明确为"**通过邮寄**"的方式，并将其中的"推定收到日"修改为"**推定送达日**"。

5. 在第 4.2 节"延长期限请求的批准"第三段之后增加第四段："国家出现紧急状态或者非常情况时，专利局可以依法延长专利法实施细则规定的期限和专利局指定的期限或者简化当事人应当履行的相关手续，并以公告等形式告知当事人。"

【修订说明】

外观设计国际申请存在明显实质性缺陷的，审查员应当向国际局发出驳回通知。申请人在收到驳回通知后，应当在指定的期限内根据专利法第十八条的规定办理委托手续，并进行答复。考虑到上述环节周期较长，因此，在第 1.2 节中将外观设计国际申请的答复驳回通知的期限规定为四个月，以确保申请人能够有足够的时间办理相关手续并进行答复，保障申请人的利益。

专利法实施细则第五条调整了期限的开始日的表述。第 2.3 节进行了适应性修改，明确"期限开始的当日不计算在期限内，自下一日开始计算"。

专利法实施细则第四条进一步规范和明确了电子形式申请的递交日和送达日等重要时间点。《专利审查指南》第五部分第七章第1.2节、第2.1节、第2.3节、第3.1节及第5.3节等相关内容进行了适应性修改，包括：将"推定收到日"修改为"送达日"或"推定送达日"等，与《专利审查指南》第五部分第六章第2.3节"送达日"的相关规定是一致的；适应性修改相关示例，分别涉及通过电子系统和通过邮寄形式送达通知书，明确通过电子系统发出的通知的当日为推定送达日，通过邮寄形式发出通知书的推定送达日为自通知书发出之日起满15日，便于当事人理解不同送达形式的相关期限的计算。

关于第4.2节的修改。针对国家出现紧急状态或者非常情况时，当事人可能无法在期限内进行或者完成某一行为或程序的情形，增加专利局依法延长相应的期限或者简化相关手续的规定。

二、关于权利的恢复（第6节）

【修订内容】

第6.2节"手续"部分的修改如下：

1. 将提出恢复权利请求的期限"自收到专利局或者专利复审委员会的处分决定之日起两个月内"修改为"自收到专利局的处分决定之日起两个月内、或者**请求复审的期限届满之日起两个月内**"。

2. 将"根据专利法实施细则第六条第一款规定请求恢复权利的，应当自障碍消除之日起两个月内**最迟**自期限届满之日起两年内提交恢复权利请求书，说明理由，必要时还应当附具有关证明文件"中的"最迟"修改为"且"，即修改后为："根据专利法实施细则第六条第一款规定请求恢复权利的，应当自障碍消除之日起两个月内**且**自期限届满之日起两年内提交恢复权利请求书，说明理由，必要时还应当附具有关证明文件。"

【修订说明】

1. 为了进一步完善权利恢复的情形，以更好地维护专利申请人的利益，专利法实施细则第六条增加对于延误复审请求期限的专利申请人在一定期限内向国务院专利行政部门请求恢复权利的情形。根据该条规定第 6.2 节进行适应性修改，进一步明确了复审请求阶段办理恢复权利请求手续的相关要求，即增加了在请求复审的期限届满之日起两个月内可以提出恢复权利请求的情形。其中，根据专利法第四十一条第一款及《专利审查指南》第四部分第二章第 2.3 节第（1）项的规定，"请求复审的期限届满之日"为收到专利局作出的驳回决定之日起满三个月的相应日。

2. 根据专利法实施细则第六条第一款的修改，对因不可抗拒的事由提出恢复权利请求的期限的表述进行适应性调整。

三、关于中止程序（第 7 节）

（一）权属纠纷的当事人请求的中止（第 7.3.1.1 节、第 7.3.1.2 节、第 7.5.1 节）

【修订内容】

1. 在第 7.3.1.1 节中，对于"权属纠纷的当事人请求中止的手续"应当符合的规定第（1）项，在"提交中止程序请求书"的基础上增加"并说明理由"，即修改为"提交中止程序请求书**并说明理由**"。

2. 在原第 7.3.1.2 节的最后一段中将"满足上述条件或者

经补正后满足上述条件的，审查员应当向专利申请（或专利）权属纠纷的双方当事人发出中止程序请求审批通知书，并告知中止期限的起止日期（自提出中止请求之日起）"中的"应当"予以删除；删除本段最后一句"对处于无效宣告程序中的专利，专利局的流程管理部门还应当将执行中止的决定通知专利复审委员会，由专利复审委员会通知无效宣告程序中的当事人"，增加新的一段：

"但是，对于处于无效宣告程序中的专利，专利局的流程管理部门完成形式审查后，由复审和无效审理部门作进一步审查。具备下列情形之一的，可以不中止专利权无效宣告程序：

"（1）根据已进行的审查工作能够作出无效宣告审查决定的；

"（2）权属纠纷当事人依据的理由明显不充分，也未提交足以证明确有权属纠纷存在的证据的；

"（3）有证据表明，中止专利权无效宣告程序将明显损害当事人利益或者公共利益的；

"（4）有证据表明，中止程序的请求明显具有不诚信、不正当行为的。"

3. 在第 7.5.1 节"权属纠纷的当事人提出的中止程序的结束"中，在"中止期限届满，专利局自行恢复有关程序，审查员应当向权属纠纷的双方当事人发出中止程序结束通知书"之后，增加"相关专利权已被宣告全部无效等情形除外"。

【修订说明】

专利法实施细则第一百零三条第二款的修改在于，一是请求中止有关程序时，在应当向国务院专利行政部门提交请求书的基础上，增加"说明理由"表述；二是对于请求中止相关程序的,"国务院专利行政部门认为当事人提出的中止理由明显不能成立的,可以不中止有关程序",从而有利于杜绝滥用中止程序的情形。

第7.3.1.1节的规定是根据该条款进行的适应性修改。

第7.3.1.2节的修改内容是根据该条款规定,进一步明确可以不中止专利权无效宣告程序的情形。对权属纠纷当事人提出的中止请求,专利局可以根据案件审理进度、案件证据情况、兼顾公共利益、强调诚实信用、严厉打击虚假诉讼的原则思路,决定是否中止。

修改后的第7.5.1节的内容进一步明确,中止程序结束后,如果相关专利权已被宣告全部无效,此时无须向权属纠纷的双方当事人发出中止程序结束通知书。

(二)因人民法院要求协助执行财产保全的中止(第7.4.2节、第7.4.3节、第7.5.2节❶)

【修订内容】

1. 在第7.4.2节"因协助执行财产保全而中止的期限"中,进行如下修改:

(1)对于因人民法院要求专利局协助执行财产保全而执行中止程序的,将"中止期限一般为六个月。自收到民事裁定书之日起满六个月的,该中止程序结束"修改为"**按照民事裁定书及协助执行通知书写明的财产保全期限中止有关程序**"。

(2)对于人民法院要求继续采取财产保全措施的,将"应当在中止期限届满前将继续保全的协助执行通知书送达专利局,经审核符合本章第7.3.2.1节规定的,中止程序续展六个月。

---

❶ 第7.4.2节、第7.4.3节、第7.5.2节涉及国家知识产权局令第74号的内容。

对于同一法院对同一案件在执行程序中作出的保全裁定,专利局中止的期限不超过十二个月,在审判程序中作出的保全裁定,专利局中止的期限可以适当延长",修改为"应当在中止期限届满前将继续保全的协助执行通知书送达专利局,经审核符合本章第7.3.2.1节规定的,中止**期限予以续展**"。

2. 在第7.4.3节"涉及无效宣告程序的中止期限"中,删除"或者应人民法院要求协助执行财产保全的中止",修改后的第7.4.3节的内容为:"对涉及无效宣告程序中的专利,应权属纠纷当事人请求的中止,中止期限不超过一年,中止期限届满专利局将自行恢复有关程序。"

3. 将第7.5.2节中的"中止期限为六个月"修改为"**中止期限为民事裁定书及协助执行通知书写明的财产保全期限**"。

【修订说明】

根据《中华人民共和国民事诉讼法》的相关规定,人民法院有权根据不同情形扣押、冻结、划拨、变价被执行人的财产。有义务协助调查、执行的单位接到人民法院协助执行通知书后,拒不协助查询、扣押、冻结、划拨、变价财产的,人民法院除责令其履行协助义务外,并可以予以罚款。根据《最高人民法院关于适用〈中华人民共和国民事诉讼法〉的解释(2022修正)》的相关规定,人民法院冻结被执行人的银行存款的期限不得超过一年,查封、扣押动产的期限不得超过两年,查封不动产、冻结其他财产权的期限不得超过三年。

根据专利法实施细则第一百零四条的规定,专利局作为有义务协助调查、执行的单位,在接到人民法院作出的民事裁定书和协助执行通知书后,应当中止被保全的专利申请权或者专利权的有关程序。

基于以上法律规定及司法解释，《专利审查指南》进行了适应性修改，对因协助执行财产保全而中止的期限有关规定进行了统一调整，在第 7.4.2 节中明确专利局应当按照民事裁定书及协助执行通知书写明的财产保全期限中止有关程序，在第 7.5.2 节中相应地修改了中止期限；在第 7.4.3 节中，删除了无效宣告程序中应人民法院要求协助执行财产保全的中止期限的规定。

四、关于审查的顺序（第 8 节）

【修订内容】

第 8 节"审查的顺序"经历过两次修改。第一次是国家知识产权局于 2019 年 9 月 23 日发布的局公告第 328 号进行的修改，删除了原第二部分第八章第 3.4 节，在第五部分第七章中增加第 8 节，明确了对发明、实用新型、外观设计三种专利申请审查顺序的一般原则、优先审查、发明及外观设计专利申请的延迟审查，以及对专利局自行启动实质审查的专利申请可以优先处理的相关规定，并将第五部分第七章的标题修改为"期限、权利的恢复、中止、**审查的顺序**"。本次对第 8.1 节、第 8.3 节进行了再次修改。修改后的第 8 节内容如下：

"8. 审查的顺序

"8.1 一般原则

"对于发明、实用新型和外观设计专利申请，一般应当按照申请提交的先后顺序启动初步审查；对于发明专利申请，在符合启动实质审查程序的其他条件前提下，一般应当按照提交实质审查请求书并缴纳实质审查费的先后顺序启动实质审查；另有规定的除外。

"如果需要，对于技术内容、申请人或发明人相互关联的专利申请，可以合并审查。

"8.2 优先审查

"对涉及国家、地方政府重点发展或鼓励的产业，对国家利益或者公共利益具有重大意义的申请，或者在市场活动中具有一定需求的申请等，由申请人提出请求，经批准后，可以优先审查，并在随后的审查过程中予以优先处理。按照规定由其他相关主体提出优先审查请求的，依照规定处理。适用优先审查的具体情形由《专利优先审查管理办法》规定。

"但是，同一申请人同日（仅指申请日）对同样的发明创造既申请实用新型又申请发明的，对于其中的发明专利申请一般不予优先审查。

"8.3 延迟审查

"申请人可以对专利申请提出延迟审查请求。

"发明专利延迟审查请求，应当由申请人在提出实质审查请求的同时提出，但发明专利申请延迟审查请求自实质审查请求生效之日起生效。延迟期限为自延迟审查请求生效之日起1年、2年或者3年。

"实用新型专利延迟审查请求，应当由申请人在提交实用新型专利申请的同时提出。延迟期限为自延迟审查请求生效之日起1年。

"外观设计专利延迟审查请求，应当由申请人在提交外观设计申请的同时提出。延迟期限以月为单位，最长延迟期限为自延迟审查请求生效之日起36个月。

"延迟期限届满后，专利申请将按顺序待审。必要时，专利局可以自行启动审查程序并通知申请人，申请人请求的延迟审查期限终止。

"延迟期限届满前,申请人可以请求撤回延迟审查请求,符合规定的,延迟期限终止,专利申请将按顺序待审。

"8.4 专利局自行启动

"对于专利局自行启动实质审查的专利申请,可以优先处理。"

【修订说明】

为了提高专利审查质量和审查效率,第 8.1 节增加了合并审查的相关内容,明确了对于技术内容、申请人或发明人相互关联的专利申请,在需要时可以合并审查。

为了合理地配置审查资源,满足申请人多样化的审查周期需求,在第 8.3 节中,在原有发明、外观设计专利申请延迟审查相关规定的基础上,对实用新型专利申请也增加了可以请求延迟审查的规定,以及细化外观设计专利申请延迟审查的规定。其中,综合考虑社会意见,由于实用新型专利申请没有类似发明专利申请的早期公开制度,因此,不同于发明专利申请,其延迟期限限定为 1 年。对于外观设计专利申请,为使延迟审查规定更为灵活,将延迟期限设定为以月为单位,最长延迟期限为自提出延迟审查请求生效之日起 36 个月。

此外,根据社会反馈意见,为了进一步满足创新主体的实际需求,对三种专利申请的延迟审查请求增加了可以撤回相应请求的规定,从而便于申请人根据实际情况的变化和自身需要,及时作出调整。

第八章 专利公报和单行本的编辑

《专利审查指南》第五部分第八章"专利公报和单行本的编辑"的修改主要包括以下三个方面：第一，进一步明确专利公报和单行本出版的相关规定；第二，适应性调整专利公报内容的相关要求；第三，增加专利公报中涉及专利权期限补偿的公布项目。

一、关于专利公报和单行本出版（第1.1节、第2节）

【修订内容】

将第八章第1.1节中的"专利公报以期刊形式发行，同时以电子公报形式在国家知识产权局政府网站上公布，或者以专利局规定的其他形式公布。专利公报按照年度计划出版，三种专利公报每周各出版一期"修改为"**专利公报以电子公报形式、期刊形式或者以专利局规定的其他形式公布。电子公报在国家知识产权局政府网站上公布。三种专利公报按照年度计划定期分别出版**"。

将第八章第2节中的"专利局编辑出版单行本。专利申请及专利单行本每周出版一次，与相应的专利公报同一天出版"修改为"**专利申请及专利单行本定期与相应的专利公报同日出版**"。

【修订说明】

目前专利公报以电子公报为主要公报形式，因此将"电子公报形式"调整在"期刊形式发行"之前。

根据《关于调整专利公开公告出版周期的公告》（国家知识产权局公告第 241 号），专利公开公告出版周期由一周一次调整为一周两次。随着电子公布公告系统的上线，每周多期甚至每天公报都具备了可能性。在出版周期可以缩短的发展趋势下，为更加灵活调整出版周期，更好地满足实际需求，明确"三种专利公报按照年度计划定期分别出版""专利申请及专利单行本定期与相应的专利公报同日出版"。

二、关于专利公报的内容（第 1.2 节）

（一）发明专利申请公布（第 1.2.1.1 节）

【修订内容】

1. 将"发明专利申请经初步审查合格后，自申请日（有优先权的，为优先权日）起满十五个月进行公布准备，并于十八个月期满时公布"修改为"发明专利申请经初步审查合格后，**自申请日（有优先权的，为优先权日）起满十八个月，即行公布**。专利法实施细则第四十一条规定的作好公布专利申请文件印刷准备工作的时间一般为专利法第三十四条规定的十八个月前一个月"。

2. 在"在初步审查合格后，要求提前公布其专利申请的，自提前公布请求合格之日起进行公布准备"之后，删除"并及时予以公布。自申请日（有优先权的，为优先权日）起满十五个月，因各种原因初步审查尚未合格的发明专利申请将延迟公布"。

【修订说明】

1. 随着专利电子申请应用的普及和专利审查信息化水平的提高，专利公报已基本实现电子公报形式，发明公布的出版公布准备周期已缩短至一个月内，因此，修改原"十五个月进行公布准备"的时限规定。

2. 本节第一段中已经明确"发明专利申请经初步审查合格"作为发明公布的前提条件，其中已包含"因各种原因初步审查尚未合格的发明专利申请将延迟公布"的情形，属于重复性规定，因此予以删除。

（二）专利权授予（第 1.2.1.2 节、第 1.2.2.1 节、第 1.2.3.1 节）

【修订内容】

在第 1.2.1.2 节"发明专利权授予"涉及"发明专利权授予公告的内容"中删除"摘要和摘要附图，但说明书没有附图的，可以没有摘要附图"。

在第 1.2.1.2 节"发明专利权授予"、第 1.2.2.1 节"实用新型专利权授予"及第 1.2.3.1 节"外观设计专利权授予"中删除了缴纳"专利登记费"的规定。

【修订说明】

根据专利法实施细则第一百零七条第（四）项的规定，专利公报公告的内容包括"（四）专利权的授予以及专利权的著录事项"。第 1.2.1.2 节对发明专利权授予公告的内容进行适应性调整，同时由于审查实践中发明专利公报中发明专利权授予公告时不再公告说明书摘要，此处修改也与审查实际做法保持一致。

根据《关于停征和调整部分专利收费的公告》（国家知识产权局公告第 272 号）的相关规定，在第 1.2.1.2 节、第 1.2.2.1 节及第 1.2.3.1 节中删除了"专利登记费"。

（三）专利公报专利事务内容（第1.2.1.4节、第1.2.2.3节、第1.2.3.2节）

【修订内容】

在第1.2.1.4节中对于发明专利公报的专利事务公布内容增加"**专利权期限的补偿**""**专利实施的开放许可**"；在第1.2.2.3节及第1.2.3.2节中分别对于实用新型及外观设计专利公报的专利事务公布内容增加"**专利实施的开放许可**"。

【修订说明】

专利法实施细则第一百零七条专利公报内容中增加了第（九）项"专利权期限的补偿"，以及第（十三）项"专利实施的开放许可事项"，在第1.2.1.4节、第1.2.2.3节、第1.2.3.2节中进行适应性修改，在专利公报的专利事务中增加专利权期限的补偿、专利实施的开放许可事项的事务公告内容。

三、关于专利公报的编辑（第1.3节）

1. 关于专利权期限补偿公布的项目（第1.3.2.6节）

【修订内容】

在第八章第1.3.2节中增加第1.3.2.6节"专利权期限的补偿"，涉及专利权期限补偿和药品专利权期限补偿分别公布的项目。具体内容如下：

"专利权期限补偿公布的项目包括：主分类号、专利号、申请日、授权公告日、原专利权期限届满日、现专利权期限届满日。

"药品专利权期限补偿公布的项目包括：主分类号、专利号、申请日、授权公告日、药品名称及经批准的适应症、原专利权期限届满日、现专利权期限届满日。"

【修订说明】

专利法实施细则第一百零七条增加了"专利权期限的补偿"作为专利公报公布或者公告的事项，本节进行适应性修改，增加该部分事务公告的内容和具体公布项目内容，便于公众了解专利权期限补偿的相关信息。

2. 关于专利权质押登记、变更及注销（第1.3.2.8节）

【修订内容】

将原第1.3.2.7节调整为第1.3.2.8节，将本节中的"专利权质押合同登记的生效""专利权质押合同登记生效"修改为"**专利权质押登记**"；"质押合同登记生效日"修改为"**质押登记日**"；"专利权质押合同登记变更"修改为"**专利权质押登记变更**"；"专利权质押合同登记注销"修改为"**专利权质押登记注销**"；"质押合同登记解除日"修改为"**注销日**"。

【修订说明】

为深入贯彻落实中共中央、国务院关于优化营商环境的部署要求，提供更加规范、便利、高效的专利质押登记服务，更大程度方便企业和群众办事，推动知识产权转化实施，国家知识产权局于2021年11月15日公告了修改后的《专利权质押登记办法》（国家知识产权局公告第461号）。本节是根据该公告的规定所做的适应性修改，专有名词的表述与该公告的相应表述一致，使得专利权质押登记、变更及注销相关内容更加清晰明确。

第九章　专利权的授予和终止

《专利审查指南》第五部分第九章"专利权的授予和终止"的修改主要包括以下三个方面：第一，从方便申请人的角度，完善专利权的授予的相关规定；第二，适应专利法及其实施细则的修改，明确根据专利法第四十二条第二款的专利权期限补偿及根据专利法第四十二条第三款的药品专利权期限补偿的相关要求；第三，完善没有按照规定缴纳年费导致权利终止的相关规定。

一、关于专利权的授予（第1节）

（一）登记手续（第1.1.3节）

【修订内容】

将第1.1.3节"申请人在办理登记手续时，应当按照办理登记手续通知书中写明的费用金额缴纳专利登记费、授权当年（办理登记手续通知书中指明的年度）的年费、公告印刷费，同时还应当缴纳专利证书印花税"修改为"申请人在办理登记手续时，应当按照办理登记手续通知书的要求缴纳授权当年的年费"。

【修订说明】

本节是根据《关于停征和调整部分专利收费的公告》（国家知识产权局公告第272号）和《关于终止代征印花税有关事

宜的公告》(国家知识产权局公告第 489 号)进行的适应性修改,删除"专利登记费"、"公告印刷费"及"专利证书印花税"的相关内容。同时删除授权当年的年费的原有解释内容,使表述更加简洁。申请人办理登记手续时,按照办理登记手续通知书中指明的年度缴费即可。

(二)颁发专利证书、登记和公告授予专利权(第 1.1.4 节)

【修订内容】

将第 1.1.4 节的专利证书制作和送达方式即"专利证书制作完成后即可按照本部分第六章第 2.1.1 节中的规定送交专利权人。在特殊情况下,也可按照本部分第六章第 2.1.2 节中的规定直接送交专利权人"修改为"**专利证书按照相关规定制作并送达专利权人**"。

【修订说明】

为贯彻落实党中央、国务院关于加强数字政府建设的决策部署,持续提高专利审查服务信息化和便利化水平,国家知识产权局发布《关于全面推行专利证书电子化的公告》(国家知识产权局公告第 515 号),自 2023 年 2 月 7 日(含当日)起,全面推行专利证书电子化。当事人以电子形式申请并获得专利授权的,通过专利业务办理系统下载电子专利证书;以纸质形式申请并获得专利授权的,按照"领取电子专利证书通知书"中告知的方式下载电子专利证书。本节是根据该公告进行的适应性修改。

(三)专利证书的构成(第 1.2.1 节)

【修订内容】

在第 1.2.1 节中删除"专利证书由证书首页和专利单行本

构成";增加了专利证书应当记载的"**授权公告号**",增加了专利证书的著录事项包括的内容即"**第一专利权人地址、该专利申请日时的发明人或者设计人姓名和该专利申请日时的申请人姓名或者名称等**";删除"证书中的专利单行本的总页数超过110页,则自第101页起以续本形式制作"。

删除原第1.2.2节"专利证书副本"的全部内容。

【修订说明】

第1.2.1节是根据《关于专利证书及专利证书副本的构成有关事宜的公告》(国家知识产权局公告第257号)、《关于专利证书改版的公告》(国家知识产权局公告第286号)进行的适应性修改。

为满足当事人在经济、法律活动中的相关需要,国家知识产权局在通过互联网平台向专利权人及社会公众提供实时、便捷、透明的信息查询渠道基础上,进一步优化专利证书的构成。根据国家知识产权局公告第257号,新版专利证书增加授权公告号、专利权人地址信息,并取消专利单行本。根据国家知识产权局公告第286号,在专利证书中增设该专利申请日时的申请人、发明人或设计人信息。将该公告内容在《专利审查指南》层面加以固化,使社会公众可以更加清晰地获知现行专利证书的构成。

根据全面推行专利证书电子化的发展,适应性删除原第1.2.2节"专利证书副本"。

(四)专利证书的更换及错误更正(第1.2.2节、第1.2.3节)

【修订内容】

1. 将原第1.2.3节调整为第1.2.2节,删除本节第一段中的"专利证书损坏的,专利权人可以请求更换专利证书"。将本节第二段修改为:"专利局发出的原纸质专利证书破损损坏的,专利权人可以请求更换专利证书。专利局可以重新制作电子专利证书发送给当事人,更换后的证书应当与原专利证书的内容一致。"

2. 将原第 1.2.4 节"专利证书打印错误的更正"修改为第 1.2.3 节"专利证书错误的更正"。将本节的内容修改为"专利证书中存在错误时,专利权人可以请求专利局更正。专利局经核实存在错误的,将原专利证书公告作废,颁发更正后的专利证书"。

【修订说明】

参见本章对第 1.1.4 节的修订说明,根据《关于全面推行专利证书电子化的公告》(国家知识产权局公告第 515 号),自 2023 年 2 月 7 日(含当日)起,全面推行专利证书电子化。对于以纸质形式申请并获得专利授权的,也颁发电子专利证书。专利局发出的原纸质专利证书破损损坏的,专利权人可以请求更换专利证书。专利局可以重新制作电子专利证书发送给当事人。

专利证书中存在错误时,专利权人可以请求专利局更正。专利局经核实存在错误的,重新颁发更正后的专利证书,重发证书不需要当事人缴纳手续费。为了社会公众及时获得专利证书更换的信息,在专利公报中增加了声明原专利证书作废的公告。

专利证书仅是记载专利权登记时的法律状态,专利登记簿记载的专利权法律状态更为及时有效,申请人可以根据需要向专利局请求出具专利登记簿副本,获取该专利的最新法律状态及相关信息。

（五）专利登记簿的格式（第1.3.1节）

【修订内容】

在专利登记簿登记的内容中，将"保密专利的解密"修改为"**国防专利、保密专利的解密**"，并增加"**专利权期限的补偿**""**专利实施的开放许可**"。

【修订说明】

专利法实施细则第一百零六条对专利登记簿的登记事项进行进一步补充完善，增加"（五）国防专利、保密专利的解密""（九）专利权期限的补偿""（十）专利实施的开放许可"。本节根据该条款进行适应性修改，在专利登记簿登记的内容中增加国防专利的解密、专利权期限的补偿及专利实施开放许可相应的登记事项，以方便创新主体和社会公众及时了解相关信息。

二、根据专利法第四十二条第二款的专利权期限补偿（第2节）

专利权期限补偿制度是专利法第四次修改新增设的制度。为适应专利法及其实施细则的修改，在《专利审查指南》第五部分第九章增加第2节，对于专利权期限补偿的条件、期限及事务处理等作出具体规定，包括引言和"2.1 请求的提出"、"2.2 补偿期限的确定"、"2.3 期限补偿请求的审批"、"2.4 登记和公告"四个小节。

（一）引言和请求的提出（第2节引言部分、第2.1节）

【修订内容】

在《专利审查指南》第五部分第九章增加第2节"根据专利法第四十二条第二款的专利权期限补偿"。新增内容如下：

"2 根据专利法第四十二条第二款的专利权期限补偿

"根据专利法第四十二条第二款的规定,自发明专利申请日起满四年,且自实质审查请求之日起满三年后授予发明专利权的,专利局应专利权人的请求,就发明专利在授权过程中的不合理延迟给予专利权期限补偿,但由申请人引起的不合理延迟除外。

"同一申请人同日对同样的发明创造既申请实用新型专利又申请发明专利,依照专利法实施细则第四十七条第四款的规定取得发明专利权的,该发明专利权的期限不适用专利法第四十二条第二款的规定。

"2.1 请求的提出

"专利权期限补偿请求应当由专利权人提出。专利权人请求给予专利权期限补偿的,应当自专利授权公告之日起三个月内向专利局提出请求,并且缴纳相应费用。

"已委托专利代理机构的,专利权期限补偿请求应当由专利代理机构办理。专利权属于多个专利权人共有的,且未委托专利代理机构的,专利权期限补偿请求应当由代表人办理。"

【修订说明】

依据专利法第四十二条第二款,在第 2.1 节中规定,对于符合条件的发明专利,专利局就发明专利在授权过程中的不合理延迟给予专利权期限补偿。补偿程序是依请求启动的,专利权人应当在专利授权公告后三个月内向专利局提出且缴纳相应费用,以尽早确定专利权保护期。

根据专利法实施细则第七十八条第四款,本部分在引言中规定,同一申请人同日对同样的发明创造既申请实用新型又申请发明专利的,如果实用新型专利申请被授予了专利权,则针对发明专利不再给予专利权期限补偿。之所以作出这一规定，原因在于，对于同一申请人同日对同样的发明创造既申请实用新型专利又申请发明专利的，专利权人可以自相对更早的实用新型专利公告授权之日起主张权利。即使相应的发明专利在授权过程中存在不合理延迟，但因相应的实用新型专利已被授权，实质上并不会影响专利权人行使有关权利。

(二) 补偿期限的确定（第2.2节）

【修订内容】

新增第2.2节"补偿期限的确定"，新增内容如下：

"2.2 补偿期限的确定

"给予专利权期限补偿的，补偿期限按照发明专利在授权过程中不合理延迟的实际天数计算，该实际天数是指自发明专利申请日起满四年且自实质审查请求之日起满三年之日至公告授予专利权之日的间隔天数，减去合理延迟的天数和由申请人引起的不合理延迟的天数。

"对于国际申请和分案申请，不合理延迟的实际天数是指自国际申请进入中国国家阶段的日期或分案申请递交日起满四年且实质审查请求之日起满三年至公告授予专利权之日的间隔天数，减去合理延迟的天数和由申请人引起的不合理延迟的天数。

"实质审查请求之日是指申请人依照专利法第三十五条第一款规定提出实质审查请求并依照专利法实施细则第一百一十三条规定足额缴纳发明专利申请实质审查费之日。发明专利申请的实质审查请求之日早于专利法第三十四条所称公布之日的，专利法第四十二条第二款所称自实质审查请求之日起满三年应当自该公布日起计算。

"2.2.1 授权过程中的合理延迟

"以下情形引起的延迟属于授权过程中的合理延迟：依照专利法实施细则第六十六条规定修改专利申请文件的复审程序、依照专利法实施细则第一百零三条规定的中止程序、依照专利法实施细则第一百零四条规定的保全措施、其他合理情形如行政诉讼程序等。

"2.2.2 申请人引起的不合理延迟

"以下由申请人引起的不合理延迟，延迟的天数为：

"（1）未在指定期限内答复专利局发出的通知引起的延迟，延迟的天数为期限届满日起至实际提交答复之日止。

"（2）申请延迟审查的，延迟的天数为实际延迟审查的天数。

"（3）援引加入引起的延迟，延迟的天数为根据专利法实施细则第四十五条引起的延迟天数。

"（4）请求恢复权利引起的延迟，延迟的天数为从原期限届满日起至同意恢复的恢复权利请求审批通知书发文日止。能证明该延迟是由专利局造成的除外。

"（5）自优先权日起 30 个月内办理进入中国国家阶段手续的国际申请，申请人未要求提前处理引起的延迟，延迟的天数为进入中国国家阶段之日起至自优先权日起满 30 个月之日止。"

【修订说明】

考虑我国审查实践，在加强专利权人合法权益的保护和社会公众利益之间作出平衡，依照专利法第四十二条第二款，第 2.2 节第一段规定，在确定专利权期限补偿时，相关专利要同时满足两个条件：一是专利申请审查总体时间的要求，自发明专利申请日起满四年授予专利权的；二是实审审查程序时间的要求，自实质审查请求之日起满三年授予专利权的。

专利法实施细则第七十八条就补偿期限的计算规则、属于合理延迟情形作出规定。依据专利法实施细则第七十八条第一款和第二款，第2.2节第一段和第二段明确补偿期限按照天数计算，以及延迟期限的计算方法，即自发明专利申请日起满四年且自实质审查请求之日起满三年之日至公告授予专利权之日的间隔天数，减去合理延迟的天数和由申请人引起的不合理延迟的天数。同时规定了对于国际申请和分案申请，明确其起算日分别为自国际申请进入中国国家阶段的日期或分案申请递交日起满四年且自实质审查请求之日起满三年的日期。

有效的实质审查请求之日应当符合两个条件：一是申请人提出符合规定的实质审查请求书，二是足额缴纳实质审查费。发明专利申请公布之后才能进入实质审查程序，如果实质审查请求之日早于发明专利申请公布之日，专利局实质上是无法启动相应的实质审查程序的，由于发明专利申请尚未公布而造成的延迟不应得到补偿。因此，第2.2节规定，如果实质审查请求之日早于发明专利申请公布之日，自实质审查请求之日起满三年应当自该公布日起计算。

依据专利法实施细则第七十八条第三款，第2.2.1节中列举了授权过程中的合理延迟的几种情形。对于复审程序引起的延迟，应当排除专利申请人在复审程序中修改申请文件而被撤回驳回决定的情况，复审程序给专利申请人提供克服申请缺陷的机会，申请人通过修改克服申请文件缺陷后获得了专利权，本质上此种情况的复审程序造成的延迟是由于专利文件本身存在缺陷所导致的，并不属于专利局所造成的不合理延迟；对于中止程序、保全措施程序，上述程序为当事人的原因所引起的，属于专利局在授权过程中的合理延迟，其不应得到补偿。

依据专利法实施细则第七十九条，第 2.2.2 节对申请人原因引起的不合理延迟作出了规定，并具体规定相关期限的计算等。其中第（1）—（3）项分别对应于专利法实施细则第七十九条前三种情形，第（4）—（5）项属于其他情形。对于第（4）种情形，造成权利丧失的视为撤回、视为放弃、视为未提出等多是因申请人未在指定期限内答复专利局发出的通知书造成的，在给予恢复权利之外，不宜再对由权利恢复引起的延迟进行重复性补偿。第（5）种情形，对于申请人未要求提前处理有关申请所造成的延迟，理应予以扣除。

（三）期限补偿请求的审批、登记和公告（第 2.3 节、第 2.4 节）

【修订内容】

新增第 2.3 节"期限补偿请求的审批"以及第 2.4 节"登记和公告"，新增内容如下：

"2.3　期限补偿请求的审批

"经审查后认为专利权期限补偿请求不符合期限补偿条件的，专利局应当给予请求人至少一次陈述意见和/或补正文件的机会。对于此后仍然不符合期限补偿条件的，应当作出不予期限补偿的决定。

"经审查后认为专利权期限补偿请求符合期限补偿条件的，专利局应当作出给予期限补偿的决定，告知期限补偿的天数。

"2.4　登记和公告

"专利局作出给予专利权期限补偿的决定后，应当将有关事项在专利登记簿上登记并在专利公报上公告。"

【修订说明】

第2.3节规定,专利权期限补偿请求的审批程序应当满足听证原则,故而对不符合期限补偿条件的,在作出不予期限补偿的决定前,需要给予请求人至少一次陈述意见和/或补正文件的机会。

第2.4节规定,经审查作出给予期限补偿决定的,应当将有关事项在专利登记簿上登记并在专利公报上公告。如果请求人对于期限补偿决定不服的,后续可以通过行政复议或者行政诉讼进行救济。专利公报中涉及专利权期限补偿的公布的项目参见本部分第八章第1.3.2.6节。

三、根据专利法第四十二条第三款的专利权期限补偿(第3节)

为适应专利法及其实施细则的修改,修订后的《专利审查指南》在第五部分第九章新增第3节,对于药品专利权期限补偿的条件、期限及事务处理等作出具体规定。本节共包括引言部分和八个小节,分别涉及补偿条件、请求的提出、证明材料、适用范围、指定权利要求是否包括新药相关技术方案的审查、补偿期限的确定、期限补偿请求的审批以及登记和公告。

(一)引言部分及补偿条件(第3节引言部分、第3.1节)

【修订内容】

新增加的第3节引言部分及第3.1节"补偿条件"的内容如下:

"3 根据专利法第四十二条第三款的专利权期限补偿

"根据专利法第四十二条第三款和专利法实施细则第八十条至第八十四条的规定,对于国务院药品监督管理部门批准上市的创新药和符合规定的改良型新药，应专利权人的请求，专利局可以对符合条件的发明专利给予药品专利权期限补偿，以弥补在专利权有效期内该新药上市审评审批占用的时间。

"3.1 补偿条件

"请求药品专利权期限补偿应当满足以下条件：

"（1）请求补偿的专利授权公告日应当早于药品上市许可申请获得批准之日；

"（2）提出补偿请求时，该专利权处于有效状态；

"（3）该专利尚未获得过药品专利权期限补偿；

"（4）请求补偿专利的权利要求包括了获得上市许可的新药相关技术方案；

"（5）一个药品同时存在多项专利的，专利权人只能请求对其中一项专利给予药品专利权期限补偿；

"（6）一项专利同时涉及多个药品的，只能对一个药品就该专利提出药品专利权期限补偿请求。"

【修订说明】

依据专利法实施细则第八十条，适用药品专利权期限补偿的药品为"符合规定的新药"，第3节引言部分进一步规定了给予补偿的药品应为"国务院药品监督管理部门批准上市的创新药和符合规定的改良型新药"。

专利法实施细则第八十一条对给予药品专利权期限补偿的条件作出规定。第3.1节进一步细化请求药品专利权期限补偿的，应当满足相关条件。第一，药品专利权期限补偿是用于弥补在专利权有效期内该新药上市审评审批占用的时间，即要求所请求补偿的专利的授权公告日应当早于药品上市许可申请获得批准之日。第二，所请求补偿的专利应处于有效状态，如果专利局发出专利权终止通知书,专利则不属于有效状态。专利权人可以根据专利法实施细则第六条请求对相关专利进行恢复。第三,所请求补偿的专利需要与上市批准的新药相关联,即,权利要求包括了新药相关技术方案。第四,为了避免重复补偿,进而影响药品可及性和可获得性,平衡专利权人和社会公众,以及原研药企和仿制药企利益,明确一个药品只能对一项专利请求补偿,一项专利只能对一个药品请求补偿,以及一项专利只能补偿一次。

(二)请求的提出(第3.2节)

【修订内容】

新增第3.2节"请求的提出",新增内容如下:

"3.2 请求的提出

"药品专利权期限补偿请求应当由专利权人提出。专利权人与药品上市许可持有人不一致的,应当征得药品上市许可持有人书面同意。

"专利权人请求药品专利权期限补偿的,应当自药品在中国获得上市许可之日起三个月内向专利局提出请求,并且缴纳相应费用。对于获得附条件上市许可的药品,应当自在中国获得正式上市许可之日起三个月内向专利局提出请求,但补偿期限的计算以获得附条件上市许可之日为准。

"已委托专利代理机构的,药品专利权期限补偿请求应当由专利代理机构办理。专利权属于多个专利权人共有的,且未委托专利代理机构的,药品专利权期限补偿请求应当由代表人办理。"

【修订说明】

只有专利权人有权请求药品专利权期限补偿。为避免与药品上市许可持有人之间可能的纠纷，专利权人在提出药品专利权期限补偿时，还应当征得药品上市许可持有人的书面同意。

为督促专利权人及时行权，保障社会公众对专利权期限的合理预期，专利权人需要在药品上市许可申请获得批准之日起三个月内向专利局提出请求，并缴纳相应费用。对于获得附条件上市许可的药品，由于其药品可上市销售的时间自附条件上市之日起已经启动，因此，补偿期限的计算应当以获得附条件上市许可之日为准。

（三）证明材料（第3.3节）

【修订内容】

新增第3.3节"证明材料"，新增内容如下：

"3.3 证明材料

"提出药品专利权期限补偿请求时，请求人还应当提交如下材料：

"（1）专利权人与药品上市许可持有人不一致的，应当提交药品上市许可持有人的书面同意书等材料；

"（2）用于确定药品专利权期限补偿期间专利保护范围的相关技术资料，例如请求对制备方法专利进行期限补偿的，应当提交国务院药品监督管理部门核准的药品生产工艺资料；

"（3）专利局要求的其他证明材料。

"请求人应当在请求中说明药品名称、药品注册分类、批准的适应症和请求给予期限补偿的专利号，指定与获得上市许可新药相关的权利要求，结合证明材料具体说明指定权利要求包括了新药相关技术方案的理由以及请求补偿期限的计算依据，并明确药品专利权期限补偿期间保护的技术方案。"

【修订说明】

第 3.3 节中说明了提出药品专利权期限补偿请求时，请求人通常应当提交的证据材料，包括：专利权人与药品上市许可持有人不一致的，专利权人应当提交药品上市许可持有人的书面同意书等材料；提交用于确定药品专利权期限补偿期间专利保护范围的相关技术资料；在请求中明确药品名称、药品注册分类、批准的适应症、请求给予期限补偿的专利号、指定具体的权利要求以及结合证明材料说明指定权利要求包括新药相关技术方案的理由等。

要求专利权人提交用于确定指定权利要求包括新药相关技术方案的有关材料，是为了便于专利局审查并核实指定权利要求是否包括了新药相关技术方案。证明材料通常包括药品注册证书及其附件；如果请求对制备方法专利进行期限补偿，则还应当提供国务院药品监督管理部门核准的药品生产工艺资料。需要说明的是，根据请求补偿的新药或指定权利要求的不同，需要提交的证明材料可能不同，有的情形下，专利权人可能还需提交药品申请上市技术审评报告，通用技术文档中说明函、原料药基本信息及生产章节、剂型及产品组成和处方组成，证明化学药品活性成分或生物制品结构及鉴定的证明材料，化学药品原料药生产工艺信息表及其附件等。

（四）适用范围（第3.4节）

【修订内容】

新增第 3.4 节"适用范围"，新增内容如下：

"3.4　适用范围

"根据专利法第四十二条第三款及专利法实施细则第八十条的规定，针对国务院药品监督管理部门批准上市的创新药和符合本章规定的改良型新药，对于其中药物活性物质的产品发明专利、制备方法发明专利或者医药用途发明专利，可以给予药品专利权期限补偿。创新药和改良型新药的含义依照有关法律法规并按照国务院药品监督管理部门的相关规定确定。

"可以给予期限补偿的改良型新药限于国务院药品监督管理部门颁发的药品注册证书中记载为以下类别的改良型新药：

"（1）化学药品第 2.1 类中对已知活性成份成酯，或者对已知活性成份成盐的药品；

"（2）化学药品第 2.4 类，即含有已知活性成份的新适应症的药品；

"（3）预防用生物制品第 2.2 类中对疫苗菌毒种改进的疫苗；

"（4）治疗用生物制品第 2.2 类中增加新适应症的生物制品；

"（5）中药第 2.3 类，即增加功能主治的中药。"

【修订说明】

引入药品专利权期限补偿制度的目的在于弥补在专利权有效期内该新药上市审评审批占用的时间，鼓励发明创造。药品专利权期限补偿制度所涉及的新药、创新药以及改良型新药属于药品监管法律制度设计范畴，为避免针对同一术语出现不同的定义，也便于实践操作，《专利审查指南》第五部分第九章第 3.4 节对于"创新药""改良型新药"等概念没有另行定义，参照国务院药品监管法律制度的相关规定予以适用。

立足我国国情，综合考虑药品可及性、药品发明创新高度等，第 3.4 节明确了可以给予药品专利权期限补偿的范围为国务院药品监督管理部门认定的创新药以及部分改良型新药。具体地,上述改良型新药的范围包括:化学药品限于第2.1类中对已知活性成份成酯,或者对已知活性成份成盐的药品,化学药品第2.4类;中药第2.3类;预防用生物制品限于第2.2类中对疫苗菌毒种改进的疫苗;治疗用生物制品限于第2.2类中增加新适应症的生物制品。其余的改良型新药不能获得药品专利权期限补偿。

可以给予药品专利权期限补偿的新药相关专利,包括新药中对预防、治疗或诊断疾病起实质性作用的药物活性成分相关的专利。"活性物质相关专利"不仅可以是产品专利,也可以是制备方法或者医药用途专利,该专利可以要求保护活性物质本身,也可以要求保护含有该活性物质的组合物或药物组合物,作为一个原则,"活性物质相关专利"中指定权利要求应当包含或涉及获批上市的新药活性物质。

(五)指定权利要求是否包括新药相关技术方案的审查(第3.5节)

【修订内容】

新增第3.5节"指定权利要求是否包括新药相关技术方案的审查",新增内容如下:

"3.5 指定权利要求是否包括新药相关技术方案的审查

"新药相关技术方案应当以国务院药品监督管理部门批准的新药的结构、组成及其含量,批准的生产工艺和适应症为准。指定权利要求未包括获得上市许可的新药相关技术方案的,不予期限补偿。

"药品专利权期限补偿期间内,该专利的保护范围限于国务院药品监督管理部门批准上市的新药,且限于该新药经批准的适应症相关技术方案;在保护范围内,专利权人享有的权利和承担的义务与专利权期限补偿前相同。产品权利要求的保护范围仅限于用于经批准的适应症的上市新药产品，医药用途权利要求的保护范围仅限于上市新药产品的经批准的适应症，制备方法权利要求的保护范围仅限于用于经批准的适应症的上市新药产品在国务院药品监督管理部门备案的生产工艺。"

【修订说明】

第3.1节"补偿条件"第（4）项明确了请求补偿专利的权利要求包括了获得上市许可的新药相关技术方案。通常，应当以国务院药品监督管理部门批准的"新药或符合规定的改良型新药"的药品组成、活性成分含量、活性成分结构、批准或备案的生产工艺或适应症等作为基础确定新药相关技术方案并判断指定权利要求是否包括新药相关技术方案。

专利法实施细则第八十三条就药品专利权期限补偿期间的专利的保护范围作出规定。第3.5节进一步明确获得药品专利权期限补偿的，补偿期间专利权的保护范围限于国务院药品监督管理部门批准上市的新药及其经批准的适应症相关技术方案，例如新药活性成分及其经批准的适应症相关技术方案。药品专利权期限补偿的专利在药品专利权期限补偿期间内的保护范围是新药所指向的指定权利要求的具体技术方案且限于经批准的适应症，并非包括新药相关技术方案的权利要求。

（六）补偿期限的确定（第3.6节）

【修订内容】

新增第3.6节"补偿期限的确定"，新增内容如下：

"3.6 补偿期限的确定

"给予药品专利权期限补偿的，补偿期限按照该专利申请日至该新药在中国获得上市许可之日的间隔天数减去5年。该补偿期限不超过 5 年,且该药品上市许可申请批准后总有效专利权期限不超过 14 年。"

【修订说明】

专利法第四十二条第三款和专利法实施细则第八十二条明确规定了药品专利补偿期限的计算方式。给予药品专利权期限补偿的,补偿期限按照该专利申请日至该新药在中国获得上市许可之日的间隔天数减去 5 年。药品专利权期限补偿不超过 5 年,且获得药品期限补偿后,该药品上市许可申请批准后总有效专利权期限,即自药品上市许可申请批准后剩余的专利权有效期限与专利权期限补偿和药品专利权期限补偿的加和不超过 14 年。

(七)期限补偿请求的审批、登记和公告(第 3.7 节、第 3.8 节)

【修订内容】

新增第 3.7 节"期限补偿请求的审批"以及第 3.8 节"登记和公告",新增内容如下:

"3.7 期限补偿请求的审批

"经审查后认为药品专利权期限补偿请求不符合期限补偿条件的,专利局应当给予请求人至少一次陈述意见和/或补正文件的机会。对于此后仍然不符合期限补偿条件的,应当作出不予期限补偿的决定。

"经审查认为应当给予药品专利权期限补偿的,如果专利权人已经提出专利权期限补偿请求但专利局尚未作出审批决定,审查员应当等待专利权期限补偿请求的审批决定作出以后,再确定给予药品专利权期限补偿的时间;如果专利权人尚未提出专利权期限补偿请求,且其自专利授权公告之日起三个月期限尚未届满，审查员应当等待专利权期限补偿请求的时限届满以后，再确定给予药品专利权期限补偿的时间，但专利权人明确表示放弃提出专利权期限补偿请求的除外。

"经审查后认为药品专利权期限补偿请求符合期限补偿条件的，专利局应当作出给予期限补偿的决定，告知期限补偿的天数。

"3.8 登记和公告

"专利局作出给予药品专利权期限补偿的决定后，应当将有关事项在专利登记簿上登记并在专利公报上公告。"

【修订说明】

药品专利权期限补偿请求的审批程序也应当满足听证原则。对于不符合期限补偿条件的，在作出不予补偿决定之前，应当给予请求人至少一次陈述意见和/或补正文件的机会。作出给予药品专利权期限补偿决定的，应当将有关事项在专利登记簿上登记并在专利公报上公告。同样地，如果请求人对于期限补偿决定不服的，可以通过行政复议或行政诉讼进行救济。

药品专利权期限补偿期间其保护范围限于国务院药品监督管理部门批准上市的新药及其经批准的适应症相关技术方案，而且药品专利权补偿期限不超过 5 年，且该药品上市许可申请批准后总有效专利权期限不超过 14 年；专利权期限补偿对于保护范围、期限计算都没有上述限制。药品专利权期限补偿请求和专利权期限补偿请求两者"叠加"时，先计算专利权期限补偿，再进行药品专利权期限补偿的计算。

专利公报中涉及药品专利权期限补偿的公布的项目参见本部分第八章第 1.3.2.6 节。

四、关于专利权的终止（第4节）

由于本次修改增加了第2节及第3节，原第2节"专利权的终止"适应性修改为第4节"专利权的终止"，其下各节标题的序号均进行了适应性调整。

（一）专利权期满终止（第4.1节）

【修订内容】

在第4.1节中，将原第2.1节中的"外观设计专利权期限为十年"修改为"外观设计专利权期限为十五年"；增加"发明专利权如存在专利法第四十二条第二款、第三款的期限补偿的，专利权期满终止日为期限补偿后的专利权期满终止日。例如，一件发明专利的申请日为2021年9月6日，该专利的期限为2021年9月6日至2041年9月5日。如其专利授权期限补偿后的专利权期限届满日为2041年12月1日，则该发明专利的专利权期满终止日为2041年12月2日（遇节假日不顺延）"。

【修订说明】

根据专利法第四十二条的规定，将外观设计专利权的期限修改为十五年，并增加对于专利权期限补偿和药品专利权期限补偿的相关规定。专利法实施细则第七十八条涉及补偿期限的计算。为便于申请人的理解，修改后的第4.1节的内容通过具体示例说明如何计算补偿期限。

（二）专利权人没有按照规定缴纳年费的终止（第4.2节）

【修订内容】

将原2.2.2节第一段第一句"专利年费滞纳期满仍未缴纳

或者缴足专利年费或者滞纳金的,自滞纳期满之日起两个月后审查员应当发出专利权终止通知书"中的"自滞纳期满之日起两个月后"删除。即修改后的第4.2.2节第一段第一句的规定为:"专利年费滞纳期满仍未缴纳或者缴足专利年费或者滞纳金的,审查员应当发出专利权终止通知书。"

【修订说明】

为更好地优化营商环境,缩短审查周期,实际审查工作中已经将终止期限届满监视由两个月调整为一个月。此外,根据《专利审查指南》第五部分第七章第3.2节"期限监视方式"的规定,期限届满日起满一个月尚未销去的期限,应当予以处理,作出相应处理决定。因此,第4.2.2节适应性删除"自滞纳期满之日起两个月后"的规定。

第十章　专利权评价报告

对于《专利审查指南》第五部分第十章"专利权评价报告",主要是根据专利法及其实施细则的修订所做的适应性修改。修改主要涉及以下五个方面:第一,专利权评价报告请求的主体、客体及时机;第二,专利权评价报告请求书;第三,委托手续;第四,专利权评价的内容;第五,专利权评价报告及其更正请求。

一、关于专利权评价报告请求的主体、客体及时机(第1节、第2节)

【修订内容】

第1节第一段新增了"专利权人、利害关系人或者被控侵权人也可以主动出具专利权评价报告";适应性地将第二段以及第三段中的"专利权人或者利害关系人"分别进行删除和修改为"请求人"。在本节最后新增一段:"以实用新型或者外观设计专利权办理转让、出质登记和专利实施许可合同备案的,必要时,国家知识产权局可以要求提交专利权评价报告。"

将第2节中的"专利权人或者利害关系人"修改为"专利权人、利害关系人或者被控侵权人"。同时将原第2.2节"请求人资格"修改为第2.1节"专利权评价报告请求的主体及时机",将"根据专利法实施细则第五十六条第一款的规定,专利权人或者利害关系人可以请求国家知识产权局作出专利权评价报告"修改为"授予实用新型或者外观设计专利权的决定公告后,专利权人、利害关系人或者被控侵权人可以请求国家知识产权局作出专利权评价报告。申请人也可以在办理专利权登记手续时请求国家知识产权局作出专利权评价报告"。并新增一段:"收到专利权人发出的律师函、电商平台投诉通知书等的单位或者个人属于被控侵权人,可以请求国家知识产权局作出专利权评价报告。"

将原第 2.1 节"专利权评价报告请求的客体"适应性调整为第 2.2 节,同时在"(1)未授权公告的实用新型专利申请或者外观设计专利申请"后增加"申请人在办理登记手续时提交专利权评价报告请求的除外"。

【修订说明】

一是依据专利法第六十六条第二款的规定,将专利权评价报告请求主体由"专利权人或者利害关系人"修改为"专利权人、利害关系人或者被控侵权人",扩大了评价报告请求的主体的范围。同时,在第 2.1 节以举例形式明确收到专利权人发出的律师函、电商平台投诉通知书等的单位或个人属于被控侵权人,可以请求专利局出具专利权评价报告,更好地满足了社会实际需要。

二是进一步发挥评价报告在专利实施和运用中的作用,提高专利质量,保障有关交易安全,增加在实用新型或者外观设计专利权办理转让、出质登记和专利实施许可合同备案的,必要时需要出具专利权评价报告。

三是依据专利法实施细则第六十二条第一款的规定,对于申请人,专利权评价报告的请求时机增加了"办理专利权登记手续时"。对于申请人在办理登记手续期间提交的专利权评价报告请求，在该专利授权公告的同时启动专利权评价程序。同时在第 2.2 节对评价报告请求的客体也适应性地进行修改。

二、关于专利权评价报告请求书（第 2.3 节）

【修订内容】

1. 将专利权评价报告请求书中的"专利号"修改为"**申请号或者专利号**"，将"专利权人"修改为"**申请人或者专利权人**"。

2. 删除原第（2）项请求书中应当指明专利权评价报告所针对的文本整段内容。

3. 在原第（3）项利害关系人提交相关证明文件要求的后面新增一段："（3）**请求人是被控侵权人的，在提交专利权评价报告请求的同时应当提交相关证明文件。例如，人民法院出具的立案类通知书或其复印件，专利行政执法部门出具的立案类通知书或其复印件，调解仲裁机构出具的立案类文件或其复印件，专利权人发出的律师函或其复印件，电商平台投诉通知书或其复印件等。**"

【修订说明】

1. 因申请人可以在办理登记手续时提出专利权评价报告请求，所以将专利权评价报告请求书中的"专利号"适应性修改为"申请号或者专利号"，将"专利权人"修改为"申请人或者专利权人"。

2. 为方便请求人，《专利审查指南》规定无须请求人指明专利权评价报告所针对的文本，专利权评价报告请求书中也删除了相应内容。

3. 依据专利法第六十六条第二款的规定，被控侵权人也可以作为专利权评价报告请求主体。第 2.3 节适应性增加请求人为被控侵权人时应提交的证明文件相关规定。

三、关于委托手续（第 2.5 节）

【修订内容】

将第 2.5 节第二段"请求人是专利权人且已委托专利代理机构作全程代理，而在提出专利权评价报告请求时另行委托专利代理机构办理有关手续的，应当另行提交委托书，并在委托书中写明其委托权限仅限于办理专利权评价报告相关事务；委托手续不符合规定的，国家知识产权局应当要求请求人在指定期限内补正；期满未补正或者在指定期限内补正不符合规定的，视为未委托；本人办理的，应当说明本人仅办理专利权评价报告相关事务"，修改为"请求人委托专利代理机构办理专利权评价报告有关手续的，应当提交委托书，并在委托书中写明其委托权限仅限于办理专利权评价报告相关事务；委托手续不符合规定的，国家知识产权局应当要求请求人在指定期限内补正；期满未补正或者在指定期限内补正不符合规定的，视为未提出专利权评价报告请求。申请人或专利权人委托原专利代理机构办理专利权评价报告手续的，不需要提交委托书"。同时删除原本节第三段内容。

【修订说明】

1. 调整委托手续的表述方式。因专利权评价报告请求主体范围扩大，将原第二段以及第三段关于委托手续内容进行合并。明确请求人委托专利代理机构办理的，需提交专利代理委托书，且注明仅办理专利权评价报告事宜；但申请人或者专利权人委托原代理机构办理专利权评价报告手续的,因委托关系已经存在,因此不需要再次提交专利代理委托书。

2. 修改专利权评价报告请求期限内未办理委托手续补正的处理方式。委托手续不符合规定的,发出办理手续补正通知书,要求请求人在指定期限内办理手续补正;期满未补正或者在指定期限内补正不符合规定的,发出视为未提出通知书,视为未提出理由是未在指定的期限内办理手续补正。专利权评价报告请求并没有提出时机的限制,请求人还可以再次提出专利权评价报告请求。需要说明的是,对同一专利,专利局仅作出一份专利权评价报告。

3. 删除自行办理声明相关内容。在办理专利权评价报告手续中,即使专利权人原来已委托代理机构作全程代理,仍可以自行办理该手续。专利权人在专利权评价报告请求书中签字盖章,就足以表明其自行办理的意愿,无须再提供"本人仅办理专利权评价报告相关事务"的声明。

四、关于专利权评价的内容(第3.2节)

【修订内容】

在第3.2.1节实用新型专利权评价所涉及的内容中增加"(12) 实用新型是否符合专利法实施细则第十一条的规定,其评价标准适用《规范申请专利行为的规定》"。在第3.2.2节外观设计专利权评价所涉及的内容中增加"(9) 外观设计是否符合专利法实施细则第十一条的规定,其评价标准适用《规范申请专利行为的规定》"。

【修订说明】

专利法实施细则第五十条和第六十九条将专利法实施细则

第十一条分别作为初步审查的范围以及无效宣告请求的理由，因此，适应性地增加专利权评价报告评价实用新型及外观设计是否符合专利法实施细则第十一条的规定的内容，其具体的审查标准适用《规范申请专利行为的规定》。

五、关于专利权评价报告及其更正请求（第4节、第6.2节）

【修订内容】

1. 在第4节增加"但申请人在办理专利权登记手续时请求作出专利权评价报告且形式审查合格的，国家知识产权局应当自授权公告之日起两个月内作出专利权评价报告"。

2. 在第4.2节增加"请求人不是专利权人的，国家知识产权局应当将专利权评价报告出具情况告知专利权人"的规定。

3. 在第6.2节第（2）项第一段最后增加"请求人不是专利权人的，专利权人可以在上述期限内提出更正请求。期满后提交的，其请求视为未提出"的规定。

【修订说明】

1. 关于第4节的修改。为了便于申请人尽早提出请求并获得评价报告，确定相关专利权的法律稳定性，专利法实施细则第六十三条增加规定，明确申请人在办理专利权登记手续时，请求作出专利权评价报告的，国务院专利行政部门应当自公告授予专利权之日起2个月内作出专利权评价报告。意味着，将专利权人请求作出专利权评价报告的时机由公告授权决定后修改为可提前至办理专利权登记手续时。第4节增加的内容为根据专利法实施细则第六十三条进行的适应性修改，对申请人在办理专利权登记手续时请求作出专利权评价报告且形式审查合格的情形，明确规定作出专利权评价报告的期限，与专利法实施细则第六十三条的规定保持一致。

2. 对于第 4.2 节的修改，由于评价报告请求主体范围扩大，对于非专利权人请求作出专利权评价报告的，将告知专利权人专利权评价报告出具情况，同时，也给予专利权人请求更正专利权评价报告的机会。

3. 在第 6.2 节中进一步明确增加对超出期限提出更正请求的处理相关规定。

第十一章　专利开放许可

专利开放许可制度是专利法引入的一项新制度,旨在促进专利许可交易,提高专利转化效率,是普通专利实施许可的特殊形式和有益补充。

专利法第五十条至第五十二条对在我国实行专利开放许可作出了制度规定。专利法实施细则第八十五条至第八十八条对开放许可制度进行细化规定,明确了提出开放许可声明应当写清的事项、专利权人不得实行开放许可的情形、开放许可达成后应当办理备案手续等要求。为适应专利法及其实施细则的修改,在《专利审查指南》第五部分新增第十一章,围绕专利开放许可制度的实施,作出进一步细化规定。

一、关于引言(第1节)

【修订内容】

该节内容为:

"1. 引言

"根据专利法第五十条、第五十一条和专利法实施细则第八十五条至第八十八条的规定制定本章。

"根据专利法第五十条和第五十一条的规定,专利权人自愿以书面方式向国家知识产权局声明愿意许可任何单位或者个人实施其专利,并明确许可使用费支付方式和标准的,由国家知识产权局予以公告,实行开放许可。任何单位或者个人有意愿实施开放许可专利的,以书面方式通知专利权人,并依照公告的许可使用费支付方式、标准支付许可使用费后,即获得专利实施许可。

"提出开放许可声明的专利权人应当声明许可任何单位或者个人在中国境内实施其开放许可的专利。

"国家知识产权局对专利权人提出的开放许可声明是否符合规定进行审查后,发出是否准予公告的通知。

"本章对专利开放许可声明的提出,专利开放许可声明的撤回,专利开放许可的登记和公告、专利开放许可实施合同的生效,专利开放许可实施合同的备案,专利开放许可实施期间费减手续的办理,以及已实行开放许可专利的相关手续办理做出规定。"

【修订说明】

本节开篇引出了本章内容的设立依据和各节要点,承接专利法及其实施细则有关规定,简要概述了专利开放许可制度的运行模式,并将实行专利开放许可的地域范围明确为中国境内。

二、关于开放许可相关原则(第2节)

【修订内容】

该节内容为:

"2. **开放许可相关原则**

"建立专利开放许可制度的目的是为了促进专利技术的实施与运用,通过国家知识产权局公告专利开放许可信息,帮助专利技术供需双方对接。专利开放许可相关程序应当遵循以下原则。

"(1) 自愿原则

"对开放许可声明中的许可条件,在符合相关规定的前提下,当事人可以依照自愿原则设立。

"(2) 合法原则

"为维护开放许可交易安全,国家知识产权局公告开放许可专利的专利权应当有效。已经实行开放许可的专利权有专利法实施细则第八十六条规定情形的,专利权人应当及时撤回开放许可声明,同时通知被许可人。

"(3) 公开原则

"专利开放许可声明予以公告后,国家知识产权局可以通过查阅复制等途径对外公开开放许可声明内容。"

【修订说明】

为有效实施专利开放许可制度,本节依据专利法及其实施细则有关规定,建立专利开放许可制度的目的及专利开放许可相关程序应当遵循的原则。

三、关于专利开放许可声明的提出(第3节)

【修订内容】

该节内容为:

"3. 专利开放许可声明的提出

"专利权人有意愿实行开放许可专利的,应当向国家知识产权局提交专利开放许可声明。专利开放许可声明原则上应当通过电子形式提交,电子形式提交确有困难的,可以向国家知识产权局指定的地点面交或者邮寄相关文件。

"3.1 专利开放许可声明的客体

"专利开放许可声明的客体应当是已经授权公告的发明专

利、实用新型专利或者外观设计专利。

"专利权有下列情形之一的，专利权人不得对其实行开放许可：

"（1）专利权处于独占或者排他许可有效期限内的；

"（2）因专利权的归属发生纠纷或者人民法院裁定对专利权采取保全措施，已经中止有关程序的；

"（3）没有按照规定缴纳年费的；

"（4）专利权被质押，未经质权人同意的；

"（5）专利权已经终止的；

"（6）专利权已经被宣告全部无效的；

"（7）实用新型或者外观设计专利权人未提交专利权评价报告的；

"（8）专利权评价报告结论认为实用新型或者外观设计专利权不符合授予专利权条件的；

"（9）其他妨碍专利权有效实施的情形。

"3.2 提出专利开放许可声明的主体

"根据专利法实施细则第八十五条第一款的规定，专利权人可以向国家知识产权局提出开放许可声明。共有人就共有专利权提出开放许可声明的，应当提交全体共有人同意的证明材料。针对开放许可相关事宜，有约定的从约定，并提交相关证明材料。

"3.3 专利开放许可声明

"专利权人应当按照规定的格式提交专利开放许可声明和其他需要提供的材料。专利权人提交的材料内容应当真实、准确、清楚，符合国家法律规定和社会公德、公共利益的要求，不得出现商业性宣传用语。

"专利开放许可声明应当写明以下事项:

"(1) 专利号;

"(2) 专利权人的姓名或者名称;

"(3) 专利许可使用费支付方式、标准;

"(4) 专利许可期限;

"(5) 专利权人的联系方式;

"(6) 专利权人对符合开放许可声明条件的承诺;

"(7) 其他需要明确的事项。

"专利权人应当一并提交对许可使用费计算依据和方式的简要说明,一般不超过 2000 字。专利许可使用费应当以该简要说明为依据,以固定费用标准支付的,一般不高于 2000 万元。高于 2000 万元的,专利权人可以利用专利法第五十条规定的开放许可以外的其它方式进行许可。以提成费支付的,净销售额提成一般不高于 20%,利润额提成一般不高于 40%。

"专利开放许可声明应当由专利权人签字或者盖章;专利权属于多个专利权人共有的,可以由代表人签字或者盖章,同时附具共有专利权人签字或者盖章的同意开放许可的书面声明;委托专利代理机构的,专利开放许可声明应当由专利代理机构盖章,同时附具全体专利权人签字或者盖章的同意开放许可的书面声明。

"3.4 准予公告和不予公告

"(1) 专利开放许可声明经审查符合规定的,国家知识产权局准予公告。

"(2) 专利开放许可声明经审查不符合专利法实施细则第八十五条规定、或者属于第八十六条所列情形的,国家知识产权局不予公告。

"(3) 专利权人通过提供虚假材料、隐瞒事实等手段作出开放许可声明的，国家知识产权局一经发现，应予撤销。

"3.5 专利开放许可声明的生效

"专利开放许可声明自公告之日起生效。"

【修订说明】

本节细化了专利法及其实施细则的有关规定，对开放许可声明的提出作出具体规定，包括：专利开放许可声明的客体、请求人资格、专利开放许可声明的内容和要求、准予公告和不予公告的情形、专利开放许可声明的生效时间。

1. 关于专利开放许可声明的提出。根据我国专利电子申请的广泛普及和专利权人对业务办理时效性、便利度的要求，本节明确了专利开放许可声明原则上应当通过电子形式进行提交，以尽可能实现专利开放许可全程网上办理。此外，考虑到部分专利权人以电子形式提交存在困难的实际情况，允许通过"向国家知识产权局指定的地点面交或者邮寄相关文件"的形式提交。

2. 关于专利开放许可声明的客体。第一，由于实行开放许可的专利应当是有效且具有较高稳定性的，因此在本节中明确了专利开放许可声明的客体为"已经授权公告的发明专利、实用新型专利或者外观设计专利"。第二，为了维护被许可人的合法权益，根据专利法实施细则第八十六条的规定，本节作进一步细化的要求，规定了专利权已经终止、专利权已经被宣告全部无效等9种情形下，专利权人不得对其专利实行开放许可。其中，为了避免由于专利权不稳定而影响被许可人的利益，根据专利法第五十条"就实用新型、外观设计专利提出开放许可声明的，应当提供专利权评价报告"的规定，本节进一步作出细化规定，明确了"实用新型或者外观设计专利权人未提交专利权评价报告的"或"专利权评价报告结论认为实用新型或者外观设计专利权不符合授予专利权条件的"情形下,不得对其专利权实行开放许可。

3. 关于提出专利开放许可声明的主体,为了避免专利权人之间的纠纷,在《专利审查指南》中规定,共有人就共有专利权提出开放许可声明的,应当提交全体共有人同意的证明材料,有约定的从约定,并提交相关证明材料。

4. 关于专利开放许可声明。根据专利法实施细则第八十五条第二款开放许可声明的规定,细化了请求人提出专利开放许可声明的手续文件、内容要求。为保障专利法第五十一条第一款有效实施,本节规定专利权人声明实施开放许可的应当提供必要的联系方式,以保障被许可人以书面方式通知专利权人并支付许可使用费。此外,使用费是开放许可能否达成的关键核心,是影响开放许可制度运行成效的重要因素。专利法第五十条规定专利权人提出开放许可声明时,须明确许可使用费的支付方式和标准。为引导专利权人合理提出开放许可声明,更好地实现制度的初衷,本节依据专利法实施细则第八十五条第二款的规定,进一步明确了专利权人提出专利开放许可声明时,应当一并提交对许可使用费计算依据和方式的简要说明,并对开放许可使用费上限作出限定。

5. 关于准予公告和不予公告。根据专利法第五十条及专利法实施细则第八十五条、第八十六条的规定,本节明确了准予公告的条件、不予公告的情形,并根据专利法实施细则第八十八条的规定,明确对违反诚实信用原则的声明应进行撤销。在《专利审查指南》第五部分第八章第1.2.1.4节"发明专利事务"、第1.2.2.3节"实用新型专利事务"及第1.2.3.2节

"外观设计专利事务"中,相应新增了事务公布的内容包括"专利实施的开放许可"。

6. 明确了专利开放许可声明的生效日为"自公告之日起生效"。

四、关于专利开放许可声明的撤回(第4节)

【修订内容】

该节内容为:

"4. 专利开放许可声明的撤回

"专利权人可以依据专利法实施细则第八十六条规定或者基于其他正当理由撤回开放许可声明。共有人就共有专利权撤回开放许可声明的,应当取得全体共有人的书面同意。专利权人撤回开放许可声明的,应当提交撤回开放许可声明请求。撤回开放许可声明请求应当由专利权人签字或者盖章;专利权属于多个专利权人共有的,可以由代表人签字或者盖章,同时附具共有专利权人签字或者盖章的同意撤回开放许可的书面声明;委托专利代理机构的,撤回开放许可声明请求应当由专利代理机构盖章,同时附具全体专利权人签字或者盖章的同意撤回开放许可的书面声明。撤回开放许可声明不得附有任何条件。

"撤回开放许可声明请求经审查,符合规定的,国家知识产权局准予公告撤回开放许可声明;不符合规定的,国家知识产权局不予公告撤回开放许可声明,并向专利权人说明理由。

"开放许可声明的撤回,自公告之日起生效。

"对于专利权人应当撤回但未及时撤回专利开放许可声明的,国家知识产权局将终止或撤销该专利开放许可声明,并进行公告。"

【修订说明】

根据专利法第五十条的规定,专利开放许可声明是基于专利权人的自愿原则提出的,一经公告应当具有相对的稳定性,公告内容应具有合理的可预期性。为正确引导专利权人,本节对于撤回开放许可声明进行了规范,明确了撤回开放许可声明的手续文件、内容要求和生效时间。

五、关于专利开放许可的登记和公告(第 5 节)

【修订内容】

该节内容为:

"5. 专利开放许可的登记和公告

"专利开放许可声明有关事项在专利登记簿上登记,并在专利公报上公告。

"专利开放许可声明公布的项目包括:主分类号、专利号、开放许可声明编号、专利权人、发明名称、申请日、授权公告日、专利许可使用费支付方式和标准、专利许可期限、专利权人联系方式、开放许可声明生效日等。

"撤回专利开放许可声明公布的项目包括:主分类号、专利号、开放许可声明编号、专利权人、发明名称、开放许可声明撤回日等。"

【修订说明】

根据专利法第五十条的规定,本节对专利开放许可声明及其撤回的公告方式和具体公告内容作出规定,并明确了公告内容应当记载在专利登记簿中。在《专利审查指南》第五部分第九章第 1.3.1 节"专利登记簿的格式"中,相应地新增了专利登记簿登记的内容应包括"专利实施的开放许可"。

六、关于专利开放许可实施合同的生效（第 6 节）

【修订内容】

该节内容为：

"6. 专利开放许可实施合同的生效

"任何单位或者个人以书面方式通知专利权人愿意实施其开放许可专利，并依照公告支付许可使用费的，专利开放许可实施合同生效，但有关法律、行政法规另有规定的除外。

"中国境内单位或者个人实行专利开放许可的，外国人、外国企业或者外国其他组织有意愿实施时，应当符合《中华人民共和国技术进出口管理条例》和《技术进出口合同登记管理办法》等有关规定。

"中国境内单位或者个人实行专利开放许可的，香港、澳门或者台湾地区的个人、企业或者其他组织有意愿实施时，参照上述规定。"

【修订说明】

我国专利开放许可制度采用的是要约模式。本节依据专利法第五十一条第一款的规定，明确了专利开放许可实施合同的生效条件。即除有关法律、行政法规另有规定外，以书面方式通知专利权人愿意实施其开放许可专利，并依照公告支付许可使用费的，专利开放许可实施合同生效。

此外，对于专利权人属于中国境内单位或个人，以开放许可方式出口技术的，应当符合《中华人民共和国技术进出口管理条例》和《技术进出口合同登记管理办法》等有关规定的要求。

七、关于专利开放许可实施合同的备案（第7节）

【修订内容】

该节内容为：

"7. 关于专利开放许可实施合同的备案

"专利权人或者被许可人应当在开放许可实施合同生效后，凭能够证明达成开放许可的书面文件向国家知识产权局办理备案手续。

"办理专利开放许可实施合同备案的应当提交下列文件：

"（1）请求人签章的专利实施许可合同备案申请表；

"（2）被许可人以书面方式向专利权人发出的通知；

"（3）被许可人向专利权人支付许可使用费的凭证（或专利权人收到许可使用费的凭证）；

"（4）请求人身份证明；

"（5）委托代理的，注明委托权限的委托书；

"（6）经办人身份证明；

"（7）其他需要提供的材料。

"专利开放许可实施合同备案手续的办理参照《专利实施许可合同备案办法》执行。"

【修订说明】

依据专利开放许可方式达成的许可协议，是普通许可合同的一种特殊形式，专利开放许可实施合同备案手续的办理应当参照《专利实施许可合同备案办法》执行。本节依据专利法实施细则第八十七条关于开放许可实施合同备案的相关规定，对专利开放许可实施合同备案手续进行补充细化，包括：办理专利开放许可实施合同备案应当提交被许可人以书面方式向专利权人发出的通知、被许可人向专利权人支付许可使用费的凭证（或专利权人收到许可使用费的凭证）等。

八、关于专利开放许可实施期间费减手续的办理（第8节）

【修订内容】

该节内容为：

"8. 专利开放许可实施期间费减手续的办理

"专利开放许可实施期间是指专利开放许可实施合同生效之日至专利许可期限届满期间。

"请求人办理专利开放许可实施合同备案，视为专利权人同时提出专利年费减缴请求。专利开放许可实施合同被准予备案的，专利权人可以在专利开放许可实施期间，按规定享有自备案日起尚未到期的专利年费的减缴。专利权人撤回开放许可声明的，自下一专利年度起不再享有因开放许可获得的专利年费减缴。专利权人同时符合两项专利年费减缴条件的，按照其中减缴比例较高的一项条件予以减缴。

"实行开放许可的专利权人与被许可人就许可使用费进行协商后签订普通许可合同的，不属于开放许可。"

【修订说明】

根据专利法第五十一条第二款的规定，开放许可实施期间对专利权人缴纳专利年费相应给予减免。本节对上述条款给出细化规定，给出了开放许可实施期间的含义，并对专利年费减免的获得与取消作出了具体规定。为简化手续，方便专利权人获得专利开放许可实施期间的年费减免，规定在办理专利开放许可实施合同备案的同时，视为提出专利年费减缴请求。此外，本节还明确，对依据专利法第五十一条第三款订立的普通实施许可合同，不属于开放许可，因此不能享受专利开放许可实施期间的专利年费减缴。

九、关于已实行专利开放许可的专利相关手续办理（第9节）

【修订内容】

该节内容为：

"9. 已实行专利开放许可的专利相关手续办理

"对于已实行开放许可的专利，在办理以下手续前，专利权人应当首先撤回开放许可声明：

"（1）因专利权转让，提出著录项目变更请求的；

"（2）专利权人以书面声明放弃其专利权的。

"除专利权转让外，专利权人因其他事由发生变更且继续实行开放许可的，应当及时办理原开放许可声明撤回和重新声明的相关手续；专利权人变更后不再实行开放许可的，应当及时办理撤回原开放许可声明的手续。

"专利权人以实行开放许可的专利权出质的，办理专利权质押登记时，应当提供质权人同意继续实行专利开放许可的书面声明。"

【修订说明】

为规范专利开放许可行为，保护被许可人、利害关系人的合法权益，引导专利权人正确办理专利开放许可期间的相关法律手续，本节根据专利法及其实施细则的有关规定，结合《专利审查指南》，对已实行开放许可的专利的有关手续办理作出补充规定。此外，根据《民法典》有关规定，为保障质权人的合法权益，本节还规定专利权人以实行开放许可的专利权出质时，应当取得质权人的同意。

第六部分

外观设计国际申请

第一章 外观设计国际注册申请的事务处理

依照专利法实施细则第十二章中有关条款,《专利审查指南》第六部分第一章对申请的提交、传送与不传送及其程序、确定在中国的申请日、给予国家申请号、其他文件的受理、分案申请受理、公告程序、相关手续审查和缴费的特别规定等相关事务处理的内容进行细化和具体规定。

一、关于引言(第1节)

【修订内容】

第1节引言的内容为:"**本章涉及申请人按照工业品外观设计国际注册海牙协定日内瓦文本(以下简称海牙协定)通过专利局提交外观设计国际注册申请、缴纳费用,以及按照海牙协定提出并指定中国的外观设计国际注册申请(以下简称外观设计国际申请)的手续审查和事务处理的特别规定。本章没有说明和规定的事项,参照本指南第一部分、第五部分的规定。**"

【修订说明】

本节是对第六部分第一章内容的概述,指明第一章是对通过专利局向国际局提交以及指定中国的外观设计国际申请的手续和事务处理作出的特殊规定,明确本章适用原则,本章无具体规定的内容,参照本指南其他相关章节的规定。

二、关于外观设计国际注册申请的提交(第2节)

(一)提交途径(第2.1节)

【修订内容】

新增了关于外观设计国际注册申请的提交途径和文件形式的内容:

"外观设计国际注册申请可以直接向国际局提交。申请人在中国有经常居所或者营业所的,可以通过专利局向国际局提交外观设计国际注册申请。"

"通过专利局提交外观设计国际注册申请的,国际程序中后续其他文件应当直接向国际局提交。"

【修订说明】

根据海牙协定第4条,申请人可以直接向国际局提交外观设计国际注册申请,也可以通过申请人的缔约方局间接向国际局提交外观设计国际注册申请。根据该规定,在《专利审查指南》层面明确了在中国有经常居所或营业所的申请人,提交外观设计国际注册申请时,有两种提交途径:第一种为直接提交的方式,直接向国际局提交申请文件,例如通过其电子申请(eHague)系统向国际局提交;第二种为间接提交的方式,申请人先向专利局提交申请文件和相应材料,再由专利局向国际局转交。第二种方式是专利局为中国申请人提供的一项服务,仅限于申请文件和申请费用的转交,转交后国际局的审查因涉及国际局和申请人之间的直接交互,故可能涉及后续其他文件都应当直接向国际局提交。

(二) 传送与不传送（第2.2节）

【修订内容】

明确外观设计国际注册申请收到日的确定规则："**通过专利局向国际局提交的外观设计国际注册申请，如果国际局于专利局收到日起1个月内收到，以专利局收到日视为国际局收到日，否则以国际局实际收到之日为收到日。**"

明确和细化了专利局向国际局传送外观设计国际注册申请的具体条件：

"外观设计国际注册申请符合下列条件的，专利局予以传送国际局：

"（1）至少有申请人之一在中国有经常居所或者营业所；

"（2）至少有申请人之一选择中国作为申请人的缔约方；

"（3）使用英语撰写外观设计国际注册申请文件；

"（4）使用海牙协定规定的正式表格；

"（5）申请中包括外观设计图片或者照片；

"（6）包含中国内地中文通信信息；

"（7）申请文件中不得包含违反法律、社会公德或者妨害公共利益的信息。

"外观设计国际注册申请指定中国的，申请人可以提交外观设计国际注册申请的中文译文。"

【修订说明】

根据海牙协定共同实施细则第13条第（3）款规定的间接提交国际注册申请的申请日确定规则，如果国际局于专利局收到之日起1个月内收到该外观设计国际注册申请，专利局收到之日视为该外观设计国际注册申请日，否则以国际局收到之日为该外观设计国际注册申请日，在《专利审查指南》层面对于通过专利局向国际局提交的外观设计国际注册申请收到日进行明确规定。

专利局向申请人提供向国际局传送外观设计国际注册申请的服务，需要满足以下条件：考虑到由专利局提供的转交服务的性质、申请人的便利性，明确该服务向在中国有经常居所或营业所且选择中国作为缔约方的申请人提供；对于提交的语言，虽然根据海牙协定共同实施细则第6条的规定，当前海牙协定的官方语言是英语、法语和西班牙语，但通过专利局间接提交外观设计国际注册申请的，撰写外观设计国际注册申请文件的语言限定为英语；考虑到根据海牙协定共同实施细则第13条的规定，向国际局传送外观设计国际注册申请后，专利局应告知申请人收到日、传送情况等信息，因此申请人有必要提供中国内地中文通信信息；使用海牙协定规定的正式表格，包括外观设计图片或者照片以及申请文件不得包含违反法律、社会公德或者妨害公共利益的信息也是依据海牙协定和我国法律法规作出的相应规定。最后，为了更准确地表述外观设计保护的内容，指定中国的，申请人也可以提交中文译文，提交译文并非强制要求。

（三）传送与不传送程序（第2.3节）

【修订内容】

1. 明确了外观设计国际注册申请的文件处理的内容：

"专利局收到外观设计国际注册申请后，进行如下文件处理：

"（1）确定收到日：申请人通过专利局提交外观设计国际注册申请的，以专利局实际收到日为收到日；

"（2）给出提交编号：专利局按照收到外观设计国际注册申请的先后顺序给出提交编号。"

2. 明确了外观设计国际注册申请传送程序的内容：

"(1) 向申请人发出外观设计国际注册申请传送通知书,告知传送编号、传送期限及文件清单;

"向国际局传送外观设计国际注册申请的文件及收到日等数据。"

3. 明确了外观设计国际注册申请不传送程序的内容:

"外观设计国际注册申请不符合传送条件的,向申请人发出外观设计国际注册申请不传送通知书,告知申请人不传送的原因。

"向专利局当面递交的外观设计国际注册申请,不符合传送条件的,应当直接向当事人说明原因,不予接收。"

【修订说明】

根据海牙协定共同实施细则第13条的规定,向国际局传送外观设计国际注册申请后,专利局应告知申请人已向国际局传送国际注册申请的事实。据此,专利局设置了文件处理、传送程序和不传送程序。其中文件处理主要涉及专利局内部程序,确定收到日和给出提交编号。对于符合传送条件的,规定传送程序,一方面,通过外观设计国际注册申请传送通知书向申请人告知传送编号等相关信息,传送编号主要用于后续缴费依据;另一方面向国际局传送数据。对于不符合传送条件的,规定不传送程序,告知申请人不传送的原因。

三、关于外观设计国际申请的事务处理(第3节)

(一)确定在中国的申请日和给予国家申请号(第3.1节、第3.2节)

【修订内容】

新增第3.1节的内容涉及确定外观设计国际申请在中国的

申请日:"按照海牙协定已确定国际注册日并指定中国的外观设计国际申请,视为向专利局提出的外观设计专利申请,该国际注册日视为专利法第二十八条所称的申请日。"

新增第 3.2 节的内容涉及确定外观设计国际申请在中国的申请号:"外观设计国际申请经国际局公布后,专利局对国际局传送的外观设计国际申请给予国家申请号并进行后续审查。"

【修订说明】

根据专利法实施细则第一百三十七条的规定明确国际注册日在中国的效力,视为专利法第二十八条所称的申请日。根据专利法实施细则第一百三十八条的规定,在《专利审查指南》层面明确外观设计国际申请在国际局公布后,专利局给予国家申请号并启动后续审查程序。

(二)其他文件的受理(第 3.3 节)

【修订内容】

新增第 3.3.1 节涉及外观设计国际申请的当事人向专利局提交其他文件的受理条件:

"外观设计国际申请经国际局公布后,外观设计国际申请的当事人向专利局办理相关手续时,应当使用中文提交符合规定的相关文件,写明国家申请号,并根据专利法第十八条的规定办理委托手续。

"其他规定适用本指南第五部分第三章第 3.1 节的规定。"

新增第 3.3.2 节涉及外观设计国际申请进入国家程序后其他文件的受理程序:"适用本指南第五部分第三章第 3.2 节的规定。"

【修订说明】

根据专利法实施细则第一百三十七条的规定视为向国务院

专利行政部门提交的外观设计专利申请,其在我国的审查应当与其他国内外观设计专利申请是相同的,按照专利法及其实施细则和《专利审查指南》的规定办理相关事务,包括其他文件的受理条件和程序。

(三)分案申请受理(第3.4节)

【修订内容】

新增关于分案申请受理的内容:"针对外观设计国际申请提出的分案申请,除符合本指南第五部分第三章第2.3.2.1节的规定外,还应当核实分案申请请求书中是否填写了原申请的申请日和原申请的申请号,该原申请的申请日应当是其国际注册日,原申请的申请号填写原申请的国际注册号。该分案申请按照国家申请处理。"

【修订说明】

针对外观设计国际申请提出的分案申请按照普通国家申请管理,考虑其特殊性,明确分案申请请求书中应填写原申请的申请日和原申请的申请号,将其作为一件新外观设计专利申请收取费用,并进行后续审查。

(四)公告程序(第3.5节)

【修订内容】

新增关于授权公告的内容:

"对外观设计国际申请作出给予保护的决定后,专利局予以公告,公告的内容包括:专利权的著录事项以及一幅图片或者照片。著录事项主要包括:分类号、专利号、国际注册号、授权公告号(出版号)、申请日、授权公告日、优先权事项、专利权人事项、使用该外观设计的产品名称等。公告著录事项内容在国际注册公布文本中已有记载的,与其保持一致。该外观设计专利权自公告之日起在中国生效。专利局公告后,外观设计国际申请的申请人可以请求专利局出具外观设计国际申请专利登记簿副本,作为在中国给予保护的证明。外观设计专利的单行本的内容包括扉页、图片或者照片以及简要说明。其中,图片或者照片、简要说明以国际局公布的给予保护声明所确定的文本形式提供。

"国际局已公告的其他事项,除涉及权利转移的以外,以国际局公告为准。"

【修订说明】

外观设计国际申请与普通外观设计专利申请相比区别在于,其由国际局公布后,专利局才开始对其进行审查,本节对授权公告和事务公告中的特殊之处作出规定。根据海牙协定第12条的规定,缔约方局在国际注册工业品外观设计不符合缔约方的法律关于给予保护的条件时,均可部分或全部驳回国际注册在该缔约方领土内的效力。根据专利法实施细则第一百四十三条的规定,对于指定中国的外观设计国际申请,经审查符合授权条件的,明确专利权自公告之日起在中国生效,《专利审查指南》因此对其公告内容作相应的规定。根据专利法实施细则第一百四十四条的规定,申请人已在国际局办理权利变更手续的,应当向专利局提供有关证明材料,由专利局进行审查,因此,《专利审查指南》规定除此项之外,以国际局的公告内容和公告日为准。有关权利变更的手续,详见本章第3.6.1节。

(五)相关手续审查(第3.6节)

【修订内容】

新增第3.6.1节关于外观设计国际申请著录项目变更的

内容：

"外观设计国际申请的申请人（或者专利权人）权利变更、名称和/或地址变更、在国际局的代理事项变更的，当事人应当向国际局办理相关手续。

"外观设计国际申请的申请人（或者专利权人）权利变更的，当事人除了向国际局办理相关手续外，还应当按照专利法实施细则的规定向专利局提交证明文件，证明文件适用本指南第一部分第一章第 6.7.2.2 节和第 6.7.2.6 节的规定，证明文件是外文的，应当同时附具中文题录译文。没有提交证明文件或者提交证明文件不合格的，专利局应当通知国际局该权利变更在中国未生效。"

新增第 3.6.2 节关于外观设计国际申请权利的恢复的内容："外观设计国际申请的当事人，因未及时答复驳回通知，其专利申请被视为撤回的，当事人可按照本指南第五部分第七章第 6 节的相关规定请求恢复权利。"

新增第 3.6.3 节关于外观设计国际申请未续展的专利权终止的内容："外观设计国际申请在专利局授权公告之后，专利权人未按照海牙协定的规定办理续展手续的，专利权自在中国的申请日起满 5 年或者 10 年之日起终止。"

新增第 3.6.4 节关于外观设计国际申请的权利部分放弃的内容："外观设计国际申请在专利局授权公告之后，专利权人向国际局提出针对中国放弃部分权利的，该部分放弃的生效日为国际局登记之日。"

【修订说明】

关于外观设计国际申请的著录项目变更，海牙协定第 16 条和海牙协定共同实施细则第 21 条对外观设计国际注册申请的变更（包括权利变更、申请人名称和/或地址变更、放弃、限制）作出了规定，海牙协定共同实施细则第 3 条对外观设计国际注册申请在国际局的代理及代理变更作出了规定。权利变更应当在国际局办理，但国际局只是对权利变更的过程进行记录，不审查该变更的合法性，合法性审查由缔约方法律规定，申请人应当遵守缔约方法律关于权利变更的规定。专利法第十条、专利法实施细则第十五条和第一百四十四条以及《专利审查指南》第一部分第一章对专利权转让、因其他事由转移，应当办理的相关手续及提交的对应证明材料有明确的规定。据此，《专利审查指南》在第 3.6.1 节对著录项目变更作出相应的规定。

关于外观设计国际申请权利的恢复，外观设计国际申请经专利局审查不符合授权条件的，审查员向国际局发出驳回通知，国际局将该驳回通知转送申请人，申请人需要在指定的期限内答复。答复驳回通知要求与其他国内申请一致，如果申请人逾期未答复，其申请被视为撤回的，申请人可按照《专利审查指南》第五部分第七章第 6 节的相关规定请求恢复权利。

关于外观设计国际申请未续展的专利权终止，海牙协定共同实施细则第 12 条规定，外观设计国际申请的单独指定费（第一期）应当在提交国际申请时向国际局缴纳，国际公布后，国际局将单独指定费（第一期）转交专利局，单独指定费（第一期）已包括第 1—5 年年费。外观设计国际申请在中国授权后不涉及权利人向专利局缴纳年费的事宜。为了续展其在中国的专利权，权利人须向国际局缴纳第二期和第三期单独指定费，国际局再向专利局转交。对于未在中国续展的专利权，《专利审查指南》明确了其在中国的终止日。

关于外观设计国际申请的权利部分放弃，根据海牙协定共同实施细则第 21 条的规定，权利人可以向国际局提出，对任何或全部被指定缔约方将被提交国际注册的工业品外观设计限制于一项或若干项。换言之，权利人可以放弃一项国际注册的部分权利。对于部分放弃，国际局登记时，如果专利局的审查尚未完成，则在审查时处理；如果专利局已授权公告，则对部分放弃予以公告，但放弃的生效日仍以国际局登记之日为准。

四、关于缴费的特别规定（第 4 节）

（一）国际程序费用的缴纳（第 4.1 节）

【修订内容】

新增第 4.1 节关于外观设计国际注册申请国际程序费用的缴纳的内容：

"外观设计国际注册申请的国际程序相关费用应当直接向国际局缴纳。通过专利局提交外观设计国际注册申请文件的，可以通过专利局向国际局缴纳外观设计国际注册申请的相关费用。

"通过专利局缴纳费用的，当事人应当以传送编号为依据，通过网上缴费或者直接向专利局当面缴纳相关费用。缴纳费用时应注明正确的传送编号以及缴纳的费用名称。不符合上述规定的，视为未办理缴费手续。

"通过专利局缴纳的外观设计国际注册申请相关费用全部转交国际局，国际局以其账户收到费用的日期为缴费日。国际局收取外观设计国际申请的单独指定费后转交专利局。专利局不进行上述相关费用的退费。国际程序中费用相关事宜，由当事人直接与国际局联系。"

【修订说明】

海牙协定共同实施细则第 27 条规定，费用应直接向国际局缴纳。通过专利局间接提交外观设计国际注册申请的，相关费用可以通过专利局向国际局缴纳，并以国际局收到费用之日为缴费日。由于国际局以实际收到费用之日而不是专利局代收费用之日为缴费日，专利局对外观设计国际注册申请提供代收费用服务时，将缴费渠道限于网上缴费或直接向专利局窗口当面缴纳，并不提供邮局、银行汇款或者代办处窗口缴费。

根据《专利审查指南》本部分本章第 2.3.1 节的规定，通过专利局间接提交外观设计国际注册申请并且符合传送条件的，专利局给出传送编号。通过专利局向国际局缴纳国际申请相关费用时，为了正确对应外观设计国际注册申请，需要填写传送编号及相关费种。

国际程序中的费用由国际局进行审查，因此后续费用的相关事宜，由当事人直接与国际局联系。

（二）专利局费用的缴纳（第 4.2 节）

【修订内容】

新增第 4.2 节关于外观设计国际申请向专利局缴纳费用的内容："**外观设计国际申请经国际局公布之后，当事人向专利局缴纳相关费用的，应当以国家申请号或者国际注册号缴费。**"

【修订说明】

如前所述，外观设计国际申请在国际局公布后，专利局给予国家申请号。明确了外观设计国际申请在国际局公布后，需要向专利局缴纳相关费用时，通过国家申请号或者国际注册号均可。

第二章 外观设计国际申请的审查

《专利审查指南》第六部分第二章的主要内容包括：适应专利法实施细则第十二章的相关规定，对外观设计国际申请进行审查的相关内容，包括审查原则、审查程序、审查依据的文本确认、申请文件的审查以及其他文件和相关手续的审查。

一、关于引言（第1节）

【修订内容】

新增引言部分：

"外观设计国际申请的审查是指专利局根据专利法及其实施细则的规定对申请人按照海牙协定提出并指定中国的外观设计国际注册申请的审查。根据专利法实施细则第一百四十三条的规定，外观设计国际申请经专利局审查后没有发现驳回理由的，由专利局作出给予保护的决定，并通知国际局。

"本章涉及的专利局对外观设计国际申请的审查范围：

"（1）明显实质性缺陷的审查，包括外观设计国际申请是否明显属于专利法第五条第一款、第二十五条第一款第（六）项规定的情形，是否不符合专利法实施细则第十一条的规定，是否明显不符合专利法第二条第四款、第二十三条第一款和第二款、第二十七条第二款、第三十一条第二款、第三十三条、专利法实施细则第一百四十二条的规定，或者依照专利法第九条的规定不能取得专利权。

"(2)其他文件和相关手续的审查,包括与外观设计国际申请有关的其他文件和相关手续是否符合专利法第十八条、第二十四条,以及专利法实施细则第三条第一款、第十八条、第三十三条第四款、第三十四条第三款、第一百三十九条、第一百四十条、第一百四十一条的规定。

"本章仅对上述审查中的特殊问题作出说明和规定。与国家申请相同的其他问题,本章没有说明和规定的,参照本指南第一部分第三章、第四部分第五章、第五部分第十章的规定。"

【修订说明】

根据海牙协定提出并指定中国的外观设计国际注册申请在国际局完成注册并公布,需要经过专利局审查后才能在中国取得权利。国际局和专利局职能不同,专利法及其实施细则也对审查的内容作出了明确的规定,因此在引言部分明确了审查客体、审查范围、审查时参照的规定等事项。本章主要就与国家申请不同的要求作出规定,未明确说明的一般参照《专利审查指南》相关部分的规定。

二、关于审查原则(第2节)

【修订内容】

审查原则的具体内容为:

"(1)申请的形式或者内容适用海牙协定以及1999年文本和1960年文本共同实施细则的规定,审查员不得以申请文件的形式缺陷为由驳回外观设计国际申请。

"(2)明显实质性缺陷以及其他文件和相关手续的审查,适用专利法及其实施细则和本指南的规定。"

【修订说明】

根据海牙协定第 12 条第（1）款的规定，缔约方主管局不能因外观设计国际申请未满足形式要求而驳回其国际注册的效力。据此，《专利审查指南》明确了指定中国的外观设计国际申请在形式内容方面适用海牙体系的法律规定，而涉及实质性缺陷和相关手续及其他文件的审查则适用我国的法律规定。

三、关于审查程序（第 3 节）

【修订内容】

审查程序部分一共分为五个小节，分别为"作出给予保护的决定""作出驳回通知""驳回通知的答复""作出驳回决定""前置审查与复审后的处理"。具体如下：

"3.1 作出给予保护的决定

"外观设计国际申请经审查没有发现驳回理由的，审查员应当作出给予保护的决定，向国际局发出给予保护声明。给予保护的外观设计国际申请包括不需要向国际局发出驳回通知就符合授权条件的国际申请，以及答复驳回通知后符合授权条件的国际申请。

"3.2 作出驳回通知

"外观设计国际申请存在明显实质性缺陷的，审查员应当向国际局发出驳回通知。

"驳回通知应当包含驳回所依据的全部理由以及相应的法律条款。如果驳回理由涉及专利法第二十三条第一款、第二款或者专利法第九条的规定的，还应当包含与该外观设计国际申请相关的现有设计或者国内同样的外观设计专利申请或者专利的相关信息。

"3.3 驳回通知的答复

"申请人在收到驳回通知后,应当在指定的期限内根据专利法第十八条的规定办理委托手续,并进行答复。根据专利法实施细则第三条第一款的规定,申请人进行答复时应当使用中文提交陈述意见,使用英文对申请文件进行修改。

"对于答复文件中出现新的缺陷的,如果该缺陷可以通过补正克服,审查员应当进行全面审查,并向申请人发出补正通知书;如果该缺陷是不能通过补正方式克服的明显实质性缺陷,审查员应当向申请人发出审查意见通知书。

"3.4 作出驳回决定

"申请人针对驳回通知或者审查意见通知书提交的答复文件未能克服通知书中指出的明显实质性缺陷的,审查员可以作出驳回决定。

"驳回决定内容适用本指南第一部分第三章第3.5节的规定。

"3.5 前置审查与复审后的处理

"适用本指南第一部分第三章第3.6节的规定。"

【修订说明】

对外观设计国际申请进行明显实质性审查并作出第一次审查结论后,审查员需要向国际局发送相应的通知书,由国际局转送给申请人,因此在审查程序中明确了审查员发给国际局的通知书的类型和要求,以及申请人在收到审查意见后向专利局进行答复的手续和提交文件的要求。应当注意的是,发给国际局的第一次通知书名称与国家申请审查程序中通知书的名称不同。在第3.1节、第3.2节中,涉及的通知书为"给予保护声明"和"驳回通知",是海牙体系中相应通知的中文译文,其分别对应国家申请审查程序中的"授权通知书"和"审查意见通知书"。

审查员在收到申请人的答复意见后的审查程序基本与国家申请的审查程序一致，包括作出驳回决定、前置审查和复审后处理。申请人在提交答复意见时，根据专利法第十八条的规定需要在指定的期限内委托专利代理，并应当使用中文进行答复，但需要注意的是，如果修改文件涉及国际局公布后的文本修改的，由于需要将修改后在中国获得权利的文本传送给国际局，因此，申请人需要提交该修改文本的英文文本。

四、关于审查依据的文本确认（第4节）

【修订内容】

该部分有两小节，涉及审查依据的文本和国际局公布的外观设计国际申请文件的效力，具体内容为：

"4.1 审查依据的文本

"作为外观设计国际申请审查基础的文本可能包括：

"（1）国际局公布的外观设计国际申请的英文文本。

"（2）根据专利法实施细则第一百四十一条提交的修改文本。

"（3）根据专利法实施细则第五十条提交的英文补正文本。

"4.2 国际局公布的外观设计国际申请文件的效力

"根据海牙协定第14条第（1）款的规定，外观设计国际申请自国际注册日起享有与在中国提出的外观设计专利申请同等的效力。"

【修订说明】

在第4.1节明确了审查依据的文本。指定中国的外观设计国际申请经国际局审查并公布后即进入中国审查程序,英语是海牙国际申请的官方语言之一,在我国,以国际局英文公布的文本作为外观设计国际申请审查基础的文本。此外,作为审查基础的文本还包括依据专利法实施细则第一百四十一条主动分案后的原外观设计国际申请,以及根据专利法实施细则第五十条为克服缺陷而修改的英文补正文本。

在第4.2节,根据海牙协定和专利法实施细则的相关规定,明确了国际局公布的指定中国的外观设计国际申请与在中国提出的外观设计专利申请具有同等效力。

五、关于外观设计国际申请文件的审查(第5节)

【修订内容】

该部分包含七个小节,分别是"著录项目的审查""图片或者照片的审查""简要说明书的审查""根据专利法第五条第一款、第二十五条第一款第(六)项、专利法实施细则第十一条和专利法第二条第四款的审查""根据专利法第九条和第二十三条第一款、第二款的审查""根据专利法第三十一条第二款的审查""根据专利法第三十三条的审查"。主要增加内容包括:

"5.1 著录项目的审查

"外观设计国际申请的著录项目以国际局公布的为准,审查员一般不对其进行审查,但申请人为克服专利局发出的通知书中指出的缺陷而修改了著录项目的情形除外。

"5.2 图片或者照片的审查

"5.2.1 视图名称及其标注

"外观设计国际申请的视图名称及其标注被视为符合本指

南第一部分第三章第 4.2.1 节的规定。

"5.2.2 图片或者照片的清楚表达

"专利法第二十七条第二款规定，申请人提交的有关图片或者照片应当清楚地显示要求专利保护的产品的外观设计。

"审查员应当就申请人提交的有关图片或者照片是否存在影响要求保护的产品整体或者局部外观设计清楚表达的明显实质性缺陷进行审查。

"5.3 简要说明书的审查

"根据专利法实施细则第一百四十二条的规定，国际局公布的外观设计国际申请中包括含设计要点的说明书的，视为已经依照专利法实施细则第三十一条的规定提交了简要说明。

"根据专利法第六十四条第二款的规定，外观设计国际申请简要说明书的内容用于解释图片或者照片所示的产品的外观设计。审查员应当结合简要说明书的内容和产品名称，就外观设计图片或者照片是否清楚地表达了要求保护的产品整体或者局部的外观设计进行审查。

"5.4 根据专利法第五条第一款、第二十五条第一款第（六）项、专利法实施细则第十一条和专利法第二条第四款的审查

"适用本指南第一部分第三章第 6 节、第 7 节的规定。

"5.5 根据专利法第九条和第二十三条第一款、第二款的审查

"适用本指南第一部分第三章第 11 节、第 8 节的规定。

"5.6 根据专利法第三十一条第二款的审查

"对于外观设计国际申请，审查员应当审查其是否符合专利法第三十一条第二款的规定。

"一件外观设计国际申请包括两项以上（含两项）外观设计的，申请人可以主动提出或者依据审查员的审查意见提出分案申请。分案申请被视为国家申请。

"根据专利法实施细则第一百四十一条的规定，申请人主动提出分案申请的，应当自外观设计国际申请公布之日起两个月内提出。

"申请人按照审查员的审查意见提出分案申请的，最迟应当在原申请的国内公告日起两个月内提出。上述期限届满后，或者原申请已被驳回，或者原申请被视为撤回且未被恢复权利的，一般不得再提出分案申请。

"涉及分案的其他规定适用本指南第一部分第三章第9.4节的规定。

"5.7 根据专利法第三十三条的审查

"适用本指南第一部分第三章第10.2节的规定。"

【修订说明】

根据《专利审查指南》本部分本章第2节的审查原则，外观设计国际申请由国际局进行形式方面的审查，专利局按照国内法律规定，审查外观设计国际申请是否存在违反本国法律规定的明显实质性缺陷。因此，涉及著录项目、视图名称及标注、简要说明格式等形式方面的内容以国际局公布的为准。对于简要说明，根据专利法实施细则第一百四十二条的规定，第5.3节进一步规定了国际局公布的简要说明书中包含了设计要点，才被视为按照专利法实施细则第三十一条的规定提交了简要说明。审查员根据专利法第二十七条第二款的规定，审查提交的视图结合产品名称和简要说明是否能清楚地显示请求保护的外观设计。

在第 5.4 节、第 5.5 节、第 5.6 节中，涉及专利法第五条第一款、第二十五条第一款第（六）项、专利法实施细则第十一条、专利法第二条第四款、专利法第九条、第二十三条第一款、第二款、专利法第三十一条第二款和专利法第三十三条的审查标准与直接向中国提交的外观设计专利申请的标准一致。

由于外观设计国际申请的程序与国家申请的程序有所不同，因此，在第 5.6 节中同时规定了申请人主动提出分案申请和应审查员要求进行分案的时限要求，明确提出分案申请被视为国家申请，后续将按照国家申请的程序进行审查。

六、关于其他文件和相关手续的审查（第 6 节）

【修订内容】

该部分包含三个小节，对委托专利代理机构、优先权的审查和不丧失新颖性的公开作出细化规定，主要修改内容包括：

1. 第 6.1 节规定了关于委托代理机构的事项：

"外观设计国际申请的申请人答复驳回通知或者办理其他专利事务时，应当符合专利法第十八条第一款、专利法实施细则第十八条的有关规定。"

"如果申请人在提交外观设计国际申请时已经委托了符合专利法第十八条规定的专利代理机构，在向专利局办理专利事务时，需要按照本指南第一部分第一章第 6.1.2 节的规定办理委托手续。"

"解除和辞去委托的规定适用本指南第一部分第一章第 6.1.3 节的规定。"

2. 第 6.2 节涉及优先权的审查：

（1）总括部分明确外观设计国际申请的国际注册日视为在

我国的申请日，具体为：

"根据专利法实施细则第一百三十七条的规定，外观设计国际申请的国际注册日视为专利法第二十八条所称的申请日。

"除本节特殊规定外，优先权的其他规定参照本指南第一部分第三章第 5.2 节的规定。外观设计国际申请已提出优先权要求并被国际局接受的，不收取优先权要求费。"

（2）第 6.2.1 节对要求外国优先权的审查作出规定，包括四个小节。其中：

第 6.2.1.1 节 "在先申请和要求优先权的在后申请" 的内容为："申请人要求以其在先提出的外观设计国际申请为基础享有优先权的，视为根据专利法第二十九条第一款的规定要求外国优先权。"

第 6.2.1.2 节 "要求优先权声明" 的内容为："根据专利法实施细则第一百三十九条的规定，国际局公布的外观设计国际申请中包括一项或者多项优先权的，视为已经依照专利法第三十条的规定提出了书面声明。"

第 6.2.1.3 节 "在先申请文件副本" 的内容为："根据专利法实施细则第一百三十九条的规定，外观设计国际申请的申请人要求优先权的，应当自外观设计国际申请公布之日起三个月内向专利局提交第一次提出的专利申请的副本。在先申请文件副本中可以不包含该副本的中文题录译文。期满未提交的，视为未要求优先权。"

第 6.2.1.4 节 "在后申请的申请人" 的内容为："根据专利法实施细则第三十四条第三款的规定，在后申请的申请人与在先申请文件副本中记载的申请人不一致的，申请人应当在外观设计国际申请公布之日起三个月内向专利局提交相关的证明文件。申请人期满未提交的，视为未要求优先权。"

（3）第6.2.2节对要求本国优先权的审查作出规定，包括五个小节。

第6.2.2.1节"在先申请和要求优先权的在后申请"的内容为：

"申请人要求以其在先在中国提出的外观设计为基础享有优先权的，视为根据专利法第二十九条第二款的规定要求本国优先权。

"在后外观设计国际申请的国际注册日之前，专利局已经对在先申请发出授予专利权通知书和办理登记手续通知书，并且申请人已经办理了登记手续的，在后申请视为未要求优先权。"

第6.2.2.2节"要求优先权声明"的内容为："根据专利法实施细则第一百三十九条的规定，国际局公布的外观设计国际申请中包括一项或者多项优先权的，视为已经依照专利法第三十条的规定提出了书面声明。"

第6.2.2.3节"在先申请文件副本"的内容为："适用本指南第一部分第三章第5.2.2.3节的规定。"

第6.2.2.4节"在后申请的申请人"的内容为："根据专利法实施细则第三十四条第三款的规定，在后申请的申请人与在先申请文件副本中记载的申请人不一致的，申请人应当在外观设计国际申请公布之日起三个月内向专利局提交相关的证明文件。申请人期满未提交的，视为未要求优先权。"

第6.2.2.5节"视为撤回在先申请的程序"的内容为：

"要求一项或者多项本国优先权的在后外观设计国际申请，经初步审查认为符合规定的，如果相应的在先申请是外观设计专利申请，且未办理登记手续，则该在先外观设计申请被视为撤回。

"被视为撤回的在先申请不得请求恢复。"

（4）第6.2.3节、第6.2.4节分别明确了"优先权要求的撤回"和"优先权要求的恢复"的规定："申请人不得向专利局提出撤回优先权要求""外观设计国际申请被视为未要求优先权的，不予恢复"。

（5）第6.3节涉及不丧失新颖性的公开，主要明确了证明文件的提交期限：

"根据专利法实施细则第一百四十条的规定，外观设计国际申请涉及的外观设计有专利法第二十四条第（二）项或者第（三）项所列情形的，应当在提出外观设计国际申请时声明，并在自外观设计国际申请公布之日起两个月内向专利局提交有关符合规定的证明文件。"

"根据专利法实施细则第三十三条第四款的规定，外观设计国际申请涉及的外观设计有专利法第二十四条第（一）项或者第（四）项所列情形的，专利局认为必要时，可以要求申请人在指定期限内向专利局提交证明文件。"

"审查员应当对证明材料中注明的相关日期以及内容与请求保护的外观设计是否明显相关进行审查。"

【修订说明】

第6节主要对外观设计国际申请的其他文件和相关手续的审查与国家申请的区别之处，作出进一步的细化规定。

第6.1节明确了需要办理委托的情形，基本与国家申请委托代理的规定保持一致。针对申请人在国际程序中委托了国内的代理机构，又在不更换代理机构的情况下向专利局办理专利事务这种情形，明确规定依然需要按照我国相关规定办理委托手续。

外观设计国际申请的审查程序与国家申请的审查程序不同，因此第 6.2 节、第 6.3 节明确优先权和不丧失新颖性审查中在各种期限起算日的确定，优先权费用和恢复、不丧失新颖性宽限期证明材料的提交和审查要求等方面与国家申请不同或例外的规定。